Schweigen

Von Barbara Kohout

Buchbeschreibung:

Ein Roman über die Bürden der Kriegsgenerationen, die sie nonverbal an ihre Kinder und Enkelkinder weitergeben. Es sind unbewusste Glaubenssätze, die das Verhalten steuern. Die Kultur des Schweigens, ein Phänomen unserer Zeit, muss beendet werden.

Über den Autor:

Barbara Kohout wurde als Kind von 10 Jahren Mitglied bei den Zeugen Jehovas. Sie ist selbst Betroffene eines Kriegstraumas. Nach 60 Jahren hatte sie den Mut, mit Hilfe ihrer Kinder, den Glauben zu hinterfragen. Sie wurde wegen ihrer Zweifel aus der Gemeinschaft ausgeschlossen und ist seit 2009 damit beschäftigt über fundamentalistische Gemeinschaften aufzuklären und Menschen beim Ausstieg zu beraten. Sie gründete eine Selbsthilfegruppe und den Verein JW Opfer Hilfe, ist medial aktiv und schrieb mehrere Bücher, die verschiedene Aspekte des religiösen Fundamentalismus beleuchten.

Bibliografische Information der Deutschen Nationalbibliothek: Die Deutsche Nationalbibliothek verzeichnet diese Publikation in der Deutschen Nationalbibliografie; detaillierte bibliografische Daten sind im Internet über dnb.dnb.de abrufbar.

Copyright: 2020 Barbara Kohout
Herstellung und Verlag: BoD – Books on Demand, Norderstedt
ISBN 978-3-7504-1381-8

Schweigen

Bürden der Kriegsgenerationen

Von Barbara Kohout

www.barbara-kohout.com

Macht ist immer lieblos,
doch
Liebe ist niemals
machtlos.

Sprichwort

Verwundert schaute Fini Oberhäusler an jenem Morgen aus ihrer Haustür. Wotan schlüpfte an ihren Beinen vorbei ins Freie und verschwand bellend zwischen den Obstbäumen. Aufgeregtes Gackern klang aus dem Hühnergehege. Finis Blick schweifte prüfend über ihr Grundstück und den alten Jägerzaun, der es umgab. Er war an vielen Stellen zerfallen und morsch, doch das störte sie nicht. Der Großvater hatte ihn zuletzt repariert. Fini aber hielt nichts von Zäunen.

Suchend wanderten ihre Augen zur Nordseite ihres kleinen Anwesens dem Dorf zu und stoppten am begrenzenden Schuppen. Das Unglück würde von Norden in die Schlucht kommen, doch hier sah sie keine Anzeichen dafür.

Wotan wuselte jetzt unter den dicht hängenden Zweigen des Hollerstrauches mit den hellen, fast tellergroßen Blütendolden. Der üppige Strauch beruhigte Fini. Seit Generationen hatte ihre Familie darauf geachtet, dass er nicht beschnitten wurde, damit er ihre Häusler Kate vor Geistern und Katastrophen beschützte. Da er jedes Jahr wuchs und gedieh, war das ein gutes Omen.

Finis Blick wanderte weiter zur wuchernden Brombeerhecke am Zaun und deren Fruchtstände. Die reifen Beeren wird sie, wie einst ihre Großmutter, zur Herstellung von Gelees und heilenden Säften verwenden. Sie wird genug Beeren hängen lassen, so dass auch den Vögeln ein Festmahl beschert würde.

Seit dem Tod ihres Vaters vor Jahren hatte sich für sie nicht viel verändert. Fini hauste allein mit ihren Tieren abseits des Dorfes. Sie war mit sich im Reinen und hatte nicht das Bedürfnis etwas daran zu ändern. Aus ihrem alten Wissen und den Zeichen der Natur zog sie unbeirrt ihre Schlüsse und ließ sich nicht von der Meinung der Dörfler beirren.

Ihre Kate stand ein Stück außerhalb des kleinen Dorfes. Finis Vorfahren hatten das Fachwerkhaus in der Tradition der Häusler gebaut und sie war die letzte der Familie, die es bewohnte. Kleinbauern waren es gewesen, manche hatten als Schuster und Schneider gearbeitet, ein Urgroßvater war Schulmeister. Sie hatten ein wenig Land. Genug, um ein paar Hühner und ein Schwein zu halten und im Garten Gemüse und Kräuter anzubauen. Großmutter war Hebamme und Kräuterkundige. Sie hatte den größten Teil des Grundstückes für ihre Heilkräuter reserviert. Im Dorf wurde die alte Kate nur ‚das Hexenhaus' genannt. Jeder kannte die Oberhäusler Hebamme, denn es gab in der Umgebung keine Familie, in der nicht mindestens ein Kind von ihr beim Start ins Leben begleitet worden war. Vielen hatte sie mit ihrem Heilwissen geholfen und genau darum fürchteten sich manche vor ihr. Landläufig nannte man sie die ‚Kräuterhexe'. Oft erzählte sie schaurige Geschichten von Geistern und fremden Göttern, aus der Zeit als die Kelten in der Gegend lebten. Die Ängstlichen bekreuzigten sich dann abergläubisch.

Fini war eine wissbegierige Schülerin an der Seite ihrer Großmutter. Das Schicksal schlug zu, als sie drei Jahre alt war. Ihre Mutter starb bei der Geburt ihres Bruders. Es wurde nie viel gesprochen in ihrer Familie. Schweigen und stille Vorwürfe prägten ihre Tage. Einmal hörte Fini einen heftigen Streit zwischen ihrer Großmutter und ihrem Vater. „Ich habe dich doch gewarnt!", hatte ihre Großmutter geschrien. „Sie hätte kein Kind mehr bekommen dürfen!" Diese Warnung hatte die erfahrene Hebamme und besorgte Mutter zugleich gegeben. Die Eltern hörten nicht darauf. Das kostete Mutter und Kind das Leben. Finis ohnehin wortkarger Vater redete nach dem Streit noch weniger. War die Sprachlosigkeit ein Zeichen dafür, dass er sich schuldig fühlte? Fini war nicht in der Lage darauf eine Antwort zu geben. So herrschte fortan eisernes Schweigen zwischen den beiden. Vater mied das Haus und ließ seine Tochter in der Obhut der Großmutter. Sie kümmerte sich aufopfernd und nahm ihre Enkelin unter ihre Fittiche. Von ihrem Bruder, dem Sternenkind erzählte sie, den die Mutter in den Himmel begleiten musste und sie berichtete ihr, dass sie von den Sternen aus auf sie schaue. Sie erzählte ihr die alten Sagen und Überlieferungen und unterwies sie im Wissen um die Heilkraft der Kräuter. Fini hatte ihr ganzes Leben im Hexenhaus verbracht. In ihrer Zeit als Köchin in dem nahen Gasthof, kamen die Gäste von weit her, um ihren Semmelschmarren zu genießen. Ihr Wissen über die Natur und die Sagen und Mythen, die ihr ihre Großmutter beigebracht hatte, teilte sie redselig mit. Es kümmerte sie nicht, dass darum über sie gelacht wurde. Ihr ‚Federvieh', wie die Leute sagten, und Wotan, dessen Stammbaum mehr als nur Dackel und Foxterrier aufwies, waren ihr Gesellschaft genug. Fini ergriff den Futtereimer fester. Ihr stattlicher Hahn hatte sie lautstark an ihre Morgenpflicht erinnert. Barfuß stand sie in ihren Filzpantoffeln auf den Stufen zum Hof. Unter dem alten Trachtenjanker reichte das lange, zerknitterte Nachthemd bis zu den dünnen Waden. Sie schlurfte in Richtung Hühnerstall und führte Selbstgespräche: „Schwören könnt' ich, dass heute die Schonjahre um wären! Ich hatte das Omen doch zum Ende der Raunächte erkannt, als dem Bäckermeister Huber das Weihwasserfassl zerbrochen war! Er war so ungeschickt drang'stoßen, dass es von der Wand fiel und zerbrach. Das hatte Unglück zu bedeuten. Ohne das Weihwasser, ließen sich die bösen Geister von den Buttenmandln nicht vertreiben. Für das neue Jahr ein schlechtes Vorzeichen". Fini hatte eins und eins zusammengezählt: Das Omen kündete ausgerechnet das Jahr an, in dem die Froschgöttin Hekit, die Schutzpatronin der Gewässer, wieder zu dem gefällten Lindenstamm am Eingang zur Mühlbachschlucht kommen würde. Prüfend schaute sie den Bach entlang in seine Richtung. Die Großmutter hatte ihr oft erzählt, dass die Kelten unter den ausladenden Ästen des uralten Lindenbaumes ihren Göttern huldigten. Bei Rechtsstreitigkeiten tagte dort die Dorfgemeinde, um Gericht zu halten. Aus dieser Zeit sind die Sagen und Geschichten von dem Lindenstamm und der Wahrheitsmühle oberhalb der Schlucht überliefert.

Es heißt, dass man die Entscheidung dem Orakel in der Wahrheitsmühle überließ, wenn ein Schuldiger nicht eindeutig feststand. Der Hohe Rat brachte die beteiligten Parteien dann zur alten Mühle hinauf. Es gibt sie noch. Sie ist ein beliebtes Ausflugslokal. Es wird die Geschichte von einem untreuen Ehemann erzählt, der seine Frau des Ehebruchs beschuldigte. Ihr drohte dafür die Todesstrafe. Sein teuflischer Plan war es, sich den Weg zu ebnen, um seine Geliebte zu heiraten. Seine Frau beteuerte indes ihre Unschuld. Es stand Aussage gegen Aussage. Darum wurden beide dem Urteil der Geister überantwortet. Der Rat der Weisen bildete in der Mühle einen Kreis und stellte die Kontrahenten in ihre Mitte. Sie warfen nach dem Zeremoniell die Orakelrunen. Das Ergebnis war zweifelsfrei: Der Schuldige war der Ehemann. Wütend verließ er den Orakelplatz. Er sprang so ungestüm, zornig und wild am Ufer des Mühlbaches herum, dass er ausrutschte, in den reißenden Bach fiel und mit dem Wasser über das riesige Mühlrad gerissen wurde. Er war auf der Stelle tot.

Anlässlich der gewaltsamen Christianisierung der Heiden zerstörten religiöse Eiferer die Linde. Der Stamm blieb am Eingang zur Mühlbachschlucht liegen. Die Kelten ließen sich zwar taufen und Katholiken nennen, doch in ihrem Herzen verehrten sie ihre Götter weiter. Sie waren überzeugt, dass diese sich für den Frevel am heiligen Ort rächen würden. Eine Göttin, die Hekit, soll geschworen haben, ihn jeweils nach siebenmal sieben Perioden Schonzeit, mit Unglück im Gepäck, heimzusuchen. Gelegentlich vermochte sie aber auch gnädig gestimmt zu sein. Finis wissende Augen suchten nach den Anzeichen. Die Schonzeit war heute zu Ende, das stand für sie fest. Heute war Johannis. Doch nichts deutete darauf hin, dass Hekit anwesend war. Der Mühlbach floss friedlich aus der Schlucht und mäanderte durch das Tal an ihrem Grundstück vorbei. In dem kleinen Weiher, den die häufigen Hochwasser an ihrer Flurgrenze zurückgelassen hatten, tauchten die Enten eifrig nach Würmern oder schnappten sich Kaulquappen vor dem schützenden Schilf. Im Wasser spiegelten sich die knorrigen Apfelbäume unter einem blauen Himmel. Sie hatten im Frühling üppig geblüht. Das versprach eine reiche Ernte, wenn nicht diese Prophezeiung wäre. Es würde ein Unwetter kommen, das war ganz sicher!

Auf dem Weg zurück ins Haus schaute Fini nach ihrem Raben. Sie lockte ihn mit einem glucksenden ‚komm, komm' und prompt flog er von einem uralten Zwetschgenbaum zu ihr herüber und ließ sich auf ihrer Schulter nieder. „Was sagst du zu dem Wetter, Aaron? Heute wäre doch etwas fällig." Aaron gab einen Laut von sich, den sie als Zustimmung zu deuten schien, denn sie nickte zufrieden und sagte Richtung Schulter: „Dann habe ich mich nicht getäuscht. Es wird noch kommen. Wir werden später nochmal nach den Pflanzen sehen." Zusammen mit ihrem Raben wackelte sie wieder zurück ins Haus.

Sie schenkte den Autos, die seit dem Ausbau der Straße vermehrt Tagesausflügler und Wanderer zur Schlucht brachten, keine Beachtung. Zur Wahrheitsmühle gelangte man entweder durch die Mühlbachschlucht, vorbei am Stamm der Jahrhundertlinde oder über die Umgehungsstraße, die von den eiligen Ausflüglern und Touristen benützt wird. Fini bemerkte den kleinen grünen Wagen, der an ihrem Haus vorbei zum Gasthaus gelenkt wurde, jedenfalls nicht.

Der Ort der Entscheidung
Die Fahrerin des Kleinwagens hatte keinen Blick für die liebliche Landschaft, die links und rechts der

Straße zu sehen war. Sie bemerkte das Hexenhaus am Ortsausgang nicht und ließ sich nicht von dem überwältigenden Panorama der Alpen vor ihr beeindrucken. Sie bog zum Gasthof zum Mühlbach ein.

An der Einfahrt zu dem großen Parkplatz stoppte sie. Seinen Wagen entdeckte sie zwischen den wenigen, geparkten Fahrzeugen nicht. Unschlüssig spähte sie nach einem geeigneten Standort. Sie sah die Frau auf der Bank vor dem Gasthaus, die sie aufmerksam beobachtete. Julia presste ihre rechte Hand auf die linke Brust. In der Erinnerung an ihren ersten Aufenthalt schlug ihr das Herz bis zum Hals. Sie kannte Frau Bachmeier Senior von damals. Um ihren fragenden Blicken möglichst weit zu entfliehen, wählte sie den Platz im hintersten Winkel.

Kopfschüttelnd verfolgte die Seniorchefin des Gasthofes, wie der resedagrüne Fiat 500 umständlich im leeren Parkplatz rangierte. Dem Kennzeichen nach kam das Fahrzeug aus Kassel. Das verstehe einer! Die Fahrerin musste heute schon früh gestartet sein. Es war erst halb acht morgens. Im Gasthof war es still. Es ließ sich noch eine Pause auf der Hausbank genießen und Besinnung finden. Mit ihrem Bernhardiner Benno friedlich zu ihren Füßen, lauschte sie dem klaren Tirilieren der Lerchen. Die Junisonne und die Ruhe der Vorsaison waren wohltuend. Sie dankte ihrem Herrgott für seine Schöpfung und die guten Tage, die ihr geschenkt waren. Dieser Wagen bedeutete das Ende ihrer Ruhe. Gespannt wartete die Seniorchefin darauf, dass ihr neuer Gast aussteigen würde.

Doch die Fahrerin stieg nicht aus. Sie schien reglos hinter dem Steuer zu sitzen. Man sah einen Ellenbogen gegen das Autofenster gestützt und eine Hand, die eine Strähne langer brünetter Haare um die Finger zwirbelte. Was Frau Bachmeier von ihrem Posten aus nicht sah, war, wie die Frau im Handschuhfach nach etwas kramte und eine zerknitterte und zerlesenen Zeitschrift zu Tage beförderte. Es war ein Wachtturm. Mit zittrigen Fingern blätterte sie zu einer Stelle, die sie dick rot markiert hatte. Eine Überschrift prangte in großen Lettern oben auf der Seite:

HALTE TREU UND LOYAL ZU JEHOVA.

Sie las mit leiser Stimme, in dem Artikel, als wolle sie ihn auswendig lernen:
Es kommt vor, dass Personen eine schwere Sünde begehen und die Versammlung
gezwungen ist, sie mit Strenge zurechtzuweisen, damit sie im Glauben gesund seien. Einigen muss sogar die Gemeinschaft entzogen werden. Denen, die sich durch diese Erziehungsmaßnahme haben korrigieren lassen, konnte so geholfen werden, wieder ein gutes Verhältnis zu Jehova aufzubauen.

Hier stoppte sie mit einem tiefen Seufzer. Genau das beschrieb ihre Situation. Sie las weiter:

Was aber, wenn wir mit jemand, der ausgeschlossen werden musste, befreundet sind? Dann steht jetzt unsere Treue auf dem Prüfstand, und zwar nicht gegenüber dieser Person, sondern gegen über unserem Gott. Jehova schaut nun darauf, ob wir uns an sein Gebot halten, keinen Kontakt mehr mit jemandem zu haben, der ausgeschlossen ist.

Schwarz auf weiß konnte sie hier lesen, was *Jehova* von ihr forderte. So schmerzlich diese Erkenntnis auch war. Sie musste mit ihm Schluss machen. Er war ausgeschlossen und sie hatte eben erst die demütigende Tortur hinter sich gebracht, nach einem Gemeinschaftsentzug wieder aufgenommen zu werden. Das wollte und konnte sie nicht noch einmal riskieren. Die Minuten verstrichen, in denen die Spannung bei Frau Bachmeier stieg. Sie wurde zunehmend beunruhigt auf ihrer Hausbank. Warum rührte sich im Wagen nichts? Hatte die Fremde ein Problem?

Ja, das hatte sie. Doch davon konnte ihre Beobachterin nichts ahnen. Das Problem der Frau auf dem Parkplatz war die Liebe zu Josua. Sie hieß Julia Exter. Sie war eine Zeugin Jehovas und hatte gegen zwei Gebote verstoßen: Erstens dürfte sie keinen Sex vor der Ehe haben und zweitens keinen Kontakt mit jemanden, der aus der Gemeinde ausgeschlossen worden war. Sie litt unter schweren Gewissensbissen, weil sie ihre Sünden bisher verheimlicht hatte. Es führte offensichtlich kein Weg daran vorbei, sie war gezwungen, eine Entscheidung zu treffen. Mit der Zeitschrift in den Händen hoffte sie inständig, dass sie die Kraft aufbringen konnte, sich von Josua, mit dem sie verabredet war und auf dessen Ankunft sie wartete, zu trennen.

Frau Bachmeier überlegte, ob sie ihre Hilfe anbieten sollte. Unentschlossen wartete sie ab. Da fuhr ein schwarzer Volvo mit dem Kennzeichen WOR auf den Parkplatz. Frau Bachmeier kannte viele Autokennzeichen. Sie verrieten ihr, woher ihre Gäste kamen. WOR stand für das schöne Wolfratshausen am Starnberger See. Das Rätsel löste sich langsam auf. Ein sportlicher Mittvierziger stieg aus und da öffnete die Fiat-Fahrerin zögernd die Autotür. Sie wand sich aus dem Fahrzeug und blieb verlegen stehen. Er ging mit ausgebreiteten Armen auf sie zu. Sie schmiegte sich an ihn und ließ die Umarmung geschehen. Trotz der deutlich zu vielen Kilos wirkte sie klein und zerbrechlich in ihrem bunten weiten Rock und dem roten T-Shirt.

„Komm, lass uns reingehen. Ich habe uns ein Zimmer reserviert", klang es zu Frau Bachmeier herüber. Der Mann aus Wolfratshausen übernahm die Führung. Verwundert beobachtete Frau Bachmeier, wie die Dame aus Kassel ihm zaghaft die Führung überließ. Also wie ein glückliches Paar sehen die beiden nicht aus, dachte sie bei sich. Sie sah zu, wie die Frau umständlich ihre zu groß geratene

Handtasche und den kleinen Koffer packte und dem Mann mit gesenktem Kopf und hängenden Schultern scheinbar demütig folgte. So würde sie auf dem Weg zum Eingang kaum bemerken, welch Blütenpracht die Balkonkästen trugen. Rote Geranien wechselten sich mit weißen und blauen Petunien ab und tauchten das reich geschnitzte Holz der raumgreifenden Balkone rundum in Farbe. Das stattliche mehrstöckige Haus mit seinem typischen tiefen Spitzdach hatte schon zwei Jahrhunderte allen Unbilden der Zeiten getrotzt, doch es strahlte eine gemütliche Zuversicht aus. Das letzte Mal waren sie vor zwei Jahren im Herbst dagewesen und Julia konnte sich damals an den Farben und der Freundlichkeit der Gegend nicht sattsehen.

Josua und Julia grüßten die Seniorchefin, die sich erhoben hatte und ihnen die Tür aufhielt. An der Rezeption wurden sie herzlich begrüßt. „Willkommen die Herrschaften. Ihr Zimmer ist vorbereitet. Würden Sie bitte das Meldeformular ausfüllen". Das übernahm Josua. Frau Bachmeier junior überreichte die Schlüssel. Dabei fiel ihr Julias Geburtsdatum auf. „Oh, ich sehe, Sie haben heute Geburtstag. Ich gratuliere herzlich". „Ich feiere keinen Geburtstag, aber trotzdem dankeschön", wehrte Julia die Gratulation ab. Mit einem „na dann einen schönen Aufenthalt", überspielte Marlies Bachmeier ihre Überraschung und verdrängte den Impuls, nach dem Warum zu fragen.

Das Zimmer lag im 1. Stock. Josua ging voraus, Julia folgte ihm zögerlich. Zaghaft verweilte sie an der Tür und schaute sich um. Sie bewunderte die rustikalen Eichenbalken an der Decke, die dunkle Eichenholz-Täfelung der Wände. In der linken Ecke des Raumes hing ein Kruzifix. Darunter das Bild der Jungfrau mit dem Herz Jesu und ein Büschel getrockneter Edelweiß. Erleichtert bemerkte Julia, dass die massiven Betten getrennt standen. Die zwei passenden Nachtschränkchen aus gedrechseltem Eichenholz waren zwischen die Betten gestellt und bildeten einen sicheren Abstand.

Josua kam auf sie zu und schreckte sie aus ihren Gedanken. Er nahm ihr Handtasche und Koffer ab und stellte beides auf die Bank unter der Garderobe. Glücklich strahlend fasste er sie an beiden Händen und zog sie an sich. Seine weiche Stimme sagte: „Komm, hab keine Angst. Deine Hände sind ja ganz kalt. Lass uns die Zeit genießen. So wie an dem Tag, als wir uns hier zum ersten Mal geliebt haben".

Er schloss sie wieder in seine Arme. Julia genoss seine Wärme, den herben Duft seines Parfums. Alle ihre Sinne verlangten nach ihm. Doch die Erinnerung an jene Liebesnacht lag ihr schwer wie Blei auf der Seele. Es war eine Sünde. Es waren wenige Stunden des glückseligen Vergessens. Wie dreist es war, das wiederholen zu wollen! Sie dürften nicht hier sein! Die ganze Belehrung und was *Jehova*, erwartet hatte sie doch gerade erst gelesen! Kein Hurer wird ins

Paradies kommen. Mein Lohn ist die ewige Vernichtung im *Feuersee*. Abrupt befreite sie sich aus seiner Umarmung und war mit ein paar Schritten am Fenster. Sie öffnete es geistesabwesend und atmete die frische Bergluft in tiefen Zügen ein. In ihrem Kopf drehte es sich. Sie rang nach Worten, fand aber keine. Und so breitete sich Schweigen aus. Sie hörte, wie Josua den Inhalt seiner Reisetasche in den Schrank räumte. Etwas zu laut. Er war frustriert.

„Lass uns die Betten zusammenschieben", hörte sie Josua vorschlagen. Panik stieg in ihr auf. Instinktiv war ihr klar, was sie zu tun hatte. Fliehen, sich aus der Gefahrenzone begeben. Das hatte sie gelernt. Der Kluge sieht das Unglück und bringt sich in Sicherheit, steht in der Bibel. Joseph sollte doch mein Vorbild sein. Als Potiphar, die Frau des Pharao, ihn verführen wollte, floh er. Pharao warf ihn in den Kerker. *Jehova* belohnte ihn. „Ich weiß nicht", brachte sie hervor, „Ich habe Hunger. Machen wir es am Nachmittag?"

Sie musste Zeit gewinnen. Auf der Fahrt hierher hatte sie *Jehova* angefleht, ihr Kraft zu geben, Josua um die Trennung zu bitten. Sie hatte die Sätze ein dutzendmal geübt, mit denen sie ihm das schonend beibringen wollte. Jetzt aber beruhigte sich ihr Herzklopfen nicht. Sie hatte ihn so vermisst! Doch ebenso drängend und unmissverständlich war die Mahnung in ihrem Kopf: Mach Schluss, sonst wirst du alles verlieren! *Jehova* ist deinetwegen traurig! Er wird dich verwerfen. Was wenn Satan Josua wie einen Engel des Lichtes benützt, um dich zu Fall zu bringen? Dann landest du mit ihm und seinen Anhängern in *Harmagedon im Feuersee*.

Da war eine andere, leise Stimme in ihr. Julia versuchte, sie deutlicher zu vernehmen. Aber was ist mit mir? Ich darf Josua nicht verlieren. Ich liebe ihn. Ist mein Herz wirklich so verräterisch, dass ich ihm nicht vertrauen kann? Dass Josua vor ihr stand und mit ihr sprach, sah und hörte sie nur wie durch eine Schicht aus Watte. Sie kämpfte mit ihrem Gewissen, doch das sah Josua nicht, was seltsam war. Er hätte wissen müssen, welche Kämpfe sich in ihr abspielten, aber er sah nur sich und sein drängendes Verlangen.

Ein Gedankenkarussell in Endlosschleife drehte sich in Julias Kopf und es ließ sich nicht stoppen. Sie rang mit ihrem grausamen Gott. „Dein Sohn sagt: ‚Wer Vater oder Mutter mehr liebt als mich, ist meiner nicht würdig'. Ich habe für dich meine Mutter verlassen. Wie viele Beweise brauchst Du noch"?

Sie folgte Josua, der darum bemüht war, sich seine Enttäuschung nicht anmerken zu lassen, in das Restaurant. Er bestellte sich ein üppiges Frühstück. Die gemütliche Gaststube war der ideale Ort, um zu einer besseren Laune zu finden. Vielleicht, so hoffte er, würde das die eisige Stimmung zwischen Julia und ihm, vertreiben. Julia begnügte sich mit Kaffee, frischen Semmeln und der Marmelade aus eigener Herstellung des Hauses. Tapfer versicherte sie, es schmecke ihr gut, doch sie hatte keinen Appetit. Sie schaffte nicht einmal die Hälfte der Portion und Josua verlor die Beherrschung.

„Was ist los mit Dir?" Herrschte er sie barsch an. „Warum freust du dich nicht? Es ist so ein schöner Tag." Obwohl ihr eine zornige Erwiderung auf der Zunge lag, siegte die Konditionierung zur Selbstbeherrschung. „Josua, wir müssen reden. Ich habe nicht die Kraft, diese heimliche Beziehung zu dir weiter fortzuführen. Ich schaffe es nicht, in der Versammlung zu sitzen und mir die Vorträge über die loyale Liebe zu Jehova und den Brüdern anzuhören und genau zu wissen, dass ich sie betrüge. Ich kann nicht immer lächeln und beteuern, dass es mir gut geht, wenn ich gefragt werde. In Wirklichkeit ist mir zum Heulen elend." In Julias Stimme lag der verzweifelte Seelenschmerz, der sie quälte. Das war zu viel für Josua. Das hatte er hinter sich gelassen. Diese ganze unehrliche Hyperreligiosität brachte ihn an den Rand des Wahnsinns. Er sah Julia entgeistert an.

„Das ist jetzt nicht dein Ernst! Dafür bin ich nicht hierhergekommen". Josua schob den Stuhl krachend nach hinten und stand auf. „Bleib doch, bitte, Josua", war alles, was Julia hervorbrachte. Doch er stürmte aus der Gaststube, die Treppe hinauf ins Zimmer. Hektisch packte er seinen Rucksack. Verzweifelt war ihm Julia gefolgt, doch seine wütende Reaktion zu beobachten war zu viel für sie. Zornig schrie sie ihn an: „Ich bin nun mal kein Klavier auf dem du nach

Lust und Laune spielen kannst". Wortlos rannte er an Julia vorbei und stürmte die Treppe hinab. Sie rief ihm nach: „Ja, ja, anstatt Verantwortung zu übernehmen, hörst du mir nie zu und rennst weg. Du haust immer ab, wenn ich mit dir über meine Probleme reden will". Josua rannte weiter und verließ den Gasthof. Julia warf sich auf das Bett und schluchzte verzweifelt.

Da war ein Weg durch die Schlucht zur Wahrheitsmühle, er erinnerte sich, dass er letztes Mal mit Julia dort gewandert war. Er brauchte dringend einen kühlen Kopf und so stapfte er los, den Rucksack auf dem Rücken. Unweit des Gasthofes fing er laut an zu fluchen und zu reden. Er war außer sich und konnte gar nicht damit aufhören.

Die ersten Unglücksboten

Zu dieser Zeit stand Fini in ihrem Kräutergarten, um die Zutaten für ihren Salat zu sammeln. Zwischen allen Kräutern, für die es eine medizinische Verwendung gab, pflückte sie junge Brennnesselspitzen, Löwenzahn und würzige Brunnenkresse vom Teichrand sowie etwas Borretsch. Doch wie sie in den strahlend blauen Himmel nach Norden schaute, kräuselte sie die Stirn. Die drei Wolken, die von der Sonne angestrahlt so weiß und harmlos heran schwebten, kündigten den Wetterumschwung an. Bei allem, was Fini für den Tag erwartete, beschloss sie, wenigstens die zarten Arnikablüten für ihren Tee zu retten. Die würden ein

Unwetter nicht überstehen. Auch die Hollerblüten wären nach einem heftigen Regenguss nicht mehr zu gebrauchen. Gleich nach dem Mittagessen würde sie diese ernten. Ungezügeltes Schimpfen klang zu ihr herüber. Sie richtete sich auf und sah einen Mann mit Rucksack, der wild gestikulierend Selbstgespräche führte, auf dem Weg zur Mühlbachschlucht. Fini schüttelte den Kopf über den seltsamen Fremden. Immerhin war sie sich, nach einem weiteren Blick in Richtung der Wolken, ganz sicher, endlich das Zeichen für Hekits Ankunft gefunden zu haben.

Die Begegnung
Bäckermeister Anton Huber gönnte sich nach getaner Arbeit, das Vergnügen, in seinem Stammlokal, der Wahrheitsmühle, ein Weißbier zu trinken. Der alte Herr liebte den Zauber der Natur, geschaffen von einem mäandernden Bächlein im Wiesengrund. Jahrzehnte stand er täglich ab drei Uhr morgens in seiner Backstube. Den Betrieb hatte er seinen Söhnen Jakob und Joseph übergeben, die inzwischen seinen Fußstapfen folgten. Er half ihnen noch dabei, den Teig für das vorbestellte Brot, die Semmeln, Brezeln, Rosinenzöpfe und Plunderhörnchen vorzubereiten. Zu Weihnachten kamen Christstollen und Zimtsterne dazu und in der Faschingszeit die Krapfen. Seine Glöcklerkrapfen, die für die Buttenmandl am 5. Januar, der letzten der Raunächte, bestimmt waren, sind legendär. In dem kleinen Laden bediente Afra, seine Frau und bot den

Feriengästen Frühstück mit frischen Backwaren aus eigener Herstellung an. Für den Seniorchef war am späten Vormittag Feierabend. Er setzte seinen verbeulten, grünen Trachten-Hut, den ein stattlicher Gamsbart zierte, auf, nahm seinen Gehstock, rief seinen Dackel Oskar und stapfte forschen Schrittes los. Seine Lieblingstour führte ihn entlang des Mühlbaches durch die Mühlbachschlucht aufwärts. Zur Rechten begleitete ihn das plätschernde Wasser und zur Linken erstreckten sich die weiten Wiesen der Bauern. So flankiert atmet Anton regelmäßig mit der klaren Bergluft die pure Lebensfreude in seine Lungen. Der Bach gluckert leise, gesäumt von üppigen Weiden, Weißdornhecken, Schilfteppichen in denen Libellen tanzten, Bachstelzen, Wasseramseln und Eisvögel geschäftig nach Nahrung für ihre Brut suchten. Anton kannte und liebte die ungezählten Tier- und Pflanzen-Schönheiten. Sie zu sehen, veranlasste ihn täglich, seinem Schöpfer für diese Gaben zu danken. Anton ließ die Magie auf sich wirken, die von den Keltensagen in Verbindung mit diesem Ort beschrieben wird.

Die heitere Stimmung verändert sich abrupt, wenn man neben dem mächtigen Lindenstamm, wie durch ein imaginäres Tor in die Klamm eintritt. Der Eingang zur Mühlbachschlucht ist Ehrfurcht gebietend. Links und rechts des Bachlaufes türmen sich schroffe, mit dichtem Moos bewachsene Gesteine in faszinierender Formation. Der schmale Fahrweg schmiegt sich eng an die Felsen. Rechts davon hat das Wasser über Jahrmillionen die Schlucht in das Gestein gegraben. Toni wählte lieber den Aufstieg an der Seite des Baches. Ein Trampelpfad schlängelt sich nach oben. Das Getöse der herabstürzenden Wasserkaskaden ist ohrenbetäubend und steht im Kontrast zu der Stille des Tales, das sich davor erstreckt. Der Bach schäumt gurgelnd über große Gesteinsbrocken. An die steilen Felswände, die nur wenige Sonnenstrahlen bis zum Grund des Hohlweges durchblitzen lassen, krallen sich Krüppelkiefer mit ausladendem Wurzelwerk.

Bei seiner gewohnten Rast auf dem Lindenstamm, am Eingang zur Klamm, beobachtete Toni an jenem Tag einen Fremden, der wild gestikulierend den Bach entlang stürmte. Er führte erkennbar Selbstgespräche. Hin und wieder ballte er die Fäuste. Dann kickte er einen nicht vorhandenen Gegenstand mit heftigen Fußtritten von sich.

„Grüß Gott", sprach ihn Toni an. „Wohin des Weges so eilig. Sie verpassen ja die schönsten Momente des Tages. Hören Sie doch, wie die Vögel extra für Sie unbekümmert zwitschern. Der helle Klang des Buchfinks übertönt sie alle. Ich erkenne den Zilpzalp trotzdem. Schauen sie nur die Spatzen, ist ihr Gezeter nicht lustig? Die melodischen Stimmen der Amseln finde ich heute extrem schön. Ist die Sonne nicht besonders seidig und wohltuend für das Gemüt"?

Verblüfft blieb Josua, der sich noch immer nicht beruhigt hatte, bei dem Alten stehen. „Sie haben ja so

Recht". Er setzte sich mit einem tiefen Seufzer zu ihm, nahm eine Flasche Wasser aus seinem Rucksack und trank einen kräftigen Schluck. „Ich habe kein Ziel. Ich will mir nur den Kopf freistrampeln. Aber eine kleine Rast ist eine gute Idee", gab er dem freundlichen Toni Bescheid.

„Na dann wünsche ich ihnen noch einen klärenden Tag. Ich will dann weiter", verabschiedete sich Toni.

Julia hatte sich in den Schlaf geweint. Sie wachte kurz nach Mittag auf und stellte bekümmert fest, dass Josua nicht zurück war. Vielleicht ist er ja zur Wahrheitsmühle gewandert, überlegte sie. Vor zwei Jahren feierten sie die Halbzeit ihres gemeinsamen Kuraufenthaltes, mit einem Wochenendausflug. Sie buchten hier im Gasthof zum Mühlbach zwei Einzelzimmer. Sie wanderten durch die Klamm zu dem Ausflugslokal. Bei einem frischen Weißbier erzählten sie sich gegenseitig, zum wiederholten Male, ihre Lebensgeschichten. Josua litt unter den emotionalen Verletzungen durch einen grässlichen Rosenkrieg bei seiner Scheidung. Seine Ex-Frau hatte es geschafft, ihn in der Gemeinde wie ein gewissenloses Monster aussehen zu lassen. Um die Demütigungen nicht mehr weiter zu ertragen, erklärte er seinen Austritt. Das kam in der Gemeinde nicht gut an. Er wurde wie einer betrachtet, der geistig tot ist und dem man nicht einmal einen Gruß entbieten darf. Darum stand er mit seinem Kummer und der Überzeugung, in Kürze zu sterben, alleine da.

Er hatte keinen Zweifel daran, dass die Zeugen Jehovas die Wahrheit lehrten und das Ende nahe sei. Nach deren Glauben überleben nur die Mitglieder und so sah er für sich selbst nur den Tod voraus. Er versuchte, sich mit Alkohol zu betäuben, mit der Folge, dass er in seinem Beruf versagte. Nach einem Nervenzusammenbruch kam er in die Psychiatrie, gefolgt von dem Aufenthalt in der Kur.

Julia sprach über ihre Affäre mit dem Arbeitskollegen. Josua verurteilte sie nicht dafür. Er war verständnisvoll und mitfühlend. Er verstand, dass sie in einer seelischen Höllenqual steckte, weil sie nach dem Gemeinschaftsentzug, durch das strikte Kontaktverbot, vollständig isoliert von ihren Freunden war. Die Erinnerung an jenen romantischen Tag trieb Julia wieder Tränen in die Augen. Kurz entschlossen zog sie ihren Jogginganzug und die Sneakers an. Beides ein Andenken an ihre Kur. Sie kam sich damals so armselig vor im Vergleich zu den anderen Kurgästen. Bei ihrem Sinn für das Ästhetische, kostete es viel Überwindung, der Forderung nach Demut und Bescheidenheit, den Merkmalen der *neuen Persönlichkeit*, nachzukommen. Mit ihrem Teilzeitjob war die Auswahl an Kleidung für sie nur in der Abteilung preiswerte Sonder-Angebote bezahlbar. Ihr schlichter blauer Anzug mit den weißen Seitenstreifen, wäre selbst in einem Flüchtlingslager nicht der Hit gewesen. Die zwanzig Euro teuren Schuhe hatten null Marken-Status-Symbole. Doch wie steht es in der Heiligen Schrift? Sei mit den vorhandenen Mitteln zufrieden. Wie macht man das nur, wenn man so oft von etwas Bildhübschem träumt? Mit Mühe stoppte Julia ihre frevelhaften Gedanken, die ihrem Gott vorwarfen, dass er kleinlich ist. Ihm gehören alle Schätze des Universums und von ihr verlangte er Enthaltsamkeit und Verzicht, grollte sie. Eilig schnappte sie ihre Handtasche und hetzte zu ihrem Wagen. Sie war überzeugt, Josua in der Wahrheitsmühle zu finden. Sie stieg in ihren betagten Cinquecento, und fuhr über die Umgehungsstraße zu dem Lokal.

Im großen Biergarten sah sie viele Gäste. Doch Josua entdeckte sie nicht. Er wird sicher noch kommen, redete sie sich ein. Ich warte. Sie suchte sich einen Platz, von dem aus sie den Eingang im Auge behielt und bestellte sich eine Radlermaß. In gespannter Erwartung, die das heftige Drehen ihrer Haarsträhne verriet, ließ sie das Eingangstor nicht aus den Augen.

Die Herren am Nebentisch nervten sie. Sie spielten Karten und riefen pausenlos rätselhafte Worte wie: I Dad, I Dad a, Gras, Schelln Ober, Contra, schwarz, Schneider, Trumpf. Mit Kraft schmissen sie ihre Karten auf den Tisch. Dazwischen erzählten sie lautstark irgendwelche Geschichten, über die sie schallend lachten.

Ohne Absicht hörte Julia den Mann, mit dem moosgrünen Hut mit Gamsbart, berichten: „Heut spinnt die Oberhäusler Fini wiederamal extrem", schnappte sie seinen Satz auf. „Wiea kimmst denn da drauf", fragte einer der Kartenspieler. „Sie war heut scho' in aller Fruah bei meiner Alten im Lad'n. Da hads so spinnerte Sachen gsagt, dass ihr Rabenviech ihr an Unglück prophezeit had. Heut is Johannitag. Aber es san a 49 Periodn umma. Des ist der Tag, wo der Keltengott Taranis – ihr wisst scho, der von der Linde am Eingang vo der Mühlbachschlucht, sich wieder an selbigem Frevel rächt. Die Kelt'n hätt'n a no andere Gottheit'n verehrt und oaner vo dene kimmt heut". Die Männer quittierten das mit Gelächter. „Außerdem hat die Fini gsagt, dass es heut no a Unwetter gäb. Des wär koa guats Omen net für de Johannisfeu'r und für die Ernt'. Regen am Johannistag, nasse Ernt' man erwarten mag. Aber glei a Unwetter – die Fini hat halt scho immer gspunna. Wer glaabt ihr scho, dass s' mit dem Raben red'n ko?"

Darin waren sich die Männer einig. Sie glaubten nicht, dass Fini mit dem Raben reden kann. Sie bestellten eine weitere Runde Weizenbier und widmeten sich mit Hingabe ihrem Schafkopfen.

Julia nahm einen tiefen Zug von der kühlen Radlermaß. Dabei erinnerte sie sich daran, wie sie vor zwei Jahren mit Josua unter diesen Kastanienbäumen zum ersten Mal angestoßen und prost gesagt hatte.

Sie war so auf Protest und Trotz gegen die *Wachtturm* Lehren getrimmt. ‚Wieso habe ich nur sogar die Nacht mit ihm verbracht? Mir war doch klar, dass mein Buchhaltergott die Sünde in seinem Buch notieren würde. Ich habe damals neben Josua so eine Geborgenheit empfunden wie niemals in meinem Leben zuvor. Zur Strafe quält mich mein Gewissen seither ununterbrochen'.

Julia malte sich in Gedanken aus, wie sie, die arme Sünderin, diese Nacht vor den Ältesten gestehen wird. Ihr krampfte sich der Magen zusammen. Wann kommt er endlich? Sehnsüchtig hingen ihre Blicke am Eingang zum Biergarten. Sie registrierte nicht, wie er sich allmählich leerte. In ihrem halbleeren Bierglas schwammen inzwischen drei Wespen. Apathisch ließ sie sie gewähren und drehte unentwegt an ihrer Haarsträhne.

Gundi Bergmüller, die Wirtin der Wahrheitsmühle, hatte diese Frau im blauen Trainingsanzug seit Stunden im Blick. Sie saß, völlig in ihre Gedanken versunken, einsam da. Die Mittagsgäste hatten den Biergarten verlassen. Diejenigen, die das Johannisfeuer anzünden würden, erwartete sie erst später. Die Frau isst nichts, trinkt nichts, zwirbelt immer die gleiche Haarsträhne und starrt in Richtung Eingangstor, stellte Gundi mitfühlend fest. Sie ertrug diesen traurigen Anblick nicht länger. „Möchten Sie vielleicht etwas essen?" Bei dieser Frage schreckte Julia aus ihren Gedanken. „Nein, danke, es ist schon spät", wehrte sie erschrocken ab. „Ich will lieber gehen".

„Ich will ja nicht neugierig sein, aber haben Sie jemanden erwartet?" Gundula versuchte, die einsame Besucherin zum Reden zu animieren. „Ja, meinen Freund. Er ist heute Vormittag vom Gasthof zum Mühlbach weggegangen. Wir hatten einen Streit. Ich hoffte, dass er hierher kommt", antwortete Julia kurz.

„Ich verstehe. Aber dann wäre er schon längst hier. Bestimmt hat er bemerkt, dass bald das Gewitter losgeht und sich dafür entschieden, wieder zum Gasthof zurückzugehen".

Julia hatte nicht bemerkt, wie sich der Himmel mit drohenden, dunklen Wolken zugezogen hatte. Selbst das ferne Grollen von Blitz und Donner hatte sie nicht registriert. Darum sprang sie erschrocken auf. „Ja, natürlich – wie konnte ich nur so unaufmerksam sein". Sie rannte zu ihrem Auto in der Hoffnung, rechtzeitig vor dem Gewitter den Gasthof zu erreichen. Aber das Gewitter war schneller. Auf halber Strecke öffneten sich die Himmelsschleusen. Es schüttete, donnerte, blitzte so heftig, aus den tiefhängenden, tiefschwarzen Wolken, wie sie es noch nie in ihrem Leben erlebt hatte. ‚Das ist *Harmagedon*', schoss es ihr in den Sinn. Sie hielt am Straßenrand, legte den Kopf auf das Lenkrad, das sie mit beiden Händen fest umklammerte, und erwartete ihr Gottesgericht. Ein greller Blitz mit ohrenbetäubendem Donnerschlag, dessen Druckwelle sogar ihr Auto vibrieren ließ, erschreckte sie. Sie sah sich um und erkannte hinter der Wahrheitsmühle ein loderndes Feuer. Der Blitz musste den Holzstoß entzündet haben, der für das Johannisfeuer vorbereitet war. Der prasselnde Regen verdampfte zischend in der Hitze, noch ehe die Tropfen den Holzstoß erreicht hatten. Julia schlotterten vor Angst die Knie, beim Anblick der Sturzflut, welche die Straße hinab schoss. Sie befürchtete, mit ihrem kleinen Auto mitgerissen zu werden. Doch nichts dergleichen widerfuhr ihr. Der sintflutartige Regen hatte sich nach einer Weile ausgetobt und wurde zum sanften Fließen. Julia schöpfte Hoffnung, dass Josua inzwischen zurück im Gasthof wäre. Sie beruhigte sich etwas und fuhr weiter. Beim Einbiegen auf den Parkplatz registrierte sie, wie die Geranien und Petunien in den Balkonkästen zerzaust und zerfleddert herabhingen. Sie rannte durch den Regen zum Haus und wurde auf der kurzen Strecke vom Parkplatz bis zur Haustüre völlig durchnässt, doch sie achtete nicht darauf. Sie stürmte die Treppe hinauf. Ihr Atem stockte beim eintreten in das Zimmer. Er war nicht zurückgekommen.

Tropfnass, wie sie war, sank sie auf einen Stuhl. Sie schluchzte hemmungslos. Ihre Tränen flossen um die Wette mit den Tropfen aus ihren Haaren.

Die Wolken am Himmel hatten sich leer geweint. Auch Julia schleppte sich ins Badezimmer und trocknete ihre Tränen. Sie zog sich trockene Sachen an.

Sie fragte ihr Gegenüber im Spiegel: „Wer bist du? Wie Viele bist du? Warum kannst du nicht normal sein, wie alle guten Zeugen Jehovas? Warum sind die glücklich und du bist unglücklich? Warum erklärst du mir nicht, wieso es so eine große Sünde ist, Josua zu lieben"? Sie zog eine wütende Grimasse und schrie ihr Spiegelbild an: „Danke, für deine aufschlussreichen Antworten"! Wütend warf sie den nassen Waschlappen auf ihr Gesicht im Spiegel.

Mit diesen Fragen drehte sich das Gedankenkarussell in ihrem Kopf erneut weiter. Sie lief im Zimmer auf und ab, auf und ab, auf und ab. Abwechselnd blieb sie am Fenster stehen, und starrte in die Dunkelheit hinaus. Dann warf sie sich wieder schluchzend auf ihr Bett. Alles wäre anders gekommen, wenn sie am Morgen schon zugestimmt hätte, die beiden Betten zusammenzuschieben. Die schlimmsten Selbstvorwürfe quälten sie. Sie malte sich aus, was ihm zugestoßen sein könnte oder was er sich sogar angetan haben könnte. Dieser Gedanke war unerträglich. Sie nahm ein Kopfkissen und trommelte wütend mit beiden Fäusten darauf herum. Sie biss die Zähne zusammen, um nicht zu schreien. Sie tobte sich müde und fiel in einen Schlaf mit Albträumen. Am Morgen kam die brutale Erkenntnis: Er ist nicht zurückgekommen. Sie befürchtete, dass sich ihre schlimmsten Ängste bewahrheitet hatten. Völlig aufgelöst verständigte sie die Polizei.

Verschwunden

Hauptkommissar Gruber nahm ihre Vermisstenanzeige auf. Die Vermutung, der Mann könnte in die Mühlbachschlucht gegangen sein, lag nahe. Falls er den steilen Weg zur Wahrheitsmühle gewählt hatte, wäre es möglich, dass er gestürzt ist. Für Ungeübte waren einige Passagen riskant. Im Anbetracht der Tatsache, dass das Unwetter am Vortrag den Mühlbach in einen reißenden Fluss verwandelt hatte, der weit über die Ufer getreten war, ordnete er eine sofortige Suchaktion an. Ein Aufgebot von Polizeibeamten durchkämmte die gesamte Schlucht. Für die Hundestaffel war es aussichtslos eine Fährte zu finden. Das Gewitter hatte alle Spuren weggespült.

Fini hatte Recht getan, ihre Heilpflanzen zu ernten und die Fensterläden zu schließen. Im Dorf waren die Bewohner nach vielen Stunden immer noch damit beschäftigt die Spuren der Überflutung zu beseitigen. Die späte Reue: Hätten wir doch auf die Fini gehört, half nichts mehr.

Nach intensiver Suche in der Klamm und den Bachlauf hinunter, traf sich die Suchmannschaft wieder an ihrem Ausgangspunkt am Eingang zur

Mühlbachschlucht, in der sie den Unfallort vermuteten. Hinweise auf den Vermissten wurden keine gefunden. Der Mann hatte sich scheinbar in Luft aufgelöst, rätselten sie. Warum gab es keine Spur von ihm? Wohin ist er gegangen? Wieso hatte weder seine Freundin noch die Polizei oder der Notarzt eine Meldung erhalten. Niemand hatte Hilfe angefordert.

Die Spaziergänger, Jogger und Radfahrer, die sich um den Ort versammelt hatten, stellten Vermutungen darüber an, was passiert sein könnte. „Vielleicht hat die Oberhäusler Fini ja doch recht", spekulierte eine füllige Mittsechzigerin. Sie hatte Mühe ihren Foxterrier an der Leine zu bändigen. „Womit hat die Oberhäusler Fini recht"? Hakte Hauptkommissar Gruber nach.

„Die Fini erzählte mir mal", erklärte die Füllige, im vielsagend verschwörerischen Ton, „dass dieser Stamm der großen Linde ein heidnischer Kultbaum war. Wer Hand an den Baum legen würde, sollte verflucht sein. Trotzdem lag er eines Tages da. Genauso wie er jetzt noch dort liegt. Jemand hatte die heilige Linde bei Nacht und Nebel gefällt. Damals prophezeite der Hiers, seine Weissagungen sind im ganzen Tal bekannt, dass es ein Unglück geben wird. Er war noch spinnerter wie seine Nachfahrin, die Fini. Aber genau das soll damals passiert sein. Eines Tages sei ein Bauer aus dem Dorf spurlos verschwunden. Zuletzt hat ihn jemand auf diesem Stamm sitzen gesehen. Er sei nie wieder aufgetaucht. Im Ort munkelte man, dass der Lindenstamm auf einem Energieplatz liegt. Also der Hiers sagte sowas wie Morfinfeld", erzählte die Fini „Sie meinen wohl ein morphogenetisches Feld" korrigierte sie Kommissar Gruber. „Ja - genau," bestätigte die Dame, die Peppi genannt wurde, eifrig. „Und das Feld hat sich damals den Baumfrevler geholt und gestern den Fremden".

Peppi genoss die Aufmerksamkeit, die ihre Erzählung in der Runde der Neugierigen auslöste. Doch das verächtliche „ach – Weibergeschwätz", von Kommissar Gruber kränkte sie. Beleidigt sprach sie zu ihrem Hund: „Komm Friedolin wir gehen" und hinkte hoch erhobenen Hauptes davon, indem sie bei jedem Schritt den ganzen Körper nach links oder rechts schwenkte. Ihr Hüftleiden bedingte diese seltsame Gangart.

„Dieser Hinweis war nicht erhellend", brummte Hauptkommissar Gruber. Just in diesem Moment kam Bäckermeister Toni bei seinem Gang zur Wahrheitsmühle wieder des Weges. Mit Bestürzung hatte er die Folgen des Unwetters betrachtet. Das Gras und die zarten Blüten der Frühlingsblumen waren vom Schlamm bedeckt und lagen traurig am Boden. Als er hörte, dass ein Mann vermisst wurde, erzählte er von seiner Begegnung mit dem Fremden am Vortag. „Ich habe ihn angesprochen, weil er so wütend schien. Er hat überhaupt nichts von der Magie der Stimmung hier mitbekommen. Die Vögel zwitscherten so geschwätzig, als hätten sie sich alle

Weltereignisse zu erzählen. Es war so angenehm in der Sonne und er ballte dauernd die Fäuste und trat auf Grasbüschel oder die zartlila Blüten des Kuckucksstiefelchens ein, als wären sie schuld an seinem Ärger. Er setzte sich dann zu mir und erklärte, er habe kein bestimmtes Ziel, aber etwas für sich zu klären, und müsse den Kopf frei bekommen".

Die Personenbeschreibung passte auf Josua Ablassmeier. Anton Huber war offenbar der Letzte, der ihm begegnet war. Doch es ergab sich aus seiner Aussage kein Hinweis darauf, welches Ziel der Fremde hatte. Nichts deutete auf ein Verbrechen oder Unglück hin, fand Kommissar Gruber. Da blieb nur abwarten. Er entschied, die Suchaktion zu beenden.

Im Gasthof zum Mühlbach

Julia Exter hoffte weiter in großer Sorge auf ein Lebenszeichen ihres Freundes. Bilder der Erinnerung kamen ihr in den Sinn.

Sie sah sich vor zwei Jahren im Pavillon des Kurgartens sitzen und ihm aufmerksam zuhören. Bei jeder Gemeinsamkeit, die sich aus der Erzählung ergab, kamen sie sich näher. Sie freundeten sich an. Sie erzählte ihm von der schrecklichen Erfahrung, für die Freundschaft zu einem *Weltmenschen* mit der sozialen Ächtung bestraft worden zu sein. Von diesem Trauma erholte sie sich langsam.

Wehmütig erinnert sie sich, dass sie damals ein Herz und eine Seele waren. Aber als Zeugin Jehovas hätte sie nie mit einem Ausgeschlossenen reden dürfen. Das war ein Fehler. Der größte Fehler war jenes Wochenende. Sie hatten nicht vor, miteinander zu schlafen. Sie planten nur, die Halbzeit der Kur zu feiern.

‚Ob ich mir da ebenso etwas vorgaukele, wie ich das die ganze Zeit bei meinen Brüdern und Schwestern in der Versammlung notgedrungen tue'? Sinnierte Julia. ‚Ich verschweige, dass ich diese große Sünde begangen habe. War mein Herz damals verräterisch und ich gestehe mir nicht ein, dass ich das wollte? Einer weiß es aber. *Jehova* hat in mein Herz gesehen. Ihm kann ich nichts vormachen. Ach könnte ich doch beten! Aber ich schaffe es nicht, zu bereuen. Ohne diese Voraussetzung nützt das Bekenntnis meiner Sünde nichts'.

Julia quälte die Vorstellung des erneut drohenden Kontaktverbotes. Falls sie den Seitensprung beichtete, und das Tribunal käme zu dem Schluss, dass sie nicht genug bereut hätte und die Werke der Reue nicht ausreichten, würde sie wieder ausgeschlossen werden. Ihre Zeugen Jehovas Freunde würden sie wieder strikt meiden. Sie würden wieder sagen, sie sei geistig tot. Das alles gehörte zu Julias schmerzlichster Erfahrung dieser ersten Sünde mit Wolfgang. Die Strategie der sozialen Erpressung ist tausendfach erprobt und erfolgreich.

Bei dem Gedanken, dass sie erneut genötigt war, ihre Freundschaft zu Josua in der Gemeinde zu bekennen, wurde ihr übel. Sie übergab sich, obwohl sie kaum etwas im Magen hatte.

Die Erinnerung an diese demütigende Tortur, verursachte ihr Schüttelfrost. ‚Weil ich die Affäre mit meinem Arbeitskollegen Wolfgang reumütig und gehorsam den *Ältesten* gebeichtet hatte, wurde mir zur Strafe die Gemeinschaft entzogen. Boah, von einer Minute zur anderen redete niemand mehr mit mir. Das Tribunal stellte mir anheim, die Wiederaufnahme zu beantragen, sobald ich meine aufrichtige Reue mit entsprechenden Werken bewiesen hatte. Sechs Monate besuchte ich regelmäßig die Gottesdienste. Na ja, korrekt müsste ich *Versammlungen* sagen'. Bei der Erinnerung an diese Zeit schüttelte sich Julia angewidert. ‚Es war so demütigend als Letzte den Saal, kurz vor Beginn des Programmes, zu betreten, sich, ohne jemanden zu grüßen, in die letzte Reihe zu setzen und ebenso grußlos die Veranstaltung sofort nach Schluss zu verlassen. Vermutlich ist die Dunkelziffer der unterlassenen Geständnisse unschätzbar hoch. Ich kann verstehen, wenn sich das viele 'Sünder' lieber ersparen, bevor sie psychisch kollabieren. Am Ende können sie die Scherben der Seele nicht mehr kitten und sehen den Suizid als Erlösung. Ich kam mir damals wertlos vor. Ich war orientierungslos und so mutlos, dass ich in tiefe Depressionen verfiel. Ich wurde unfähig, etwas zu arbeiten. Dank einer einfühlsamen Psychotherapeutin, fand ich langsam ins Leben zurück. Wie dankbar war ich für ihre verständnisvolle Begleitung. Die Vorstellung, dass sich das alles wiederholen würde, ist der blanke Horror'! Mit sehnsüchtigem Blick stand Julia am Fenster. Die Erinnerung führte sie dahin zurück, wo alles anfing. Es war so vielversprechend und euphorisierend.

Julia wird gefischt.

Sie war in Vorbereitung auf ihre Konfirmation und stellte Fragen über Gott. Ihre Mutter war berufstätig und alleinerziehend, weil der Vater die Familie verlassen hatte. Julia war damals fünf Jahre alt und fortan Mutters Lebensinhalt. Jede freie Minute verbrachten sie gemeinsam. Sie kochten zusammen, räumten gemeinsam die Wohnung auf, kauften gemeinsam ein, vergnügten sich gemeinsam im Zoo oder planten ein Picknick. Ob sie Lust auf schwimmen, Konzerte oder Kino hatten, sie genossen es gemeinsam. Vor allem aber besuchten sie gemeinsam regelmäßig den evangelischen Gottesdienst und die Bibelstunden. Nur Gespräche über Gott bloggte Mutter ab. Ob sie sich dieselben Fragen stellte und keine Antworten darauf hatte? Julia liebte es, nach dem Kindergottesdienst mit ihrer Mama auf dem nahegelegenen Spielplatz zu toben und anschließend in der Krone zu Mittag zu essen.

Julia seufzte tief, bei der Erinnerung an diese Zeit. Wie gerne würde sie wieder einmal zusammen mit

Mama herzlich lachen. Wieso war da trotz all der Fröhlichkeit das dumpfe Gefühl von Unvollständigkeit, grübelte sie.

‚Mama klammerte sich an mich'. In solche Gedanken versunken schaute Julia mit leerem Blick aus dem Fenster. ‚Ich vermisste damals etwas und ich suchte unbewusst danach. Ich war mit den Ansprüchen meiner Mutter überfordert. Vor allem mit dem Anspruch, in allem die Beste oder Perfekte zu sein. Mama war da unnachgiebig und streng. Zum Glück fiel mir das Lernen leicht und ich war selbst ehrgeizig. Mama kontrollierte aber praktisch jede Minute des Tages.

Im Konfirmandenunterricht beobachtete ich meine Mitschüler, die gelangweilt zuhörten oder über biblische Geschichten witzelten. Ich fragte sie eines Tages: „Glaubt ihr an Gott"? Einige lachten nur andere, zuckten die Schultern und sagten: „Keine Ahnung". Die Konfirmation war Tradition und Anlass, sich auf Geschenke zu freuen. Waren die biblischen Geschichten die reine Wahrheit? Was wenn es nur überlieferte Sitten und Bräuche waren? Niemand beantwortete meine Fragen. Ich war auf der Suche nach der Wahrheit.

So fragte ich Esther, die belächelte Außenseiterin der Klasse. Sie beteiligte sich nie an außerschulischen Aktivitäten. Auf die Fragen der Klassenkameraden, was sie zu Weihnachten oder zum Geburtstag bekommen hat, antwortete sie: „Wir feiern kein Weihnachten. Wir feiern keinen Geburtstag. Wir feiern kein Ostern. Sie fügte jeweils hinzu: weil das heidnische Feste sind". Nie gratulierte sie jemandem zum Geburtstag. Sie lehnte Einladungen zu Geburtstagspartys grundsätzlich ab. Esther war eine Zeugin Jehovas und nahm es stoisch hin, dass sie wegen ihres Glaubens gemobbt wurde. Genau aus diesem Grund fragte ich sie: „Glaubst du an Gott"?

„Ja, natürlich glaube ich an Gott. Ich studiere sein Wort, die Bibel gründlich und wir Zeugen Jehovas richten unser Leben genau nach den biblischen Maßstäben aus. Darum kenne ich seinen Namen – Jehova. Er kommt in den Urschriften mehr als 6000-mal vor. Aus den heutigen Bibelübersetzungen wurde er entfernt und an den Stellen, wo in den Originalmanuskripten die vier hebräischen Buchstaben für seinen Namen stehen, setzten die Übersetzer die Worte Herr oder Gott ein. Das kannst du ganz leicht in der Luther-Bibel nachprüfen. Es steht sogar vorne in der Einführung drin".

Das war eine klare Ansage. Esther schien keinerlei Zweifel zu haben, obwohl sie die Informationen wie auswendig gelernt rezitierte. Sie erzählte von der Hoffnung auf ein Leben im Paradies. Das klang wie eine Oase des Glücks. Was sie über den angeblichen Gottesnamen sagte, machte mich stutzig. Verblüfft gab ich Esther recht: „Stimmt ich habe in meiner Bibel immer HERR oder GOTT gelesen. Kannst du mir deine Bibel besorgen", bat ich.

„Natürlich, sehr gerne. Ich kann dir auch ein Hilfsmittel zum besseren Verständnis der Bibel dazu geben. Oder, wenn du Lust hast, kannst du mich gerne mal besuchen und dann zeige ich dir, wie wir die Bibel studieren". Diese Einladung nahm ich gerne an'.

Lächelnd erinnert sich Julia an ihren ersten Besuch bei Familie Exter: ‚Esthers Eltern empfingen mich herzlich. Der Kontrast, zwischen meinem zu Hause und Esthers, beeindruckten mich. Das Treppenhaus, in dem 50er Jahre Siedlungsblock, roch nach Heizöl, welches für die Zentrale Versorgung im Keller eingelagert war. Hier gab es keine gediegene Eleganz, die sich mit den Herrschaftshäusern im Kurparkviertel vergleichen ließ. Der Bodenbelag in der Diele der Wohnung war das Nachkriegsstragula mit dem diffusen, beige Muster. Auf dem Weg in die Wohnstube erhaschte ich durch die offene Türe einen Blick in die geräumige Küche. Die Möbel und der Tisch waren aus Resopal, wie sie im Angebot der Supermärkte standen. Es gab eine Eckbank rechts neben dem großen Fenster. In der guten Stube stammte das Mobiliar ebenfalls aus der Zeit des aufstrebenden Wirtschaftswunders. Die Polstergarnitur zierten gehäkelte Spitzendeckchen. Das Deckchen auf dem nierenförmigen Tisch war von Esthers Mutter selbst geklöppelt. Die Stirnseite des Flures bildete ein Einbauschrank. Alles war sauber und ordentlich aufgeräumt. Esthers Eltern schafften es, eine warme Atmosphäre zu zaubern. Bei späteren

Besuchen entdeckte ich, dass der Einbauschrank am Ende des Flures, das Kinderzimmer von Esther war. Ihr Bett war ausklappbar. Ihr übriger Besitz hatte in diesem Schrank Platz.

Mein zu Hause war dagegen steril. Mama legte größten Wert auf Ordnung und solide Ausstattung in ihrem Umfeld. Der anspruchsvolle Stil prägte die Atmosphäre. Er war kühl, distanziert, aber alles perfekt. Wir hatten Parkett-Böden in den geräumigen Zimmern. Etwas Wärme gaben die Perser-Teppiche und Läufer. Unsere Küche war mit gediegenen Vollholzmöbeln maßgerecht eingebaut. Die Gardinen passten stilvoll in Farbe und Muster zu den Möbeln und Tapeten. Im Wohnzimmer standen Möbel aus poliertem Kirschbaumholz im Biedermeierstil. Mein Kinderzimmer war größer als das Wohnzimmer bei Esther. Zu diesem Ambiente passte Mutters Forderung nach absoluter Perfektion, besten Leistungen und tadellosen Manieren, unabhängig davon, ob das für mich angemessen war oder nicht. Ich war Mamas Vertraute, Freundin, Kumpel und Partnerersatz. Trotzdem sehnte ich mich nach mehr Wärme. Unbewusst war meine Seele auf der Suche nach dem Teil meines Lebens, den ich bei der Trennung meiner Eltern verloren habe. Sie versuchten zwar, die hässliche Seite des Rosenkrieges vor mir zu verbergen. Aber genau das gut gemeinte Schweigen verstand ich nicht. Die Spannungen und den Kummer meiner Mutter erahnte ich und hatte keine Erklärung dafür'.

Energisches Klopfen brachte Julia in die Gegenwart zurück. Mit dem Wort: „Zimmerservice" öffnete die Seniorchefin die Türe. Sie balancierte ein Tablett, das sie vorsichtig auf dem Tisch abstellte.

„So, jetzt wird erst einmal etwas gegessen, meine Gnädigste. Verhungern ist keine Option", sagte sie mit gespielter Strenge.

„Ich fürchte, ich kriege keinen Bissen runter", klagte Julia abwehrend. „Keine Widerrede Kindchen". Die Seniorchefin war jetzt fürsorgliche Großmutter. Sie legte ihren Arm um Julias Schulter und führte sie behutsam zum Stuhl. „Es wird sich alles klären. Wenn ihm etwas zugestoßen ist, werden sie es erfahren. Sein Auto steht auf dem Parkplatz, er wird wiederkommen. Wenn er nur gewissenlos abgehauen ist und irgendwo schmollt, ist er es nicht wert, dass Sie auf meine legendäre Leberknödelsuppe verzichten". Aufmunternd drückte sie Julia einen Löffel in die Hand. „Bitte – essen Sie. Es wird Ihnen guttun".

Gehorsam nahm Julia einen Schluck und seufzte tief, bei der Wohltat der köstlich warmen Suppe. „Sie sind eine Zauberin. Die schmeckt himmlisch und tut so gut. Ich merke jetzt erst, wie hungrig ich bin". Mit weisem Lächeln ermutigt sie Frau Bachmeier Senior, es sich schmecken zu lassen. „In der Küche gibt es noch mehr davon. Wollen Sie mir erzählen, was Ihren Freund so aufgeregt hat, dass er gestern so stürmisch das Haus verlassen hat"?

„Das ist eine lange Geschichte und es ist alles so kompliziert", antwortet Julia zwischen zwei Löffeln der köstlichen Suppe.

„Lange Geschichten höre ich sehr gerne. Ich habe viel Zeit". Sie verwandelte sich in Oma Bachmeier. Sie zauberte in ihr Gesicht, mit den Lachfalten, ein warmherziges Lächeln, neigte ihr graues Haupt, das eine perfekt geflochtenen Gretel-Frisur schmückte, nach rechts und sah Julia erwartungsvoll an.

Das Schweigen der Eltern

Diese ehrliche Zuwendung öffnete die Schleusen des verdrängten Kummers bei Julia. Das Bedürfnis sich mitzuteilen war übermächtig. So fing sie an zu erzählen: „Sie müssen wissen, ich bin eine Zeugin Jehovas. Ich dürfte wegen meines Glaubens nicht mit einem Mann zusammen sein, mit dem ich nicht verheiratet bin. Wir haben uns vor zwei Jahren in der Kurklinik kennen gelernt. Er war früher auch bei diesem Glauben, ist ausgestiegen und das ist ein weiterer Grund, warum ich ihn meiden sollte. Wir dürfen mit Ex-Mitgliedern nicht reden. Ich bin also eine Sünderin. Ich fühle mich so schuldig. Ich wollte gestern mit Josua darüber reden. Aber er war enttäuscht und wütend und ist einfach losgerannt".

„Kindchen, ich bin katholisch. Ich erinnere mich noch sehr genau an meine Jugendzeit. Da war auch noch vieles eine Sünde und musste gebeichtet werden. Ich kann verstehen, wie es ist, mit den quälenden Gewissensbissen. Heute sind wir Gott sei's gedankt nicht mehr ängstlich genug, um uns von den Sakramenten vorschreiben zu lassen, was für uns richtig oder falsch ist. Wie sind sie zu diesem Glauben gekommen?"

„Meine Eltern waren evangelisch. Wir lebten in Wiesbaden. Meine Mutter ist eine strenggläubige Lutheranerin. Sie liest täglich in ihrer Lutherbibel. Ich war fünf Jahre alt, als sie sich trennten. Von einem Tag auf den anderen kam Papa nicht mehr. Die Erklärungen meiner Mutter überzeugten mich nicht. Ich spürte ihre Angst, aber ich verstand sie nicht. Ich dachte, Papa hat uns verlassen, weil ich nicht brav genug war. Oder, weil ich nicht gut genug war. Immer war ich auf der Suche nach einem Vater. Wenn ich Mama nach ihm fragte, war sie ärgerlich. Mit der Zeit hörte ich auf zu fragen und zu quengeln. Das Thema Papa wurde tabu. Es blieb die Sehnsucht nach ihm und die Suche nach Antworten auf meine Fragen".

Tabu und unbewusste Programmierung

„Jaja, diese Tabus sind tückisch. Es sind subtile Verhaltensanweisungen an die unbewusste Steuerungszentrale unseres Seins. Viel wirkungsvoller als ein Verbot. Ein Verbot kann man heimlich brechen. Wer ein Tabu verletzt bestraft sich selbst. Es wird mit Unverständnis quittiert. Mit Zurückweisung oder einer demonstrativ zur Schau getragenen Kränkung. Ein Verbot wird begründet. Es muss plausibel sein. Ein Tabu hat das nicht nötig. Man tut so etwas eben nicht. Sie Ärmste. Das haben sie mit der Zeit begriffen, man fragt nicht nach Papa".

„Genau so war es. Dieses unterschwellig vermisste Bild der Harmonie, die Sehnsucht nach einer richtigen Familie brachte mich meiner Schulfreundin Esther, einer Zeugin Jehovas näher. Mit ihr konnte ich über vieles reden. Das zog mich an. Ich erinnerte mich vorhin an meinen ersten Besuch bei ihr zu Hause.

Esthers Eltern hießen mich herzlich willkommen. Da gab es einen Papa. Esthers Mutter war nicht berufstätig. Sie hatte Waffeln selbst gebacken. Zusammen mit der selbstgekochten Erdbeermarmelade schmeckten sie köstlich. Wir langten begeistert zu. Da lag ein Buch „Was lehrt die Bibel wirklich?", unübersehbar auf dem Wohnzimmertisch. Ich schaute immer wieder hin. „Wenn dich die Antwort auf diese Frage interessiert, dann können wir doch einfach gemeinsam, die Bibel anhand dieses Buches analysieren", bot mir Esthers Mutter an.

Der Köder war perfekt gewählt. „Wow – ja, das interessiert mich sehr" antwortete ich, überrascht von dem persönlichen Interesse an meinen Fragen. „Dann komm doch jeden Donnerstag nach der Schule gleich zu uns. Du kannst mit uns essen und dann nehmen wir uns eine Stunde Zeit für ein gemeinsames Bibelstudium. Esther wird es auch nicht schaden, die Gedanken zu wiederholen".

Ich hätte ja nicht ahnen können, dass dieses scheinbar selbstlose Angebot, eine Strategie war, mich mit Freundlichkeit in die Gemeinschaft zu locken. Ich war so aufgeregt, ich wurde nicht skeptisch, weil mir die Freundlichkeit schmeichelte. Ich wurde wie ein Gast behandelt und nicht wie die Schulfreundin.

Anfangs erzählte ich, auf Anraten von Frau Kohlring, meiner Mutter nichts von der Bibelbetrachtung. Ich bat sie um die Erlaubnis, donnerstags mit Esther den Nachmittag zu verbringen. Mutter freute sich sogar, dass ich in der Schule Anschluss hatte. Sie hatte nichts dagegen.

Je mehr Esther und ich Freundinnen wurden, desto mehr Zeit verbrachten wir gemeinsam. Ich bat meine Mutter um die Erlaubnis, bei uns zu Hause die Hausaufgaben machen zu dürften. Arglos stimmte Mama auch dieser Bitte zu und Esther genoss es, mit meinen Sachen zu spielen. Wir verkleideten uns zum Spaß, denn meine Klamotten waren anders als ihre. Zeugen Jehovas haben zum Kleidungsstil gewisse Regeln. Es wird zwischen einer *schicklichen* und einer *unangemessenen* Mode unterschieden. Es gefiel Esther, meine modische Kleidung zu tragen. Es war eine schöne und unbeschwerte Zeit.

Doch es ließ sich nicht vermeiden, dass meiner Mutter Veränderungen in meinem Verhalten auffielen. Ich nahm die Verpflichtung ernst, *die neue Persönlichkeit* anzuziehen. Frau Kohlring versicherte mir, dass es ein *biblisches Erfordernis* ist, sich nicht nach *diesem System der Dinge zu formen.* Warum meine Lieblingsklamotten aus heiterem Himmel nicht mehr *schicklich* waren, erzählte ich der Mama nicht. Sie schob es auf die Pubertät. Weil sie nicht ahnen konnte, wie die Glaubensregeln von Zeugen Jehovas wirken, nahm sie an, es sei vorübergehend. Der Paukenschlag kam, als ich ihr sagte: Ich werde keinen Geburtstag mehr feiern. Das sei ein heidnischer Brauch.

Gut gemeint bewirkt das Gegenteil von Gut.

Misstrauisch erkundigte sich Mutter bei meiner Lehrerin nach Esther. Sie erfuhr, dass Esther eine Zeugin Jehovas war. Entsetzt untersagte sie mir sofort den Kontakt zu ihr und gab ihr Hausverbot für unsere Wohnung."

„Oh weh, das war ein Fehler. Sie haben vermutlich reflexartig reagiert und den neuen Glauben und ihre Freundin verteidigt. In der Situation waren Sie zu einer Entscheidung gezwungen. Entweder die Mama oder die Freundin und den Glauben".

„Ja, genau so war es auch. Dazu kam, dass für die Zeugen Jehovas alle Andersgläubigen praktisch verbündete des Teufels sind. Sie haben mir damals eingeredet, meine Mama meint es zwar gut, aber sie weiß eben nicht, dass ihre Liebe zu mir vom Teufel ausgenützt wird, um mich vom Studium der Wahrheit abzuhalten".

„Das ist perfide. Ein Psychologe würde die panische Reaktion Ihrer Mutter erklären. Sie handelte mit dem Gefühl der Angst, Sie zu verlieren. Sie hat es gut gemeint. Doch der blinde Aktionismus führte in die falsche Richtung. Ihre Mutter klammerte sich an Sie, weil Sie ihr Lebensglück waren. Das ist keine gesunde Mutter/Tochter Beziehung. Da war nicht die neue Religion das Hauptproblem, sondern die Angst vor dem Verlust ihres Lebensinhaltes. Sie füllten offensichtlich eine innere Leere in der Seele ihrer Mutter aus. Auch wenn sie das nicht verstanden hat. Die Angst vor dem Verlust empfand sie so bedrohlich wie die Angst vor einer buchstäblichen Körperverletzung. Sie mussten diese ungesunde Symbiose in ihrem eigenen Interesse auflösen. In Ihrem damaligen Alter war die Zeit gekommen, aus dem Nest zu fliehen. Tragisch ist, dass sie zunächst in ein System geraten sind, das Ihr Bindungsbedürfnis schamlos ausgenutzt hat. Sie scheinen ebenfalls extreme Verlustängste zu haben. Ich kann es ein wenig nachfühlen. Sie verlieren nicht nur einen geliebten Menschen, sondern alle, die sie kennen und denen Sie vertrauen. Darüber hinaus sind sie offenbar der Meinung, dass sie auch Gott verlieren". „Wie treffend Sie das beschreiben!" „Da kann ich Sie beruhigen. Gott ist Liebe. Liebe versagt nie. Gott ist für alle da, und braucht keine Bedingungen oder Beweise".

„Das sind tröstliche Worte in meinen Ohren", erwiderte Julia dankbar. „Die Zeugen Jehovas bestärkten mich damals in der Überzeugung, Mama sei meine Feindin. Sie unterstützen mich dabei, unsere Treffen vor ihr zu verheimlichen. Sie schrieben mir lange E-Mails mit Verhaltenstipps. Sie waren vor allem gespickt mit Warnungen vor der falschen Religion und dem Teufel, der wie ein brüllender Löwe darauf lauert, mich in seine Klauen zu bekommen: *Jehova zeigt dir seine besondere Liebe dadurch, dass er dich auserwählt hat, deine Loyalität in dieser besonderen Prüfung zu beweisen. Du kannst Satan als Lügner brandmarken, wenn du ihm zeigst, dass du Jehova mehr liebst als deine Mutter. Du kennst ja den Bibeltext nach Matthäus 10 Vers 37: Wer zum Vater oder zur Mutter größere Zuneigung hat als zu mir, ist meiner nicht würdig.*

Mit solchen Worten redeten sie mir ein, es sei eine Auszeichnung, dass ich in dieser Glaubensprüfung Satan Lügen strafe. Zu dem Zeitpunkt hatte ich eine große Angst vor Satan und den Dämonen. Ich hatte das Gefühl, sie lauern überall und passen nur den Moment ab, in dem sie mich erwischen. Mama wandte sich in ihrer Verzweiflung an das Jugendamt. Sie bestätigten ihr, dass sie das Recht hatte, mir den Kontakt zu den Zeugen Jehovas bis zu meiner

Religionsmündigkeit, zu verbieten. Das brachte für sie einen kleinen Aufschub. Mutter hoffte, dass ich durch den Abstand eine andere Sicht zu den Glaubensvorschriften bekäme. Doch wir fanden Mittel und Wege, um uns heimlich zu treffen. Wenn Mama in der Arbeit war, spielten wir bei mir zu Hause und achteten sorgfältig darauf, die Spuren zu verwischen. Ich wurde von den Zeugen Jehovas, die ich inzwischen kennen gelernt hatte, mit Aufmerksamkeit überschüttet. Alle bestärkten mich in der Opposition zur Mutter. Unmittelbar nach meinem 14. Geburtstag entschied ich mich für die neue Religion und gegen Mama. Je verzweifelter sie alle Hebel in Bewegung setzte, mich von den Zeugen Jehovas fernzuhalten, desto mehr trieb sie mich deren Arme. Die Zeugen Jehovas sind allgemein als bewundernswerte Christen anerkannt. Die Zeit im Dritten Reich, in der sie verfolgt wurden, und in Konzentrationslager gesteckt, ist ihr Gütesiegel. Man kennt sie als etwas skurrile Vertreter einer harmlosen Religionsgemeinschaft, die auf der Straße oder von Haus zu Haus ihre Schriften verbreiten.

Mutter beklagte, dass sie von den Beratungsstellen für Sektenfragen keine Hilfe bekam. Niemand hielt es für möglich, dass diese Gemeinschaft in ihren Reihen rigide Regeln für die Trennung der Familien hat. Inzwischen spreche ich aus leidvoller Erfahrung. Meiner besorgten Mutter hätten förderliche Anleitungen von Fachleuten, geholfen ihre

Überreaktion zu vermeiden. Ihre Ängste hinderten sie daran, rational zu handeln. Unser ehemals vertrautes Verhältnis war völlig zerrüttet. Ich steigerte mich in eine Ablehnung hinein, mit der ich jeden Versuch meiner Mutter torpedierte, die neue Religion kritisch zu hinterfragen. Die Zeit, bis ich die Schule beendet hatte, war für uns beide grauenvoll. Wir redeten kaum miteinander und wenn, dann artete es immer in Streit und Vorwürfe aus.

Dass ich mit vierzehn Jahren religionsmündig war und laut Verfassung, meine Religion frei wählen konnte, ist nur scheinbar ein Segen. Leider kannte ich keine Merkmale für bedenkliche Religionsgemeinschaften. Für mich gab es nur zwei Möglichkeiten, wir Zeugen Jehovas waren die guten, hatten die Wahrheit und würden gerettet. Alle anderen gehörten zur falschen Religion, waren zur Vernichtung bestimmt weil sie unter der Macht des Teufels standen. Ist doch klar, welche Wahl ich da treffen wollte. Die Merkmale einer destruktiven Gemeinschaft, einer Sekte oder Psychogruppe kennen die Wissenschaftler, die sich damit befasst haben. Religionsmündigen Schülern wird dieses Wissen bedauerlicherweise nicht vermittelt. Womöglich wäre mir das Bestreben nach Abgrenzung zur Welt und zur Familie aufgefallen, wenn wir davon im Unterricht etwas gelernt hätten. So ließ ich mich bei der ersten erlaubten Gelegenheit taufen und gelobte, den Regeln und Anweisung der neuen Lehre zu gehorchen. Heute vermisse ich meine Mutter. Wie gerne hätte ich einen Rat von ihr".

„Das ist eine sehr traurige Geschichte". Tiefe Anteilnahme lag in der warmen Erwiderung. „Denken sie darüber nach, was Ihnen Ihr Gefühl heute sagen möchte. Vielleicht sollten Sie einen Weg suchen, wieder Kontakt zu Ihrer Mutter zu finden. Sie vermisst Sie vermutlich genauso sehr".

Maria Bachmeier nahm das Tablett mit der leeren Suppentasse. „Erholen Sie sich etwas und machen Sie sich nicht allzu viele Sorgen. Es gibt einen weisen Spruch, scherzte sie beim Hinausgehen: Mit sich Sorgen machen kommt man so weit, wie mit einem Ritt auf einem Schaukelpferd". Darüber lachten beide herzlich.

Konditioniert und bereit sich zu verausgaben.

Julia hatte das dringende Bedürfnis, eine heiße Dusche zu nehmen. Sie ließ sich Zeit dafür. Das war zwar Verschwendung, mahnte ihr gut geschultes Zeugen Jehovas Gewissen, aber überaus wohltuend. Der Polizist in ihrem Kopf schwieg niemals, doch trotzig ignorierte sie seine Mahnung zur Sparsamkeit. Sie hatte Lust, das neue T-Shirt anzuziehen. Ein Sonderangebot, das sogar in ihrer Größe vorhanden war. Die Grundfarbe grün, ihre Lieblingsfarbe bedruckt mit schmalblättrigen, dunkelgrünen Palmwedeln, weckte ihre Sehnsucht nach Palmen und

Meer. Sie zog es so ehrfürchtig an, als wäre es eine rituelle Handlung. Ich will hier raus. Sie verlässt ihr Zimmer. Doch vor der Haustüre stockt sie schon wieder. Wenn Josua zurückkommt, muss ich hier sein, überlegte sie. Mit einem tiefen Seufzer ließ sie sich auf die Hausbank fallen. Grübelnd zwirbelte sie, nach ihrer Gewohnheit, ihre Haarsträhne.

Langsam kam der Bernhardiner Benno auf sie zu. Er setzte sich vor sie und schaute sie erwartungsvoll an. Julia liebte Tiere, die ein Fell hatten. Katzen, Meerschweinchen, Hasen, deutlich kleinere. Bennos treuer Blick ließ sie die Angst vor seiner Größe vergessen. „Na du? Willst du mir Gesellschaft leisten"? Benno schien sie zu verstehen. Er legte seinen Kopf auf Julias Schoß. Gedankenversunken kraulte sie sein weiches Fell. Ein unbekanntes Gefühl der Wärme durchströmte sie. Nach dem Gespräch mit Frau Bachmeier glitten ihre Gedanken wieder zurück in die Vergangenheit.

Die Erinnerung an das intensive Bibeltraining war bedrückend. Wieso war ich so immun gegen Kritik von innen und außen, wundert sie sich. Wieso wehrte ich alle Einwände automatisch ab, die Mama vorbrachte? Wieso hatte ich schon von Anfang an auf jede ihrer Warnungen eine passende Antwort? War ich bewusst darauf präpariert worden? Wieso habe ich den Bibellehrern mehr vertraut, als meiner eigenen Mutter? Ich war süchtig nach dem Lob, das ich aufgrund meines Eifers und des gewissenhaften Befolgens der Anweisungen geerntet hatte. Beste

Leistungen zu bringen war für mich normal. Das hatte mir Mama beigebracht. Doch dafür so gelobt zu werden, war neu. Davon hatte ich nie genug. Warum habe ich den Wunsch meiner Mutter, nach dem Abitur zu studieren, ignoriert? Das bereue ich zutiefst.

Geduldig ließ es Benno geschehen, dass Julia nachdenklich sein Fell kraulte.

Esther und ich waren so voller Eifer für den *Pionierdienst,* sinnierte sie weiter. Gehorsam waren wir mit *dem zum Leben Nötigsten* zufrieden und teilten uns den Job in der Tankstelle. Wir waren beide Einserschülerinnen und hätten in jedem Beruf Karriere machen können. Stattdessen arbeiteten wir als ungelernte Kräfte, für wenig Geld und verausgabten uns für unsere Religion, ohne Bezahlung.

Woher kommen all die ketzerischen Gedanken in meinen Kopf? Ich denke wir „waren" voller Eifer. Wie ist es heute? Esther ist inzwischen eine Abtrünnige. Ich vermisse sie. Wenn ich ehrlich zu mir bin, ist von Eifer bei mir nichts mehr geblieben. Ich schleppe mich in den *Dienst,* nicht weil ich ihn liebe.

Esther, die Ärmste war schon als Baby dem Zwang der Doktrin unterworfen. Ihre Vorbildeltern kannten keine Nachsicht. Schranken und Grenzen der Freiheit waren ihre Normalität. Für alles und jedes hatten wir in den Wachtturmschriften, Vorgaben. Was von uns in Sachen Kleidung, Freunde, Freizeit, Umgang, Musik,

Sport erwartet wurde, konnte beim geringsten Zweifel, im Stichwortverzeichnis der Konkordanz nachgeschlagen werden. Wir fanden immer einen Hinweis auf den entsprechenden Artikel, der uns die Antwort gab. Esther hat es gehasst, wenn sie zum *Kongress,* neue Klamotten bekam, und die hatten *schicklich* zu sein. Oversized bedeutete das und ja keine Hosen oder Jeans. So wie ich mich bis heute kleide. Niemandem Anstoß geben durch mein Äußeres. Keine unsittlichen Gedanken beim anderen Geschlecht wecken. Schrecklich! Ich habe tatsächlich Angst, dass ich schuld sein könnte, wenn ein Mann bei meinem Anblick unsittliche Gedanken hat. Ich erwarte von mir Perfektion, weil ich den Anforderungen genügen möchte. Das ist steril, ohne nach meinem persönlichem Empfinden oder nach einer verständlichen Logik zu fragen. Perfektion kommt ohne Emotionen aus. Im Gegenteil, die Gefühle haben der Norm zu entsprechen, die mit Selbstbeherrschung, der *Nummer neun, der Früchte des Geistes* begründet wird. Esther hatte ebenfalls keine Entscheidungsfreiheit darüber, welche Mode, Musik, Filme oder Freunde ihrem Geschmack entsprachen. Ihre Informationen kamen ausschließlich aus den Quellen der Wachtturmschriften. Ich wurde von diesen Forderungen angesteckt. Wir akzeptierten notgedrungen, dass *der Rat des Sklaven,* liebevolles Interesse an uns bewies. Für Esther kam kein Gedanke an eine Karriere, die ein Studium voraussetzte, in Frage. Ihre Freizeit war durch die vielen *theokratischen* Anforderungen extrem eingeschränkt. Mit Schulfreunden eine Disco besuchen oder in einem Sportverein Mitglied werden? Undiskutabel. Ebenso war die Beteiligung an der Theatergruppe in der Schule unmöglich. Das war für Esther ein großes Opfer. Wenn wir unterwegs von irgendwoher Musik hörten, bewegten sich Esthers Beine augenblicklich im Rhythmus. Sie tanzte für ihr Leben gerne. Ester ist eine starke Persönlichkeit. Ich konnte mich immer auf sie verlassen. Sie hätte das Potential für eine Führungsposition, was uns Frauen in der Organisation strikt verwehrt wird. Viele verzichten darauf, trotz ihrer Talente, sich selbst zu verwirklichen.

Die Lehrer lobten Esther für ihr vorbildliches Benehmen und ihre ausgezeichneten schulischen Leistungen. Sie war eine pflegeleichte Schülerin. Unbewusst rannte Ester wie in einem nie endenden Wettlauf um ihr Leben. Sie blieb pausenlos in Schwung, damit sie perfekt funktionierte. Mit meiner Frage, ob sie an Gott glaubt, berührte ich seinerzeit, ohne es zu wissen, ihre Seele. Sie wurde von mir, der Mitschülerin, persönlich wahrgenommen. Ein regelrecht euphorisierendes Gefühl für eine Zeugin Jehovas. Der Beginn einer tiefen Freundschaft zwischen uns. Ich vermisse sie!

Obwohl wir beide im *Pionierdienst* standen, monatlich unser volles Stundenpensum für missionieren einsetzten, hatten wir das Gefühl, nie genug geleistet zu haben. Nach jeder erfolgreichen Aktion bekam ich anerkennendes Lob. „Liebe Schwester Julia, die *Ältesten* schätzen deinen *Eifer im Dienst des Königreiches*". Dann folgte die Ermahnung: „Aber, bedenke, dass Jehova dir die Kraft gibt. Bleibe *ganzherzig* bemüht, seinen Willen zu tun". Das Lob wirkte unaufrichtig, wie eine Aufforderung: Es war zwar gut, aber es könnte besser sein. Ich verlor die Fähigkeit, meine eigenen Grenzen zu setzen. Gewissensbisse plagten mich, wenn ich meine Pflichten nicht perfekt erledigt hatte. Einer christlichen Frau war es nicht gestattet, *nachlässig in ihren Gewohnheiten* zu sein. Das bedeutete, täglich den Tagestext lesen, Zeit für das persönliche Bibellese-Programm einplanen, die Wohnung in vorbildlicher Ordnung halten, mich regelmäßig auf die *Zusammenkünfte* gründlich vorzubereiten, in der *weltlichen* Arbeit *untadelig* sein, den *Predigtdienst* gewissenhaft leisten und keine Gottesdienste, die ich Schulungsveranstaltungen nannte, versäumen. Da fehlt sicher noch einiges auf der to do Liste. Mein Frust und meine Enttäuschung über mich selbst wuchsen, sobald ich nicht alles geschafft hatte. Im Wachtturm las ich, wie glücklich die Diener Jehovas seien. Für mich gehörte unglücklich sein zum täglichen Brot. Bei diesem traurigen Rückblick löste sich ein tiefer Seufzer aus Julias Brust.

Fragte ich Älteste um Rat, ermahnten sie mich, gewissenhaft in meinem Gebetsleben und dem persönlichen Studium der Bibel zu sein. Sie empfahlen mir, gebetsvoll über *„vermehrten Dienst"* nachzudenken. Einer veranschaulichte das mit einem Rad. Wenn die theokratischen Interessen, wie ein großes Rad, den Mittelpunkt meines Lebens bilden, hätten rundherum viele andere Aktivitäten Platz. Zum Beispiel Freizeit und Erholung. Ich strengte mich über meine Kraft hinaus an. Es wurde trotzdem nicht besser. Ich wagte nicht mehr, mit anderen darüber zu reden. Sogar vor Esther verheimlichte ich meinen Frust. Es lief grundsätzlich darauf hinaus, dass etwas mit mir nicht stimmte und ich noch mehr Schuldgefühle hatte. Dafür hatte ich keinen Bedarf mehr. Mein Körper streikte mit Fehlfunktionen. Oft war ich krankgeschrieben. Ein Teufelskreis, denn der Druck, das Versäumte nachzuholen, stieg damit immens. Julia rang nach Luft. Die Erinnerung an die extreme körperliche Überlastung nahm ihr den Atem.

Julias Sünde, der Weltmensch

Benno hatte genug vom Kopfkraulen. Er ließ sich zu Julias Füßen nieder und legte behutsam seinen Kopf auf ihre Fußspitzen. „Ach Benno, du kannst überhaupt nicht wissen, wie gut mir deine Nähe tut".

Julia beugte sich zu ihm hinunter und streichelt ihm liebevoll das dicke Fell.

„Du erinnerst mich an Wolfgang. Er konnte auch nicht wissen, wie schlecht es mir ging. Trotzdem war er immer für mich da. Wenn ich ihn nicht getroffen hätte, wäre ich nicht mehr am Leben. Aber das verstehst du sicher nicht". Julia schloss die Augen und gab sich intensiv der Erinnerung an die damaligen Ereignisse hin.

Julias Arbeitskollege Wolfgang fiel auf, wie einfühlsam sie mit anderen Menschen redete. Sie wirkte so bescheiden und demütig auf ihn. Manchmal blickte sie träumerisch aus dem Fenster oder sie schwärmte feinsinnig von einer Skulptur, die sie in einem Schaufenster entdeckt hatte.

„Wolfgang hörte mir gerne zu", erzählte sie dem geduldigen Benno in Gedanken an jene Zeit. „Er war so verständnisvoll, wenn ich über meine Beschwerden klagte. Die Kollegen mobbten mich, wegen der Mehrarbeit durch meine Fehltage. Wolfgang hielt zu mir und tröstete mich. Seine Umarmungen gaben mir die Wärme, die ich in meinem Leben schmerzlich vermisste. Ich verliebte mich in den *weltlichen* Kollegen. Das war die denkbar größte Sünde, der Supergau. Eine außereheliche Beziehung – no go! Ich litt unter Gewissensbissen und Seelenqualen. Wolfgang deutete hin und wieder an, dass mein Einsatz für die Religion zu viel sein könnte. Er bezweifelte, dass es die Wahrheit oder der Wille Gottes sei. Dann reagierte ich panisch. „Du bist wie alle Anderen. Der Teufel hat dich auch in seinen Fängen", warf ich ihm dann vor. Hätte ich ihm doch vertraut!

Ich ertrug die Spannungen nicht. Wenn in der Zusammenkunft davon die Rede war, dass die Welt schlecht ist, und das Ende unmittelbar bevorsteht, geriet ich in Panik. Mein Herz raste, mir brach der Schweiß aus und ich rannte zur Toilette.

Ich erlitt einen Nerven-Zusammenbruch. Diagnose Burnout. Das konnte nur bedeuten, dass ich mich entscheiden musste: Bei Wolfgang bleiben und die Gemeinschaft der Zeugen Jehovas, mein einziges soziales Umfeld, verlieren, oder mich von ihm trennen. Die Angst vor dem totalen Verlust meiner Freunde war zu groß. Ich gestand den Ältesten meine Sünde. Trotzdem bekam ich den Gemeinschaftsentzug, aber mit der Chance, mit tätiger Reue mein Verhältnis zu Jehova wieder in Ordnung zu bringen. Warum habe ich nicht daran gezweifelt, dass das Verhältnis zu Jehova und zu der Organisation ein und dasselbe sind? Es wäre doch möglich, dass es zwei verschiedene Paar Stiefel sind.

Der Preis der sozialen Gemeinschaft

Du kannst mir glauben Benno, den Fehltritt habe ich bitter bereut. Ich wollte alles tun, um wieder in die Gemeinschaft aufgenommen zu werden. Sie war mein Lebensinhalt geworden, nachdem ich ihretwegen meine Mutter verlassen hatte. Die

Isolation war schmerzlich für Körper und Seele. Alle Gemeindemitglieder waren gehorsam und redeten nicht mit mir. Ich sollte fühlen, dass ich geistig tot bin. Sie behandelten mich wie Luft. Auf der Straße oder im Supermarkt sahen sie an mir vorbei, als wäre ich unsichtbar. Sie ignorierten mich. Schon die Vorstellung, dass ich jemandem begegnen könnte, lähmte mich. Ich ging kaum aus dem Haus, um nicht in solch eine unerträgliche Situation zu geraten. Ein Leben *in der Welt* kannte ich nicht. Meine Realität war die Wachtturm-Religion geworden. Es war nicht nötig, dass mich jemand von der Gruppe kontrollierte. Ich hatte den Glauben verinnerlicht, der mir in allen Einzelheiten vorschrieb, was ich zu tun hatte, um *in der Gnade des allein wahren Gottes* zu bleiben. Mein Selbst und die Gruppe waren zu einer Einheit verschmolzen. Wir waren verwachsen, wie die Glieder und Organe an Mensch und Tier einen Körper, den Habitus bilden. Davon abgeschnitten zu sein, die Gemeinschaft mit diesem Körper zu verlieren, empfand ich als tödliche Gefahr. Meine inneren Sanktionen deckten sich mit dem äußeren Gruppendruck. Meine Entscheidungsfreiheit war begrenzt. Ich kannte nur den Rahmen richtig/falsch, gut/böse, schwarz/weiß, Leben/Tod. Diese Wahl hat nicht mein freier Wille getroffen. Sie war antrainiert und auf zwei Möglichkeiten reduziert. So völlig verloren und einsam traf ich die Entscheidung, genügend Demut und Reue zu beweisen, damit mir vergeben wurde.

Das muss dich nicht wundern, Benno. Es ist ein Grundbedürfnis für uns Menschen, in Kontakt zu sein. Unter der Isolation leiden wir. Die Einzelhaft ist die höchste Form der Bestrafung, die sich grausame Diktatoren ausgedacht haben. Das Baby braucht die Mutter, den Vater. Es will willkommen sein. Es sucht das Entgegenkommen, Liebe, Wärme, ein soziales Umfeld. Verstanden werden, wahrgenommen werden, erkannt werden, respektiert werden ist für seine seelische Entwicklung wichtig. Ich habe erfahren, wie der konsequente Abbruch dieser sozialen Bedürfnisse, eine psychische Folter ist".

Mit Schaudern erinnert sich Julia an die regelmäßigen Pflichtbesuche der Zusammenkünfte bei denen sie niemanden ansprechen durfte und in der letzten Reihe saß. Sie erzählt es dem geduldigen Benno oder sich selbst. „Ich willigte in das Wiederholungsstudium des Regelwerkes *In der Anbetung des allein wahren Gottes verein*t mit einer *reifen* Glaubensschwester ein. Alle Pflichten einer treuen Zeugin Jehovas wurden ausgiebig besprochen, obwohl ich sie auswendig kannte. Das Thema der Sünden und Gefahren, die zur Vernichtung führen, trat Schwester Berta genüsslich breit. So habe ich das damals empfunden. Nach sechs Monaten Demütigung wurde mein Antrag, auf Wiederaufnahme, positiv beschieden. Ich bekam strenge Auflagen, wie ich mein *Geistig-gesinnt-sein* beweisen sollte. Wie verzweifelt muss ich gewesen sein, dass ich dafür sogar dankbar war! Endlich hatte ich die Erlaubnis wieder zu sprechen. Trotzdem war nichts mehr, wie es vorher war.

Die Wochen der Isolation, der Gewissensbisse und die Trauer um den Verlust der Freundschaft zu meinem geliebten Wolfgang stürzten mich in eine tiefe Krise. In meinem Kopf drehte sich pausenlos das Gedankenkarussell mit Schuldgefühlen, Selbstzweifel, Orientierungslosigkeit und der verzweifelten Frage nach dem warum. Ich konnte mich nicht konzentrieren. In der Arbeit unterliefen mir immer mehr Fehler. Die Kollegen hatten ja Recht, wenn sie mich kritisierten. Dann kam dieser banale Fehler. Ich buchte einen Zahlungseingang auf ein falsches Kundenkonto. Der Chef, gefürchtet für seine cholerischen Ausraster, schrie mich an und nannte mich unfähig und unbrauchbar. Erneut brach ich zusammen. Zu meinem Glück überwies mich meine Hausärztin zum Psychiater. Die Aussicht auf eine Psychotherapie machte mir zuerst Angst. Der Wachtturm beschrieb die Therapeuten als mögliche Teufelsanbeter, die durch spiritistische Praktiken wie Pendeln oder Hypnose, den Zugang der Dämonen in unseren Sinn ermöglichten. Doch meinem Therapeuten gelang es, mit Einfühlungsvermögen, mein Vertrauen zu gewinnen. Seine Empfehlung brachte mich in die psychosomatische Kurklinik in der ich Josua begegnet bin.

Demütigungen bringen keinen Herzensfrieden.
Die Gespräche mit ihm und in der Therapiegruppe halfen mir, meine Sicht auf das Geschehen zu verändern. Ich fand damals, nach der Wiederaufnahme, keinen Herzensfrieden. Das Glück, in der wahren Organisation Jehovas zu sein, stellte sich bei mir nicht ein. Unbewusst vermisste ich die Möglichkeit, autonom zu handeln".

Julia war in ihre Gewohnheit verfallen eine Haarsträhne, um ihren Zeigefinger zu drehen. Ein Zeichen dafür, dass sie grübelte oder in Gedanken, Selbstgespräche führte, wie in dieser verzweifelten Wartezeit mit Benno.

Als Ausgeschlossene, gönnte ich mir hin und wieder Freiheiten, die mir Freude bereiteten. Ich erlaubte mir den Spaß, mit meiner Kollegin Luisa, zum Essen zu gehen. Wir schauten uns Filme an, die ich genossen habe. Ich hatte Zeit, mir eigenen Schmuck anzufertigen. Dabei war ich glücklich. Die Bedingung für die Wiederaufnahme hatte ich gewissenhaft erfüllt. Doch dabei fühlte ich kein Glück.

Oft lag ich nachts wach und versuchte, die verbotenen Wünsche nach mehr Freiheit zu verdrängen! Wo war meine Autonomie? Warum habe ich mir nicht vertraut? Ich hatte nicht den Mut selbst zu entscheiden, ob das demütige Verhalten zu mir passt. Ich gehorchte Geboten, die ich auswendig gelernt hatte, weil es angeblich biblische Erfordernisse sind. Sind sie das? Ist sogar die Gedankenfreiheit in der Bibel untersagt? Werden meine innersten Gedanken von Jehova kontrolliert und bewertet? Führt er denn eine Strichliste, wie ein Buchhalter, um die Menschen nach ihren einzelnen Taten und Gedanken zu be- oder verurteilen? Gesteht er uns nur die Wahlfreiheit zwischen absolutem Gehorsam, der mit dem ewigen Leben belohnt wird, und dem selbstbestimmten Weg, der den Tod bedeutet, zu?

Tatsache ist, dass ich mich selbst verloren habe. Ich kann mir nicht vertrauen. Ich kann Fremden nicht vertrauen. Ich kann Josua nicht vertrauen. Das müssen wir unbedingt gemeinsam besprechen.

Die schicksalhafte Begegnung mit ihm, dem Aussteiger, Ex-Zeuge Jehovas, stürzte mich in das Gefühlschaos. In der Kur, ohne Kontakt zu der Zeugen Gemeinschaft, besann ich mich auf meine eigenen Gefühle. Durch den Abstand zu der wöchentlichen Gewissensmassage bei den Versammlungstreffen, fühlte ich den Gewissensdruck täglich weniger, und die Sehnsucht nach einem selbstbestimmten Leben wuchs. Ich ahnte, ermutigt von meiner Psychotherapeutin, dass Beziehung wählbar ist. Das Bedürfnis nach Autonomie sei so stark wie das Bedürfnis nach Bindung, erklärte sie mir. Beziehung lässt sich nicht diktatorisch verordnen. Sie ist etwas anderes wie Bekanntschaft. Darüber denke ich seither ununterbrochen nach.

Antrainierte Glaubenssätze.

Trotzdem bleibt die Angst der alles bestimmende Dominator in meinem Kopf. Die Angst vor dem Blutbad in *Harmagedon*, der gigantischen Zerstörung allen Lebens auf der Erde, die Angst vor der anschließenden ewigen Verdammnis in dem *Feuersee*, der für den Teufel und die Dämonen lodert. Die Schlagworte Satan, Gefahr, Teufel, Dämonen, das Böse, die Sünde, stehen in allen Publikationen, die täglich zu konsumieren waren und jeder einzelne Begriff ist mit Drohung und Angst verknüpft. Die Angst vor den quälenden Gewissensbissen, weil ich wieder Gott durch mein Versagen enttäuscht habe.

Die Glaubenssätze, die ich auswendig gelernt hatte, warnten mich: Wenn du dich in ihn verliebst, verspielst du die letzte Chance, anerkanntes Mitglied in der Gemeinschaft zu bleiben. Damit sprachen alle scheinbar vernünftigen Überlegungen dafür, mich von Josua fernzuhalten. Meine verwundete Seele sehnte sich nach einem Ruheort. Josua verstand immer, was ich meinte, wenn ich mich über die Glaubensregeln aufregte. Ich war so zerrissen zwischen dem Widerstreit Vernunft gegen Gefühl, der sich in meinen Gedanken festgefressen hatte.

Am Ende siegte das Gefühl. Am Ende der Kur waren wir ein Paar mit der gemeinsamen Belastung, gegen die Ordensregeln verstoßen zu haben. Wir schleppten den unsichtbaren Rucksack der destruktiven Doktrin aus der Vergangenheit. Er drückte in unserem Unterbewusstsein. Während wir ihn transportierten, verband er uns und beeinträchtigte uns beide gleichermaßen. Ohne Absicht verletzten wir einander. Was die Gründe für diese Zweifel an den Glaubenssätzen sind, kann ich nur ahnen. Ich nahm mir vor, das mit Josua zu klären. Ihm kam das bisher nicht in den Sinn.

Warum lief der Streit mit Josua so aus dem Ruder? Warum vermochte ich nicht, ihm nachzulaufen? Ich hätte ihn aufhalten müssen. Warum war ich wieder so aufbrausend? Es tut mir so leid, dass ich ihn zurückgewiesen habe. Ich liebe ihn doch. Warum versucht er nicht wenigsten, mich zu verstehen? Warum meldet er sich nicht? Julias Gefühle fuhren Achterbahn. Warum zeigt mir meine Liebe keinen Weg, wie unsere gemeinsame Zukunft gelingen kann? War das die Klarheit, die uns dieses Wochenende über unsere Beziehung verschaffte? Gab es für uns keine gemeinsame Zukunft? Welche Botschaft steckt in diesem schrecklichen Albtraum?

Was sagt die Traumbotschaft.

Wenn ich daran denke, habe ich schon wieder Herzklopfen. In dieser Nacht versuchte ich im Traum, mit einem riesen Monster Schaufelbagger eine unbefestigte Straße entlang zu fahren. In einer abschüssigen Kurve bekam das Ungetüm Schlagseite und drohte umzustürzen. Ich hielt an und sah meine Mutter an der Beifahrerseite stehen. Sie bat, mitgenommen zu werden. Ich hatte seit vielen Jahren keinen Kontakt zu ihr. Ich verweigerte ihr, ins Führerhaus zu steigen. Mutter sollte sich auf die Schaufel des Baggers setzen, obwohl sie dafür zu schwergewichtig war. Darum gelang es nicht, das Gefährt wieder in Bewegung zu setzen.

Ich versuche eine Traum-Analyse, wie ich es in der Kur gelernt habe. Danach würde der Bagger auf holpriger Straße meinen derzeitigen Lebensweg darstellen. Die steile, gefährliche Kurve ist meine Ratlosigkeit. Ich kann mich nicht entscheiden und bewege mich nicht von der Stelle. Ich frage mich ob ich die Kurve kriege. Die eingeschlagene Wegstrecke ist gefährlich. In der übergewichtigen Mutter erkenne ich das Weltbild aus Kindertagen. Ich schleppe den unbewussten Glaubenssatz, hüte dich vor Männern, du darfst ihnen nicht vertrauen. Sie wollen nur das Eine. Oh, mein Gott! Julia legt erschrocken ihre Hand vor den Mund, um zu verhindern, dass sie ausspricht, was sie denkt.

Josua hätte wissen können, dass mich der Gedanke an die Sünde unserer Beziehung quält, weil wieder ein Gemeischaftsentzug droht. Er suchte meine Nähe, wie jemand, der seine Eroberung in Besitz nimmt. Da blieb mir die Luft zum Atmen weg. In mein Weltbild passt kein entspannter Umgang mit einem Mann. Ich bin so verwirrt. Ich habe keinen Plan für richtig oder falsch. Ich kriege sie nicht aus meinem Kopf, die Mahnungen meiner Mutter, zusätzlich verstärkt durch meinen Glauben, dass Hurerei Sünde ist. Das ist meine Seelenqual. Will ich denn bleiben? Es macht mich so müde. Es ist, als schleppte ich einen Rucksack voller Wackersteine unsichtbar mit mir herum. Er drückt mich nieder. Ich versuche vergeblich, die großen Steine abzuwerfen. Es gelingt mir nicht. Dieser Rucksack belastet uns doch in Wirklichkeit im Dunkel unserer Seele. Er ist voller Bürden, die so schwer sind wie Wackersteine. Statt Hilfe begegnen mir Hürden.

Josua versteht das nicht. Es hat ihn sicher zutiefst verletzt, wie ich ihm an den Kopf schleuderte, dass ich kein Klavier bin. Doch mit ihm reden, war nicht möglich. Er reagierte wie immer, wenn er beleidigt ist, mit Schweigen. Darum schrie ich ihm so wütend und sarkastisch hinterher, dass er keine Verantwortung übernimmt. Weil ich so wütend war, sah ich tatenlos zu wie er, wortlos verschwand. Ade gute Absicht, uns über unsere gemeinsamen Zukunftspläne auszusprechen.

Jetzt sitze ich hier, verloren und ratlos. Verstehst wenigstens Du mich, Benno? Warum hat nie jemand davon gesprochen, dass es eine Liebesarbeit gibt? Ich glaubte wie ein Kind, dass mir die Liebe wie Sterntaler, vom Himmel in den Schoß fällt. Die Arbeit für die Liebe ist so notwendig wie die Berufsarbeit, die Trauerarbeit, die Erziehungsarbeit, vermute ich.

Erschrocken sah Julia Hauptkommissar Gruber auf sich zukommen. Seine Mine verriet nichts Gutes. Julias Puls raste. Wie durch eine Wattedämmung drangen seine Worte an ihr Ohr: „Es gibt leider keine Spur von Herrn Ablassmeier. Nichts deutet darauf hin, dass es ein Unglück oder Verbrechen gegeben hat. Wir brechen die Suche nach dem Vermissten jetzt ab. Sehen sie das positiv. Ihr Freund brauchte eine Auszeit und wird sich bestimmt wieder bei ihnen melden", versuchte er, selbst wenig überzeugt, Julia zu trösten. Wie versteinert sah sie ihm nach, wie er sich zwischen dem verwüsteten Blütenzauber von Rittersporn, Phlox, Polyantharosen und Lavendel, die links und rechts entlang des Weges ein trauriges Zeugnis von dem gestrigen Unwetter gaben, von ihr entfernte. Das Bild der Zerstörung passte zu Julias zerschlagener Hoffnung.

Die Matrix

Nachdem sich der freundliche Einheimische verabschiedet hatte, saß Josua tief in seine Gedanken versunken, auf dem Stamm der Jahrhundertlinde. Die letzten Worte Julias, brannten in seiner Seele. Jede Faser seines Herzens verlangte nach ihrer Nähe, mehr denn jemals zuvor. Wieso unterstellte sie ihm, sie sei für ihn wie ein Gebrauchsgegenstand? Was war falsch daran, dass er sie begehrte? „Lieber Gott, wenn es dich gibt, dann hilf mir doch, zu verstehen", formte sich ein Stoßgebet in seinem Sinn, das ungeahnte Folgen hatte.

Unvermittelt fand er sich an einem Ort wieder, an dem Raum und Zeit aufgelöst sind. Es war unwirklich und gleichzeitig real. Er war im Jetzt und gleichzeitig in unbegrenzter Zeit. Ein Zustand, nichts Sichtbares. Die Wahrnehmung mit allem verbunden und verschränkt zu sein. Die Präsenz einer Energiewolke war in Schwingung.

„Wo bin ich"? Augenblicklich übertrug die Energiewolke die Antwort: „In der Matrix um die Wahrheitsmühle". „Was ist das"? „Ein Ort höchster Energie. Du bist in die Dimension des feinstofflichen transformiert worden. Du kommunizierst mittels Skalarwellen, die die Lichtgeschwindigkeit um ein Vielfaches übertreffen. Deine Gedanken sind Energie-Impulse, die gleichzeitig senden und empfangen. Du bist der Mittelpunkt deines Kreisels. Du nimmst alles, was jemals geschieht oder geschehen ist, durch eine leichte Veränderung der Sichtachse war". „Wie soll ich das verstehen?" „Was kannst du sehen, wenn du am Mittag nach Süden blickst?" „Die Sonne und alles was vor mir ist". „Gut. Siehst du deinen Schatten und Dinge die hinter dir sind?" „Nein, dafür müsste ich mich umdrehen." „Genauso ist es mit den Zeitschienen. Alles, was jemals geschah, ist in der Matrix gespeichert. Zeit ist aufgehoben. Du siehst die Ereignisse sobald sich deine Gedanken darauf konzentrieren". „Wie komme ich hierher"? „Im Eingang zu dem Energiepool hast du um ›Verstehen‹ gebeten. Hekit, die Hüterin des Lebens und der Gewässer ist am heutigen Johannitag zu diesem Ort gekommen und hat entschieden, deinen Wunsch zu erfüllen. Darum konntest du die stoffliche Dimension verlassen".

„Wer bist du?" Die gedachte Frage veränderte die energetische Präsenz. Sie zeigte sich als Einheit Mensch und Baum. Der Menschenbaum antwortete: „In deiner Sprache gesagt, dein Schutzengel. Ich bin der Energiebaum Birke, dem die Kelten den Johannistag zugeordnet haben. Du kannst jetzt auch in der vierten Dimension agieren. Neben der Materie und ihren Funktionen existiert auch das Feinstoffliche und du wirst verstehen wie alles mit allem interagiert."

„Dann will ich wissen, warum Julia mich so völlig falsch versteht", dachte er.

„Das hat mit dem Geheimnis der Interaktion zwischen dem unbewussten Wissen und dem bewussten Handeln der Menschen zu tun. Schau mich genau an. Du erkennst, dass mein Baum-ich mit den Wurzeln in der Vergangenheit verbunden ist. Sie ankern im Dunkeln. Entlang der Wirbelsäule siehst du meinen Stamm, an dem die Äste zur Krone weit verzweigt sind. Die Beutelchen, die du als Früchte oder Ernte deuten kannst, sind das Ergebnis der Handlungen, Erlebnisse und Entscheidungen. Sie stellen die individuellen Unterschiede von Baum zu Baum dar und gleichzeitig seine Prägung aus der Vergangenheit und Gegenwart. Jeder Mensch hat als Neugeborener sein Erbe an Talenten und Begabungen sowie das

Grundbedürfnis der Lustbefriedigung. Das Baby fordert lautstark Aufmerksamkeit sofort, wenn es Hunger hat, Bauchweh oder zornig ist. Es handelt nach seinem Bauchgefühl. Doch nicht alles, worauf der Mensch Lust hat, geht in Erfüllung. Das führt zu Frust und Enttäuschung. Durch jede Erfahrung lernt das Neugeborene dazu. Vor allem, dass vieles nicht zu seinem Nutzen ist. Es könnte ihm sogar gefährlich werden. Die Lust oder Neigung zu riskanten Aktionen, zu gefährlichen Drogen, zu Pädophilie. Solche Neigungen expandieren oder eskalieren womöglich, wenn man ihnen nachgibt. Darum wird ein Entscheidungswächter benötigt. Der sitzt im Kopf. Er dient gleichzeitig drei Herren. Die Zwingherren sind Außenwelt, das ICH, du kannst auch SELBST dazu sagen und das Bauchgefühl. Wenn es keine Steuerung gibt, wird der arme Mensch in diesem Triangel zerrieben.

Ein Beispiel: Das Bauchgefühl hat Lust zu flirten: Es will die Lust sofort mit der tollen Frau befriedigen. Der Wächter im Kopf sagt: Das darfst du nicht. Sie ist verheiratet, das gäbe Ärger. Das ICH, in deinem Fall du selbst, denkst: Was soll ich jetzt machen? Die Natur hat für einen Vermittler gesorgt. Das ist das Herz. Dort ist der Sitz der Beweggründe, mit denen du entscheiden wirst, wie die Weichen gestellt werden. In welche Richtung wirst du dich als Persönlichkeit entwickeln? Jeder hat negative Neigungen. Alle könnten neidisch sein, zornig, hochmütig, habsüchtig, faul oder träge und so weiter. Das Herz lässt zu, dass man über sich selbst nachdenkt. Es lässt die Erkenntnis zu, dass man Fehler hat. Das ist mutig. Zu dieser Wahrheit zu stehen, ist weise. Charakter ist, was der Mensch aus sich selber macht. Er wird mit einem Temperament geboren, aber was er daraus im täglichen Leben macht, das ist sein Charakter. Klugheit, Tapferkeit, Sinn für Gerechtigkeit, Glaube, Liebe sind Stärken und Tugenden. Tugend ist nicht genetisch. Diese erarbeitest du für dich selbst. Je mehr du daran arbeitest, desto stärker wird die Ausprägung. Moderne Wissenschaftler verstehen immer besser die Funktion der Epigene. Es sind Informationen zu deinem Charakter, die sich an die ererbten Gene anhängen und an die nächste und übernächste Generation weiter vererbt werden. Diese Informationen können durch Fremdbestimmung verändert oder überschrieben werden. Auf der Wirkung der Epigensteuerung basiert die Generationenverstrickung. Behalte das im Sinn, wenn ich dich durch die Generationen führen werde um deine Fragen zu beantworten.

Deine Zentrale im Kopf, die moralische Instanz, wird mit Belehrungen, Regeln, Geboten gespeist, die Sünden und Verbote festlegen. Sie erhalten durch gesellschaftliche Normen Akzeptanz und Gültigkeit. Der Kopf ist kontrollierend, mahnend und strafend. Er übt Macht aus. Er erzeugt das schlechte Gewissen oder erinnert an angstmachende Bedrohungen. Den

Grundstein dazu legen Eltern. Sie bereiten den Boden dafür, ob die Konditionierung von außen wirkmächtig ist oder ob ihr Kind sich vom Trieb des Bauchgefühls, hin zur Weisheit des freien Handelns entwickeln wird. Kinder die das fremdbestimmte, schlechte Gewissen als entscheidenden Motor des Handelns anerzogen bekommen, bleiben angepasst, in Einförmigkeit. Kinder dagegen, die sich frei entfalten können, und ihre Begabungen nützen, weren einzigartige Individuen. Sie unterscheiden sich von ihren Mitmenschen, wie sich ein Baum vom anderen unterscheidet. Dann hängen an seinen weit verzweigten Ästen viele Beutelchen mit den unterschiedlichsten Früchten seiner Talente und Neigungen".

„Meine Eltern haben die Weichen in meinem Leben gestellt. Ich kenne nur Belehrung, Regeln, Gebote und Sünden. Ich habe dagegen rebelliert. Das ist mir nicht gut bekommen".

„Du schaffst es, vom triebgesteuerten Verhalten zur Weisheit zu kommen, wenn du dein Bauchgefühl nicht unterdrückst. Harmonisiere dein Steuerungssystem. Lass Kopf, Bauch und Herz zusammenarbeiten. Sie werden dir helfen, selbst Verantwortung für dein Glück zu übernehmen. Ich begleite dich dabei, die Prägung und Entwicklung der verschiedenen Personen zu beobachten. Du wirst verstehen, was zu ihrem Verhalten geführt hat und das beantwortet deine Fragen. Du wirst die Prägung aus Julias Vergangenheit verstehen lernen und daraus erklärt sich ihr Verhalten. Es wird euch beiden helfen Hürden und Bürden abzubauen.

Mensch und Tier sind zum überwiegenden Teil in ihrem Verhalten von den unbewussten Informationen gesteuert, die sie von den Vorfahren übermittelt bekommen. Ein Verhalten, welches Garantie zum Überleben war, wird als Glaubenssatz an die Nachkommen weitergegeben. Es ist die Praxis der sozialen Gemeinschaft. Das ist der Habitus oder Körper einer Kultur, Gesellschaft, Familie usw. Daraus formen sich die Verhaltensmuster, die je nach Bedarf und sozialer Bindung für das Überleben funktioniert hatten. Solche externen Information werden als epigenetische Prägung gespeichert. Durch einschlägige Erfahrungen entstehen auch neue Glaubenssätze die unbewusst das Verhalten steuern. Sieh dir Julias Großeltern an". Die energetische Präsenz lenkte Josuas Aufmerksamkeit auf Bilder, mit deren Hilfe er verstand, dass es Julias Großvater war.

Gehorsam die Bürgerpflicht

Aufrecht und stolz stand er da und trug die Uniform der Waffen SS. Eine Reihe von Auszeichnungen zierten seine geschwellte Brust. Josua kannte deren Bedeutung nicht. Sein Baum-Mensch war die Tanne. Im keltischen Verständnis dieser Persönlichkeit wäre er ein anspruchsvoller Charakter, der nicht selten Geheimnisse hütet. Im Zeichen der Tanne Geborene beschützen ihre Angehörigen und bestehen auf Harmonie. Ihre außergewöhnliche Intelligenz wird von Mitmenschen als Arroganz empfunden. Die Großvater Elsässer-Tanne war hochgewachsen, doch hatte sie an ihren Zweigen einen unförmigen Beutel hängen. ‚Gehorsam ist des Bürgers Pflicht. Für Führer Volk und Vaterland', las Josua darauf. Er war so groß, dass er den Raum für andere Behältnisse völlig verdrängte. Der dunkle Wurzelbereich nahm einen bedrohlich großen Raum ein.

„Ja, das Wort Gehorsam kenne ich. Doch was war die Pflicht, die Herr Elsässer für den Führer erfüllte? Die Waffen SS stand für besondere Einsätze. Wofür hat Herr Elsässer die Auszeichnungen erhalten? Wie viele Zivilisten verloren unter seinem Kommando das Leben? Wie viele Häuser gingen durch die Granaten seines Bataillons in Flammen auf? Auf wie vielen Feldern haben seine Soldaten die Ernte vernichtet? Bei wie vielen Gräueltaten an den Frauen und Kindern der Feinde, hat er zugesehen oder sich selbst beteiligt"? Großvater Elsässer war nicht bereit, diese Fragen zu beantworten. In seiner Familie durften sie nie gestellt werden. Josua verfolgte die Spur zu den Antworten und verlor sie im Dunkel des überdimensional großen Unbewussten dunklen Wurzelbereiches. Er hatte also Geheimnisse. Gelegentlich berichtete der Großvater im Kreise der

Verwandten oder Freunde von dem heldenhaften Mut seiner Soldaten, die einen Belagerungsring der sowjetischen Truppen durchbrachen. Aber es war immer dieselbe Geschichte. In fünf Jahren Kriegseinsatz war definitiv viel mehr geschehen. Darüber schwieg er beharrlich. Dazu fand keine Kommunikation statt. Wagte jemand, an das Tabu zu rühren, löste er beklemmendes Schweigen aus.

Die Rolle der Frau

„Wie hat das seine Familie ausgehalten"? Dieser Gedanke Josuas verwandelte die Person des Großvaters in seine Frau. Julias Großmutter Katharina erschien, in aufrechter Haltung, dunkel, schmucklos gekleidet. Ihre Hände umklammerten die Bibel. Aus ihrem Mund entwichen Sprechblasen. Bibelsprüche wie: „Das Weib sei dem Manne untertan". „Die Weiber sollen sich in stillem und mildem Geiste kleiden". Sie lebte in einer Beziehungskonserve. Die Zeit der kapitalistischen Industrialisierung förderte den Status der tyrannischen Zweierbeziehung für rechtlose Frauen. Ihr Baum-Mensch zeigte sich in Form einer Kiefer. Sie steht für das Bedürfnis einer stabilen Basis. In diesem Zeichen geborene sind vernünftig, rational und haben Organisationstalent. Beutelchen mit diesen Früchten hingen gut ausgeprägt an den Zweigen. Josua sah verkümmerte Zweige an denen Beutelchen mit der Aufschrift Liebe, Empathie, Fröhlichkeit standen. Sie waren überwuchert von riesen Beuteln die den Inhalt Gehorsam, Glauben, Pflicht hatten. Großmutter Elsässer war dem Terror, der von der Religion ausging ausgesetzt. Dieser hat ein enorm destruktives Potential. Toleranz ist keine religiöse Idee. Sie musste gegen religiösen Widerstand erkämpft werden. Dass die politische Diktatur, oder die familiäre, die Macht hatte, den absoluten Gehorsam zu fordern, gedieh auf der Basis religiöser Dogmen, die durch den Verweis auf ihren angeblich göttlichen Ursprung unantastbar wurden.

Josua kannte alle Sprüche, die Großmutter Katharina rezitierte. Er schauderte vor der kalten, stereotypen Unpersönlichkeit. Über die Vorschriften, die den Platz der Frau innerhalb der Gemeinschaft definierten, war er im Bilde: Es sei ihre gottgewollte Aufgabe ihren Ehemann zu lieben, ihre Kinder zu lieben, keusch zu sein. Ihr Schmuck sei nicht das Flechten der Haare, sondern Demut und Bescheidenheit. Sie hat, mit stillem und mildem Geist, im Hause zu arbeiten. Sie hat den Männern untertan zu sein und in der Versammlung zu schweigen. Das waren die Bibelverse, die Jehovas Zeugen von Kindesbeinen an lernen.

Die Botschaft

Das Bild der Frau löste sich auf und die Energiepräsenz Birke trat an ihre Stelle. „Welchen Eindruck hast du von den Großeltern"? „Sie wirken wie gutsituierte Menschen, die mitten im Leben stehen. Doch sie sind in sich selbst gefangen und isoliert. Sie haben keine Worte von echter Bedeutung. Beide stehen mit den Wurzeln in einer tiefen Dunkelheit."

„Stimmt! Es fehlt dieser Familie nichts an materiellen Gütern. Trotzdem gibt es einen entscheidenden Mangel. Erspüre ihn".

„Sie wirken wie Phantome. Sie werden nicht wahrgenommen. Es herrscht emotionale Kälte. Ich fühle keine Wärme, keine Spur von Liebe. Ich sah auch den Fruchtbeutel Liebe an ihren Bäumen völlig verkümmert."

„Genau, sie haben selbst nie Zuwendung erfahren und nie gelernt Liebe zu geben. Das Gefühl der Liebe als Kind der Freiheit war ihnen unbekannt. Sie haben gelernt, die Gefühle in Ketten zu legen. Gefühle wurden durch Pflichterfüllung und Gehorsam ersetzt. Das ist die Botschaft, die mittels Epigene an die Nachkommen weitergegeben wird. Bitte verwechsle das Wort Liebe nicht mit dem ekstatischen Gefühlsrausch der Sex genannt wird. Die Liebe ist kein flüchtiger Rausch. Sie ist ein Lebensprinzip. Sie ist bedingungslos. Sie lässt sich nicht portionieren und in Häppchen verteilen. Ein wenig lieben funktioniert ebenso wenig wie ein wenig schwanger sein. Die Liebe erlaubt der geliebten Person die Entwicklung.

Entwicklung kennt keine Sicherheit, doch sie richtet auf. Julias Großeltern haben genau das Gegenteil erfahren. Neben der Pflicht zu Gehorsam und dem strikten Befolgen der gesellschaftlichen Normen, kannten sie keine Alternativen. Sie blieben in der statischen und festgezurrten Pflichterfüllung, ohne Veränderung. Für Julias Großvater war es die Normalität, dieser Forderung nach Gehorsam durch Selbstverleugnung, zu genügen. Er fügte sich in die Anforderung, auf eigenes, verantwortliches Handeln zu verzichten. Es gibt keinen Fruchtbeutel Eigenverantwortung. Sein ererbter Verhaltenskodex, gepaart mit der damaligen gesellschaftlichen Norm, wurde zum Lebensprinzip. Er hat Befehlen gehorcht, die jeder menschlichen Vernunft zuwiderlaufen. Sein eigener Vater diente im preußischen Heer und wurde mit Auszeichnungen überhäuft. Alles, was im Haus der Urgroßeltern zählte, war die präzise Erfüllung aller Pflichten. Gefühle hatten zu schweigen. Dieser Tatbestand war Julias Großeltern zwar verborgen, doch sie blieben dennoch im Dunkel ihres unbewussten Wurzelbereiches wirkmächtig. Sie beeinflussten das Handeln, indem sie die Forderung bedingten, absolut keine Fehler zuzulassen. Jede Verfehlung wurde mit drastischen Strafen geahndet".
„Doch was sind „Fehler"? Wer definiert richtig und falsch"?

Die Macht der Kirche

„Zu Zeiten der Monarchie vor allem der Klerus. Julias Urgroßvater war königlich-preußischer Generalleutnant. Er war getaufter Protestant. In den Jahren 1914-1918 übertrafen sich christliche Kreise darin, den Krieg als göttlichen Willen und christliche Pflicht zu interpretieren. Sie orientierten sich am Alten Testament, einer Fundgrube mit Rechtfertigungen für Völkermord. Der Sieger ist von Gott gesegnet. Der Verlierer hat seinen verdienten Lohn erhalten. Weder Leutnant noch gemeiner Soldat sahen einen Grund, sich angesichts der Toten, in Gewissensnöte zu stürzen. Über Jahrhunderte gab eine Generation, den Glaubenssatz der Gehorsamspflicht, an die nächste kritiklos weiter. Die eigenen, natürlichen Empfindungen für Recht und Unrecht, wurden in das Dunkel der unbewussten Region verdrängt. Wie du siehst, nimmt dieser Wurzelbereich einen mächtigen Raum ein. Die Verbindung zu Kopf, Herz und Bauch existiert, doch ist sie in der dunklen Grenze abgeschnitten. Unbewusst wirkt das verdrängte Wissen trotzdem auf das Handeln. Der Gehorsam schützte vor Verfolgung und Strafe. Für die Gläubigen vor allem vor der Strafe Gottes. Den Säbelzahntiger gab es ja nicht mehr. Geschickte Demagogen ersetzten ihn durch Teufel und Dämonen. Der Mensch geriet unter die Macht einer moralischen Instanz, die ihn mit vielen angsterzeugenden Gefahren konfrontierte. Aus evangelikalen Kreisen wurden die Anhänger aufgefordert, Jesus mit Kriegsdienst zu verherrlichen, indem sie den Kampf siegreich vollendeten. Vor der Gefahr, von Gott verworfen zu werden, schütze man sich durch Gehorsam und seine Bedenken verdrängte man unbewusst in unzugängliche, dunkle Regionen des Bewusstseins. Man gehorchte, um das Gewissen zum Schweigen zu bringen.

Ein genialer Schachzug aller religiösen Gurus ist es, die eigene Legitimation von raffiniert ausgewählten Aussagen der heiligen Schriften herzuleiten. Kaum jemand wagt es, dem Anspruch im göttlichen Auftrag zu handeln, zu widersprechen. In religiös fundamentalistischen Kreisen ist ein Widerspruch gleichbedeutend mit Rebellion oder Abtrünnigkeit, der schlimmsten aller Sünden. Den Anhängern wird mit der Hölle, der Verdammnis, der Vernichtung, der Ächtung, gedroht. Wem es gelingt, Ängste in den Sinn der Menschen einzupauken, hat die Macht sie zu unterwerfen.

Die Vertreter der Buchreligionen behaupten, dass ihre Bücher göttlichen Ursprungs seien. Solange ihre Anhänger das glauben, werden sie sich in der Überzeugung unterwerfen es sei der Wille Gottes.

Menschen, deren kulturelle Wurzeln in der religiösen Prägung stecken, geben die Merkmale ihrer Prägung, zusammen mit dem Erbgut der Gene und den Programmierungen der Epigene von Generation zu Generation weiter. Wie der Vogel seinem Jungen den Instinkt vererbt, dass Katzen Gefahr bedeuten, so geben sie die unbewusste Botschaft weiter, dass Ungehorsam göttliches Gericht bedeutet.

Die Säkularisierung kann zur Befreiung von der Sklaverei aus religiöser Diktatur führen. Das ist die Chance, den trennenden Einfluss der Buchreligionen zu überwinden. Damit meine ich den Anspruch der Religion oder Konfession auf absolute Wahrheit. Es ist das Prinzip der Wirkmächtigkeit vererbten Verhaltens.

Die Macht der Partei

Die Prägung durch Erfahrung und Konditionierung funktioniert immer. In der Religion, Politik, sozialen Systemen, Wirtschaftsunternehmen, sowie in Familien, in denen, zuweilen diktatorisch, Unterwerfung gefordert wird. Wer sich auf ein heiliges Buch beruft, hat die größten Chancen auf Erfolg. In Diktaturen bedeutet Ungehorsam Lebensgefahr. Die nationalsozialistische Diktatur befahl, dem Führer zu folgen. ‚Heil Hitler' lautete die Formel, die das Überleben sicherte. Großvater Elsässer wurde belobigt und ausgezeichnet für gewissenhafte Pflichterfüllung. Seine Welt war im Lot, er hatte gelernt, seine kognitive Dissonanz, dieses negative Gefühl beim Anblick der Gräuel und Verderben, in Konsonanz umzuwandeln. Er rechtfertigte sie mit der scheinbar plausiblen Begründung, dass zur Rettung von Volk und Vaterland der Feind mit aller Härte bekämpft werden musste. Mit dieser Überzeugung landete das schlechte

Gewissen in dem Beutel des Unterbewusstseins, der größer und größer wurde und andere Tugenden verdrängte.

Die Kapitulation stellte alle Werte auf den Kopf. Die Auszeichnungen für Heldentaten wurden zu Beweisen für Verbrechen. Die Kriegsverbrecher versuchten ihre Rollen im System zu vertuschen. Die Mehrzahl spaltete die Erinnerung daran ab, und verschob sie in den Beutel des wirkmächtigen Unterbewusstseins, der andere menschliche Talente erstickte. Zum Beispiel die Kommunikationsbereitschaft, Empathie, Freundschaft. Manche Täter gaben sich eine neue Identität. Ähnlich wie die Kelten, trotz der christlichen Taufe, an ihrer Überzeugung festhielten, behielten die überzeugten Nationalsozialisten ihre Ideologie. Die Seilschaften blieben nach Kriegsende bestehen und sie unterstützten sich gegenseitig bei der Beschaffung von sicheren zivilen Posten. Großvater Elsässer wurde Schulleiter am Gymnasium.

Hatten Überzeugungstäter oder Mitläufer ein Unrechtsbewusstsein? Selten, sie hatten die Mahnungen ihres Gewissens in das Dunkel des Unbewussten verbannt. Mächtigen zu gehorchen gehörte zu der Normalität, die Menschen aus Erfahrung über viele Generationen gelernt hatten. Die Verantwortung für die Gräueltaten wurde verdrängt und auf „die Anderen" verlagert. Die Diktatoren ließen sich in allen Jahrtausenden wie Götter oder

Gottesboten verehren. Denke an den „Gott" Moloch der beispielsweise Kinderopfer forderte oder an die Kreuzzüge, die ein „Stellvertreter Christi" abgesegnet hatte. Seine Missionare agierten mit dem Slogan: „Willst du nicht mein Bruder sein, dann schlag ich dir den Schädel ein". Töten gehörte in der Zeit der Inquisition zum religiösen Machtinstrument. Die Liste der Kriegserklärungen oder Tötungsbefehle im Namen eines Gottes im Alten Testament, ist endlos lang."

Mit Betroffenheit empfing Josua diesen Umfang an Informationen. Die Wirkweise der Skalarwellen ließ ihn ehrfürchtig staunen. Er dürstete nach mehr davon und wurde nicht enttäuscht. Augenblicklich wurde ihm die Erklärung zu seinen Gedanken: Wieso betrifft das immer so große Teile der Gesellschaft und nicht nur einzelne Mitglieder, übermittelt.

Die Habitus Gesellschaft

„Vergleiche Nationen, Ethnien, Volksstämme, geschlossene Gruppen innerhalb einer bestehenden Ordnung mit einem buchstäblichen Körper, einem Habitus. Jedes Mitglied hat eine Zuordnung oder Stellung und eine vorbestimmte Aufgabe. Die innere Freiheit des Gewissens, das Zeichen der Menschenwürde, ist im Habitus einer Masse, mit nationalistischem oder diktatorischem Gedankengut, unbekannt. Ansprachen darüber, sind reine

Worthülsen. Indoktrination begrenzt das selbstbestimmte Handeln. Ob die Religion den Druck ausübt, oder ob es weltanschauliche Zwänge sind, macht keinen Unterschied. Die Kombination aus beiden ergibt leider eine todbringende Mischung. Sie dient der Rechtfertigung kriegerischer Handlungen, Genozid oder räuberischer Erpressung gegenüber Andersdenkenden. Großvater Elsässer hatte gelernt, sich gewissenhaft anzupassen. Solange er moralische Bedenken nicht zuließ, hatte er keine Veranlassung, sich für sein Handeln, selbst schuldig zu sprechen. Die Nürnberger Urteile waren darum Tabuthema in der Familie Elsässer. Vor allem die Rolle des Großvaters in dem NS Unrechtsregime blieb sein gut gehütetes Geheimnis. Einige lobenswerte Aktionen, wie Spenden für die Armen, oder die warmen Socken, die Großmutter für die Frontsoldaten gestrickt hatte, wurden gebetsmühlenartig erzählt, wenn Krieg Gesprächsthema wurde. Die Kriegsgeneration nahm sich als Opfer und Leidtragende wahr. Diese Denkmuster sind tief in das Unterbewusstsein eingegraben und, gemäß den Forschungsergebnissen der Epigenetik, werden sie mit dem Erbgut an die Kinder und sogar an die Enkel weitergegeben. Nicht mit bewusster Belehrung, sondern durch die Interaktion zwischen unbewusstem Speicher und bewusster Haltung. Sie bleiben wirkmächtig, solange sie nicht mutig ausgegraben und mit neuer Haltung überschrieben werden. Selbst neue Gesetze ändern daran nichts. Die Haltung wird, von einem konditionierten Unterbewusstsein, ungehindert weiter gesteuert.

Du verstehst nun, dass Julias Mutter Klara in einem Informationsvakuum aufgewachsen ist. Ihre Seele spiegelte die verdrängte Schuld und Scham der Eltern wider, die sich hinter dem Schweigen verbarg. Die Familie hatte eine Scheinbeziehung. Die Sprachlosigkeit ließ die Verwaltung des Alltags zu. Emotionale Bedürfnisse dagegen blieben zu gefährlich und ausgeblendet, weil Gefühle unvermittelt Verdrängtes offenlegen könnten. Ignorieren schien die sicherste Strategie. Die Beutel für die Früchte aus der Erfahrung von Emotion und Zuwendung blieben verkümmert klein. Die Folge waren ununterbrochene Enttäuschungen des Bauchgefühls und gegenseitige Schuldzuweisungen. Der Beutel Schuld war prall gefüllt von negativen Erfahrungen und wuchs ins Uferlose. Unbefriedigte Bedürfnisse lösten Trauer aus, für die beide keine Worte und keine Erklärung hatten".

Klara trat als Menschen-Baum Nussbaum ins Bild. Nach dem Baumhoroskop der Kelten, eine Person mit Lust und Leidenschaft. Sie seien mit hoher Intelligenz gesegnet, sowie innerer, unbeugsamer Stärke, gepaart mit Wärme und Gefühl, was sie zu Beschützern der Familie prädestiniert. Weil sie vielseitige Interessen haben, handeln sie oft spontan und impulsiv.

"Da sind so viele verkümmerte Beutel am Menschen-Baum", stellte Josua erschrocken fest. Die Region des Unbewussten, Dunklen war weit über den Stamm hinauf ausgedehnt. Der Beutel für Wissen schien prall gefüllt. Ein Beutel mit emotionalen Verletzungen verdrängte den Raum für Leidenschaft und Lust. Der Beutel mit sozialer Anerkennung dagegen war imposant.

"Klara ist ein typisches Beispiel dafür, dass Menschen, die in einer emotionalen Permafrostatmosphäre aufwachsen, ein Defizit bei den Bedürfnissen Liebe, Nähe und Zuwendung entwickeln. Gefühle sind wegen der unbewussten Angst, sie könnten schmerzliche Erinnerungen wecken, im unterbewussten Speicher verschlossen". Ohne sich darüber zu wundern, war Josua ein Teil des Informationsstromes in dem Energiefeld. Seine Gedanken sendeten die Fragen und augenblicklich verstand er die Antworten.

Das Kind Klara

Das Kind Klara hatte für das Verhalten der Eltern keine Erklärung. Es hatte keine Möglichkeit, sein Bedürfnis konkret zu benennen. Es reagierte auf die Signale, die es wahrnahm. Die kleinen Bewegungen, das Mienenspiel, den Tonfall, die Gesten, spiegelten ihm, um welche Botschaften es sich handelte. Die Menschen nehmen mehr als neunzig Prozent der Informationen durch nonverbale Signale auf. Die

Interpretation ist nicht immer zutreffend, weil das Gegenüber paradoxe Botschaften senden kann. Die Rolle in der Wirklichkeit, dem Hier und Jetzt, entspricht häufig nicht der Aufzeichnung im unbewussten Speicher. Das Kind Klara speicherte in seinem Unbewussten die Enttäuschungen seines Welt-Erlebens, weil es unerfüllte Sehnsüchte hatte.

Der Vater blieb in seiner weltanschaulichen Konditionierung. Pflichterfüllung hatte oberste Priorität. Wer sich an die Gesetze hält, ist nicht verantwortlich für die Folgen. Ihre Mutter sah in allem Gottes Willen. Sie bezog niemals Stellung. Sie wurde für Klara ein Neutrum, das keine Orientierung anbot. Die tiefe, natürliche Sehnsucht des Kindes nach Wärme, Halt, Orientierung, Bindung, Liebe blieb unbefriedigt und hinterließ in den Beuteln der Seele, die durch positive Erfahrungen, eine individuelle Persönlichkeit prägen, gähnende Leere.

Klaras Glaubenssatz aus ihrer paradoxen Lebenswelt lautete: „Ich bin ein unwertes Kind. Ich werde nur beachtet, wenn ich ohne Fehler funktioniere".

Ihr Vater war unerreichbar und abwesend, selbst wenn er körperlich anwesend war. Für Klaras Bedürfnisse hatte er kein Gespür. Ein ‚Versagen' bei schulischen Leistungen hatte aus seiner Sicht nicht stattzufinden. Eine Note, weniger als gut, bedeutete in den Augen des Vaters, eine miserable Leistung, die eine Standpauke zur Folge hatte, dass die Wände wackelten. Er sei nicht gewillt Faulheit zu unterstützen. Ein cholerischer Befehlston passte in sein Weltbild für Männlichkeit. Jedes falschgeschriebene Wort im Diktat hatte sie zur Strafe einhundert Mal in Schönschrift zu schreiben. Gelang ihr das nicht zur Zufriedenheit des Vaters, was nie vorhersehbar war, bekam sie obendrein kein Abendbrot oder Hausarrest.

Traumatisierender als ihr eigenes Leid war für Klara, machtlos zuzusehen wie der Vater ihre kleine Schwester Laura prügelte. Manchmal, je nach Laune, nahm er einen Ledergürtel. Er befahl ihr: Mach „Kopfstand"! Lautlos kullerten der Kleinen in Erwartung der Pein, Tränen über ihre runden Bäckchen. Klara kauerte in der Ecke der Bank. Sie umschlang fest ihre Beine und ballte ihre Hände zu Fäusten. Gehorsam entblößte Laura zitternd, in Erwartung der bevorstehenden Pein, ihren Po und beugte sich vor dem Vater nieder. Sich wehren fruchtete nicht. Das hatte sie schon gelernt. Papa wurde davon nur wütender. Er schlug sie mit dem Riemen, der blutunterlaufene Striemen hinterließ. Der Mensch, den Klara zu ihrem Schutz am dringendsten benötigte, war in diesem Moment ein Monster und Peiniger. Ihre natürliche Beschützerbegabung ließ sie innerlich vor Zorn beben. Gleichzeitig empfand sie sich schuldig und schämte sich für ihre Hilflosigkeit. Diese traumatisierenden Szenen musste sie ausblenden. Sie landeten in ihrem unbewussten Speicher für Unbewältigtes. So wuchs Klaras dunkler Raum, in den ihre Wurzeln reichten und verdrängte den Platz für das Bauchgefühl, das Herz, die beiden Regionen an ihrem Lebensbaum die für das Wachsen und Gedeihen von kräftigen Zweigen mit kreativen Möglichkeiten vorgesehen wären.

Ihre Mutter umklammerte ihre Bibel und rezitierte: ‚Wer sein Kind liebt, der sucht es früh heim mit Züchtigung'. Klara übersetzte solche Erfahrungen in den Glaubenssatz: Liebe ist Schmerz, Leid, Demütigung. Überleben werde ich das nur durch Perfektion.

„Sieh dir diese Szene genau an. Was fällt dir bei dem prügelnden Vater auf"? „Mir fällt auf, dass der Vater wie ein hilfloser, wütender Junge auf das Mädchen einprügelte. So als prügelte er auf eine Erinnerung ein".

„Ja, das ist es. Dem Vater ist nicht bewusst, dass er eine unfassbare, ohnmächtige Wut in sich begraben hat. Die Erfahrung aus seiner eigenen Kindheit und Jugend. Die Prügel, die er selbst bekommen hat, ohne dass er sich wehren konnte. Die Verletzungen seiner Seele, wenn er selbst sadistische Qualen mit ansehen musste, begehrten Heimzahlung".

So erklären sich die Wirkmächtigkeiten des Unterbewusstseins und seine Interaktion mit Kopf, Bauch und Herz, stellte Josua fest. Ich verstehe. So prägen uns die vorhergehenden Generationen. Was damals war, ist das Merkmal jener Zeit. Die Menschen waren das Kollektiv, der Habitus. Sie handelten in Harmonie mit den allgemein akzeptierten Normen.

Bei Klara verkümmerte ihre natürliche Fähigkeit, eine Beziehung einzugehen. Auf Geheiß des Vaters studierte sie gehorsam Biologie und Pharmazie. Sie war mit einem scharfen Verstand gesegnet. Sie trat eine Stelle in einem pharmazeutischen Betrieb an. Ein Abteilungsleiter, der zwanzig Jahre älter war, hofierte sie. Auf der Suche nach väterlicher Liebe gab sie sich der Illusion hin, sie in ihm gefunden zu haben. Horst Exter bewahrte sie vor der Schande einer ledigen Mutter. Er heiratete sie vor Julias Geburt. Sie kam im Juni unter dem keltischen Baumzeichen Birke zur Welt. Birke-Geborene stehen nicht selten unter einem guten Stern. Die wahren Energiebündel zeichnen sich durch vielseitige Begabungen und Interessen aus. Menschen mit dem Lebensbaum Birke sind elegant und sympathisch, mit warmherziger Natur. Sie fallen durch ihr sanftes Wesen auf. In ihren Entscheidungen handeln Birken üblicherweise pragmatisch. Sie sind glühende Optimisten und schreiten mit stolzem Schritten voran, weshalb andere keine Scheu haben, ihnen zu folgen, wenn sie in ihrer Gemeinschaft eine Führungsrolle einnehmen.

Von ihrer Familie werden sie für ihre Loyalität und Hilfsbereitschaft geschätzt.

Josua erfasst diese Merkmale an Julias Lebens-Baum und versucht die Julia, die er kannte, in der Beschreibung wiederzufinden. Sie war zweifellos liebevoll und warmherzig. Sie hatte sich für andere Menschen als Zeugin Jehovas viel zu viel Zeit genommen und über ihre Grenzen hinaus verausgabt. Optimismus vermisste er bei ihr gänzlich. Eine Führungsrolle konnte sie bei den Zeugen Jehovas als Frau nicht übernehmen. Sie versuchte immer demütig zu gehorchen. Dafür musste sie gewiss viel Selbstbeherrschung aufbringen. Die Loyalität zur Mutter hatte sie zu opfern. Die Regeln der Religion, die verlangen sich eine *neue Persönlichkeit*, überstülpen zu lassen, bedeuten, in eine Fremdbestimmung einzuwilligen.

„Wusste sie denn überhaupt selbst, wer sie ist und wer sie sein könnte"?

„Du stellst hier die Kernfrage. Wie findet man zu seiner wahren Persönlichkeit, wenn sie durch totale Fremdsteuerung verschüttet wurde? Die Ehe von Klara und Horst Exter glich einem Stellungskampf. Ständig gab es Situationen, in denen sie gegenseitig ihre Positionen verteidigten. Keiner von beiden gab seine Meinung auf oder kapitulierte. Ihre Meinungsverschiedenheiten bildeten einen

Dauerkonflikt. Zeitweise erzielten sie einen Waffenstillstand, der in der Kapitulation endete, denn Horst Exter trennte sich von Klara, die lieber auf ihren Ehemann verzichtete, als sich von dem erlernten Perfektionismus zu lösen. Sie sehnte sich nach Nähe und Wärme, hielt dennoch Distanz zu Menschen. Es war ihre Normalität, in der sie unauflösbar gefangen war. Für Außenstehende blieb Klaras Welt verschlossen. Das gnadenlose Bedürfnis nach Perfektion wurde von ihrem Umfeld oft als persönlicher Angriff aufgefasst. Klara kommentierte und kontrollierte alles. Wenn sie ihre Position verteidigte, begann keine Unterhaltung, sondern ein Schlagabtausch. Eine Kommunikation die einen Sieger und einen Verlierer zum Ergebnis hatte. Entweder schüchterte Horst seine Frau mit seinen stärkeren Argumente oder Drohungen ein, oder er beleidigte sie mit abwertenden Adjektiven, wie sie sei dumm. Dann rächte sie sich damit, dass sie ihm Fehler vorwarf. So gab es keine Chance für eine echte Beziehung. Die unerfüllte Sehnsucht blieb. Klara übertrug sie nonverbal auf Julia. Die entwickelte notgedrungen die Überlebensstrategie, dass sie sich Zuwendung durch angepasstes Verhalten und Leistung verdienen musste. Das widersprach ihrer Natur. Julia hatte Führungseigenschaften, die an ihrem Lebensbaum verkümmerten. Selbst ihr Bedürfnis, einen persönlichen, eleganten Lebensstil zu pflegen, wurde später in dem Gruppendruck der Zeugengemeinschaft erstickt.

Schweigen traumatisiert.

In der Familie erfährt Julia die gleiche Distanz, die zwischen ihren Eltern herrschte. Der Verlust des Vaters, der sich nach und nach völlig aus dem Leben des Kindes ausklinkte, traumatisierte sie. Julia verstand nicht, warum der Vater war wie er war. Sie sehnte sich nach seiner Nähe, doch er distanzierte sich. In ihrer kindlichen Verzweiflung hatte sie versucht, mit Trotz oder wildem Geschrei, seine Aufmerksamkeit zu erzwingen. Lieber nahm sie Schläge in Kauf, als ignoriert zu werden. Sie hatte keine andere Möglichkeit, ihre Bedürfnisse zu artikulieren. Das Kind verstand nichts von den tiefen Verletzungen, über die der Vater nicht sprach.

Julia malte sich das Bild eines Vaters in ihre Fantasie aus. Aus Märchen und Geschichten bastelte sie eine glorifizierte Vaterrolle. Zeitlebens suchte sie nach einem Mann, der ihrem verklärten Bild entsprach und ihre Sehnsucht nach Wärme und Geborgenheit stillte. Geheimrat Goethe hatte schon richtig erkannt: Wir lieben nicht den Anderen, sondern die Vorstellung vom Anderen.

Klara bemühte, sich eine gute Mutter zu sein. Das verhinderte nicht, dass sie unreflektiert die eigenen, erlernten Werte weitergab. Der Anspruch, sich durch Leistung und Ordnung, Anerkennung zu verdienen, stand im Mittelpunkt. Ihr eigenes Negativbild von Männern gab sie ebenso an ihre Tochter weiter. Bis zur Pubertät war das Verhältnis zwischen ihnen ungetrübt. Josuas Blickachse eröffnete ihm die Sicht darauf, wie Klara und Julia alles nur Erdenkliche an Action hatten. Kino, Konzert, Tierpark, Schwimmen, Tennis, Urlaubsreisen, nichts wurde ausgelassen. Julia hatte Gefallen an dem Schönen und Stilvollen, mit dem sie verwöhnt wurde. Sie schwelgte im wohlhabenden Genuss, den ihr die Mutter bot. Zu den Selbstverständlichkeiten gehörte der regelmäßige Besuch der Gottesdienste. Unübersehbar war Julia Partnerersatz für Klara, die sich nie mehr auf eine Beziehung zu einem Mann einließ.

Leider teilt eine große Zahl an Kriegskindern und Kriegsenkel dieses Schicksal. Es ist eine Form der emotionalen Erpressung. Die Elternteile missbrauchen damit den natürlichen Wunsch der Kinder nach Liebe und Aufmerksamkeit und behindern das Bedürfnis nach Autonomie zu ihrem eigenen Vorteil.

Den Erwachsenen ist ihre Unfähigkeit, Wärme und Nähe zu geben, nicht bewusst. Die Erinnerung an die traumatischen Erlebnisse, die in das Dunkel des Unbewussten verbannt wurden, bleiben verschlossen. Doch der Rollentausch überfordert die Kinder. Er behindert sie in ihrem persönlichen Wachstum. Liebe im Sinne einer tiefen Beziehung kennen sie nicht. Sie haben keinen Raum dafür, die eigene Unbeschwertheit an ihrem Menschen-Baum zu schaffen. Der Beutel dafür bleibt leer. Sie wurden darauf konditioniert, immer für andere zu sorgen und die eigenen Bedürfnisse zu ignorieren".

Josua registrierte alle Informationen. Alle Ereignisse waren gleichzeitig vorhanden. In der Matrix existierten weder Zeit noch Raum. Es verwirrte ihn, dass ihm diese fremden Menschen mit ihren Botschaften vertraute Gefühle übermittelten. Er wendete seine Aufmerksamkeit wieder Julia zu, die er in dem Gasthaus zurückgelassen hatte.

Julia verändert ihre Haltung.

Er nahm ihre tiefe Verzweiflung wahr. Nachdem ihr Hauptkommissar Gruber die Nachricht von der vergeblichen Suche überbracht hatte, schleppte sich Julia in den ersten Stock und lies sich auf das Bett sinken. Sie grub ihren Kopf in beide Hände. Wieder zwirbelte sie mit dem rechten Zeigefinger eine Haarsträhne und gab sich dem Gefühl hin, ihre Welt stürzt ein.

Josua sandte ihr eine Gedankenbotschaft: „Wie kannst du dich nach den Menschen sehnen, die deine Freundschaft so schändlich verraten haben? Unterwirf dich ihrer Diktatur nicht ein weiteres Mal. Das wäre ein Fehler".

Nein! Urplötzlich richtete dieses energische Nein in ihrem Sinn, die ganze Person auf. Wieso lasse ich mich so unter Druck setzen? Was meine Freunde von mir erwarten, ist Erpressung. Sind das Freunde? Nein, ganz sicher nicht! Ich lasse mich nie wieder demütigen. Ab sofort entscheide ich selbst, wohin mein Weg führt. Entschlossen packte sie ihren Koffer und checkte aus. Sie bedankte sich herzlich bei Maria und Marlies für ihre Fürsorge und trat die Heimreise an. Einem unwiderstehlichen Impuls folgend, wählte sie einen Umweg über Wiesbaden. Ihr war nicht bewusst, dass es die verdrängte Sehnsucht nach Versöhnung mit ihrer Mutter war, die ihr Handeln bestimmte.

Kurz vor Wiesbaden fiel die Tankanzeige unaufhaltsam gegen null. Der Zufall, oder die Vorsehung, fügte es, dass es nahe der Tankstelle war, bei der sie sich den Arbeitsplatz mit Esther geteilt hatte.

„Mist! hoffentlich hat nicht ausgerechnet Esther Dienst, falls sie wieder hier arbeitet. Und wenn"? Fragte sie sich trotzig im Selbstgespräch. „Ich muss jetzt tanken und es interessiert mich nicht mehr, ob ich mit ihr reden darf oder nicht. Ausgeschlossen oder nicht – sie war meine beste Freundin". Während sie sich mit diesen Worten selbst Mut zusprach, fuhr sie an die Zapfsäule und füllte Benzin in den Tank. Klar, ausgerechnet Esther bediente die Kasse. Sie reagierte überrascht auf Julias Gruß: „Hallo Esther". Den Ersten seit fünf Jahren, in denen die Schulfreundinnen Gefangene eines Systems der

Ausgrenzung waren. Seine Merkmale waren Extremismus, religiöser Fanatismus, Fundamentalismus. Sie waren konditioniert, ihr Leben nur durch die Perspektive des Kultes zu sehen. Dass daran etwas falsch war, haben sie nicht gesehen. Ein Wechsel des Standpunktes, der eine andere Sicht auf die Lage zugelassen hätte, war in diesem System nicht vorgesehen. Sie hatten ihre schriftlichen und mündlichen Anweisungen wie Scheuklappen. Jede Abweichung davon war gefährlich. Die Veranschaulichung dafür klang so plausibel: Stell dir vor, du musst über eine schmale Hängebrücke, eine tiefe Schlucht überqueren. Bist du nicht dankbar für das Geländer links und rechts, das dich vor dem Sturz in den Tod bewahrt? Genauso bewahren dich die Anweisungen des *treuen Sklaven* vor dem Tod in *Harmagedon*, mit den Grenzen, die er dir setzt. Die Mahnung spulte automatisch in Julias Kopf ab. Heute kam ihr die Frage in den Sinn: „Ist das wirklich so? Bin ich jetzt drauf und dran in den Tod zu stürzen"?

Josuas Energiebegleiter fragt: „Was fühlst du, Josua? Wovon ist die Begegnung Julias mit Esther geprägt?"

„Esther trägt einen schweren Beutel aus ihrer vergangenen Prägung an ihrem Lebensbaum. Davon weiß sie nichts. Sein Inhalt ist für ihr Verhalten verantwortlich. Das Mädchen hat ihr wahres ICH unter Dogmen, Überlieferungen und fremden Glaubenssätzen begraben".

„Deine Gedanken treffen den Kern. Verstehe darum was zukünftig noch passiert und, dass sie Hilfe bekommt Hürden und Bürden zu überwinden".

Josua war unsichtbar verbunden mit der unvermittelten Begegnung der Freundinnen. Er fühlte mit, wie beide augenblicklich von einem Wechselbad der Gefühle verwirrt wurden. Gefühle, die sie zur Sicherheit auf Eis gelegt hatten, überwältigten sie. Es war damals Selbstschutz: Verdrängen und Selbstbeherrschung, um das Trauma der Trennung zu ertragen. Der Schmerz, begleitet von dem Gefühl der Ohnmacht und trotzigem Bedürfnis zu widersprechen, konnte nur mit den antrainierten Sprüchen totgepredigt werden. Die Konditionierung zu bedingungslosem Gehorsam ließ keine Alternative zu. Die Veranschaulichung mit dem Körper, der viele Glieder hat und trotzdem eine Einheit bildet, die aus der Bibel abgeleitet wurde, klag plausibel. Eine soziale Gruppierung ist wie ein Habitus oder Körper. Daraus ließen sich spielend leicht die Begründungen für schmerzliche Handlungsanweisungen konstruieren.

Die „Sünderin" Esther wurde mit einem bösartigen Tumor verglichen, der zum Schutz des Körpers entfernt werden musste. Die Versammlung war das Habitus-System, das Körper gewordene soziale Gefüge, von dem erwartet wird, dass es nicht leidet, wenn die Operation, die *Abschneidung*, der *Gemeinschaftsentzug* zum *sozialen Tod*, vollzogen wurde. Das System war die Begrenzung des Handelns und der Freiheit. Es ließ nur geringe individuelle Abweichungen zu.

In diesem Augenblick, da sie sich jetzt gegenüberstanden, waren sie nicht imstande, ihre Impulse zu beherrschen. Sie fielen sich in die Arme und weinten.

Esthers Vergangenheit.

Die Frage Josuas: Wie geriet Esther in diesen geistigen Käfig? Wurde ihm mit eindrucksvollen Bildern beantwortet. Die Weichen stellten die Großeltern Kohlring. Kurz vor dem 1. Weltkrieg trat in Schlesien, ein Pilgerbruder der Ernsten Bibelforscher auf. Er zeigte eine Weltneuheit mit bewegten Bildern unter dem Titel: *Das Photodrama der Schöpfung*. Das Interesse daran war aufsehenerregend groß. Die Zuschauer ließen sich von dem Versprechen *ewiges Leben* in einem *wiederhergestellten, irdischen Paradies* anlocken. Viele griffen begierig nach dem Strohhalm der vermeintlichen Rettung. Die Prediger gaben sich selbst mit Bibelzitaten die Vollmacht, im Namen Gottes zu reden. Sie legitimierten sich zu Überbringern einer exklusiven, einzig wahren Wahrheit. Sie behaupteten, das irdische Reich Christi würde in Kürze in der Stadt Jerusalem wieder aufgebaut. Die biblischen *Zeiten der Heidenherrschaft* wären zu Ende und Gottes Königreich würde für Frieden und Sicherheit sorgen. Esthers Großeltern schlossen sich der Bibelforscher Bewegung an.

Ihr Sohn Fritz war damals vier Jahre alt. Sie verteilten die Schriften von Pastor Russel, dem Gründer der Bibelforscher Bewegung, eifrig. Nach ihrem Weltverständnis waren sie Untertanen der Staatsform einer *Theokratie*. Ihr König Jesus Christus würde seinen irdischen Thron in Kürze in Jerusalem einnehmen und dann die Monarchie und alle anderen Regierungsformen vernichten. Seit den 1870er Jahren wuchs die Bewegung kontinuierlich und entwickelte sich zum Staat im Staate. Der Einfluss der Religion wurde zur treibenden Kraft für extremen Separatismus, der sich kaum vom Nationalismus für Kaiser und Reich unterschied. Dem jeweiligen Herrscher gehorsam untertan sein war den Großeltern vertraut. Sie sahen keinen Grund zur Skepsis. Die Anhänger befolgten klaglos die strengen Regeln.

Pastor Russel forderte die deutschen Bibelforscher 1915, in der von ihm herausgegebenen Zeitschrift *Zions Wachtturm*, auf, sich freiwillig zum Kriegsdienst zu melden. Gehorsam folgte Esters Großvater dem Aufruf, den Kaiser bei der Befreiung Jerusalems von der türkischen Herrschaft zu unterstützen. Pastor Russel etablierte mit seiner Weltanschauung eine eigene gruppenspezifische Sprache, eigene Rituale, die die Anhänger in der Überzeugung bestärkten, *in der Wahrheit* zu sein. Die Theokratie-Ideologie hatte

Vorrang vor allen anderen Interessen und Werten. Die Untertanen dieser Pseudoregierung beanspruchten für sich, Menschen und Institutionen überlegen zu sein. Vorbild waren die Überlieferungen aus dem Bibelkanon. Es entstand ein kollektivistisches, nationalistisches, autoritäres Organisationssystem mit der Grundhaltung, wir sind die Guten, alles außerhalb unserer Gemeinschaft ist böse.

Die Euphorie der *Soldaten für Kreuz und Krone* endete in der Kapitulation Deutschlands. Sie mündete in eine traumatisierende Ernüchterung der Bibelforscher. Einige von ihnen trennten sich von der Gruppe. Doch Otto Kohlring war nicht in der Lage, sich selbst einen Irrtum einzugestehen.

Neues Licht, statt neuer Einsicht.

Er verdrängte die Kriegserlebnisse und glaubte bereitwillig, dass es eine Zeit der Sichtung geben müsse. Das *neue Licht,* wie es genannt wurde, veränderte die Haltung zum Judentum. Nicht mehr die Befreiung Jerusalems wurde gepredigt, sondern das Gericht über das Volk, welches den Herrn verraten hatte. Hasspredigten von dem Geschäftsjudentum, welches für das Unglück der Welt verantwortlich sei, wurden verbreitet. Alle Irrtümer, die diesen neuen Erkenntnissen vorausgegangen waren und die Tatsache, dass der Kaiser Jerusalem nicht für den Thron Christi befreit hatte, verdrängten die unerschütterlich treuen Bibelforscher in ihren unbewussten Speicher. Dort verschlossen sie das Wissen im Ordner des Vergessens. Es wurde zur eingefrorenen Erinnerung. Im Bewusstsein der Erfahrung um 1918 schlichen sich Zweifel in den Alltag ein. Mit aller Kraft, das darf man wörtlich verstehen, verdrängte man diese. Mit immer neuer Erklärungsakrobatik und *neuem Licht,* wurden frühere Botschaften, ins Gegenteil verkehrt. Sie verhinderten das Aufkommen von unguten Gefühlen. Großvater Otto wurde ein Vorsteher der Versammlung in Breslau. Großmutter Ida verkündete, in der Rolle der *Kolporteurin*, das nahe bevorstehende Königreich. So blieb keine Zeit für Zweifel. Sollten sie sich unversehens doch in die Gedanken einschleichen, wurden sie auf keinen Fall ausgesprochen. Zweifel zu äußern war tabu. Man lernte, nur das zu äußern, was *zur Erbauung nützlich ist,* beziehungsweise, das, von dem man dachte, dass das Gegenüber zu hören erwartete.

Esthers Eltern

Für Esthers Vater Fritz war die Rolle der zukünftigen Säule der Gemeinde vorbestimmt. Mit zehn Jahren wurde er zur Taufe zugelassen und bekam schon mit vierzehn Verantwortung in der Versammlung. Er zeigte einen ungewöhnlichen Eifer für das *Verkündigungswerk*, das er neben seiner Ausbildung zum Zimmermann nicht vernachlässigte.

1930 heiratete Fritz seine große Liebe Lisa. Sie war die älteste von sechs Geschwistern. Die Familie hat sich nach einem intensiven Bibelstudium mit Otto Kohlring, bei dem Fritz häufig dabei war, dem neuen Glauben angeschlossen. Sie handelten nach den sogenannten *christlichen Grundsätzen* nur *im Herrn* zu heiraten. In der Wahrnehmung der Bibelforscher galt nur ihr Glaube als christlich und nur Angehörige ihres Glaubens waren *im Herrn.* Diese Haltung findet man in vielen christlich fundamental geprägten Gemeinschaften. 1931 wählte der Präsident Rutherford den Namen *Zeugen Jehovas* für den Teil der Glaubensgemeinschaft, der sich von den Anhängern Pastor Russels getrennt hatte. Doch landläufig nannte man sie nach wie vor die Bibelforscher.

Lisa arbeitete als Büglerin im Hotel Kronprinz. Nach der Hochzeit gab sie die Stelle auf. Sie wurde eine vorbildliche, *christliche Ehefrau*. Sie nahm sich ein Beispiel an ihrer Schwiegermutter und trat in den *Vollzeitpredigtdienstdienst*, damals *Kolporteurdienst* genannt, ein. 1932 erwartete sie ihr erstes Kind. Seine Geburt stürzte sie in tiefsten Seelenschmerz.

Der Geburtskanal war zu eng. Erbarmungslos war die Forderung, sich zu entscheiden: Entweder wir retten das Kind oder die Mutter. Vor eine solche Wahl sollte kein werdender Vater und liebender Ehemann gestellt werden. Nach innigen, flehentlichen Gebeten entschieden sich die Eltern dafür, das Kind für das

Leben der Mutter zu opfern. Sie vertrauten aus tiefstem Herzen darauf, dass sie ihr Baby, ein Junge, bald in der Auferstehung in die Arme schließen werden. Sie gaben ihm den Namen Joel, weil er Jehova ist Gott bedeutet. Das Traumaerlebnis der Totgeburt schlossen sie abgespalten in ihrem unbewussten Wissen ein. Was blieb, war die Hoffnung auf ein baldiges Wiedersehen im Paradies, an die sich beide klammerten. Sie stürzten sich mit Feuereifer in ihr Verkündigungswerk. Ein Bibelvers aus dem Matthäus Evangelium spornte sie zu übermenschlichem Eifer an. Er lautet: *Und dieses Evangelium des Reiches wird gepredigt werden, auf dem ganzen Erdkreis, allen Nationen zu einem Zeugnis, und dann wird das Ende kommen.* Sie waren überzeugt, dass sie das Kommen mit ihrem Fleiß beschleunigen. Wenn die Botschaft überall gepredigt war, würde Jesus seine Herrschaft antreten. Je fleißiger sie daran arbeiteten, desto schneller wäre das erreicht. Damit gelang es zeitweise, dem Schmerz zu entrinnen. Es existierte nur der Tunnelblick auf das nahe Ende. Die politische Entwicklung schien die Bestätigung ihrer Überzeugung, denn vor dem Ende sollte eine *große Drangsal* über die Menschen hereinbrechen. Die Berichte über die Weltereignisse schienen zu dem erwarteten *Zeichen der Zeit des Endes* zu passen. N*eues Licht* in der Lehre sorgte für neue Handlungsanweisungen, die zur Folge hatten, dass Jehovas Zeugen den Hitlergruß verweigerten. Sie erwarteten ausschließlich von ihrer himmlischen

Regierung das Heil. Fritz verweigerte den Dienst an der Waffe. Er folgte, im Gegensatz zu seinem Vater, der sich im Glauben an das alte Licht freiwillig zum Militärdienst gemeldet hatte, seinem Stellungsbefehl nicht.

Konzentrationslager

Damit war das Schicksal für Fritz besiegelt. Er war einer der Bibelforscher, die, mit dem lila Winkel gekennzeichnet, in ein KZ überstellt wurden. Fritz kam nach Sachsenhausen. Die Bibelforscherbewegung wurde verboten. Lisa hatte keinen Anspruch auf staatliche Unterstützung. Die kleine Gruppe der in Freiheit gebliebenen, rückte eng zusammen und half sich gegenseitig, so gut es ging. Sie beteiligte sich weiter im Untergrund an der *Verkündigung* der Rettung. Immer in dem Bewusstsein, falls ihr Einsatz entdeckt würde, drohte die Deportation in ein Konzentrationslager.

Im KZ Sachsenhausen waren die Bibelforscher in einer separaten Baracke untergebracht. Sie organisierten sich wie eine Versammlung, nach der gewohnten Hierarchie. Sie versuchten, Lagerinsassen zu missionieren. Ihr Glaube war ungebrochen. Sie wurden von der Verwaltung vor die Wahl gestellt: Wenn sie ihrem Glauben abschwuren, wurden sie entlassen. Andernfalls blieben sie in Haft. Nur wenige haben die Erklärung unterschrieben. Fritz leistete Frondienst in der Tischlerwerkstatt. Damit hatte er eine Schlüsselposition, die er heimlich nützte, um extrem geschwächten Mitbrüdern beizustehen. Leider wurde genau dieser Posten zu einer Glaubensprüfung für ihn. Nicht alle Inhaftierten hatten, angesichts extremer Bedrohung und Not, die Kraft zur selbstlosen Liebe. Einige, die die Gruppe anführten, zeigten sich in der Not selbstsüchtig.

Weil die Bibelforscher für ihre pazifistische Einstellung bekannt waren, vertrauten ihnen die KZ Wachen. Talentierte Häftlinge bekamen Sonderkommandos. Sie wurden von Funktionären eingeteilt, um Gärten zu gestalten, Frauen waren als Kindermädchen in Funktionärsfamilien eingesetzt oder wurden zu Hausarbeiten herangezogen. Einer der Auserwählten war Musiker. Er hatte zu jeder Tages- und Nachtzeit zur Unterhaltung des Wach-Personals zur Verfügung zu stehen. Dafür erhielt er hin und wieder Sonderrationen Brot. Er war nicht bereit, sein Leben zu riskieren, um ein Stück Brot mit einem geschwächten Mitbruder zu teilen. Es gab sogar das Gerücht, dass er ein Verräter war. Angeblich waren nicht nur die beiden Bezirksdiener von Schlesien, Opfer seines Verrates. Andererseits hatte der Musiker die Hymne des Sieges für sie komponiert. Der Text war der Hoffnungsanker für Fritz. Bei Schikanen, die er erduldete, begleitete ihn dieses.

Siegeslied:
Fest und entschlossen in dieser letzten Zeit,
es sollte ja sehr bald zu Ende sein.
Steh'n Gottes Gesandte, zum Streit für ihn bereit.
Fritz rechnete es sich zur Ehre an, ein Gesandter Gottes zu sein.
Er lehrte sie kämpfen und siegen.
Für ihn zählte nur das Wort siegen.
Furchtlos, wenn Satans Verschwörung viele eint, im Glauben an Gott zieh'n entgegen sie dem Feind.
Ungezählte Male überwand er mit diesem Text die Furcht vor der Folter oder Schikane, die ihm bevorstand.
Trotz Drohung wird er unterliegen.
Fritz glaubte felsenfest an diese Zusicherung.
Drum vorwärts, ihr Zeugen, stärket euren Mut, und freut euch, zu tragen des Kampfes Last und Glut;
Die Durchhalteparole dieses Refrains verhinderte oft, dass Fritz resigniert aufgab,
denn Anteil zu haben an Gottes Krieg ist gut, bevor er den Satan vernichtet.
Die Bibelforscher trugen den lila Winkel wegen der Verweigerung des Kriegsdienstes aus Gewissensgründen. Dieses Kampflied kennzeichnete sie eindeutig als Krieger und Soldaten. Sie gehorchten aber einem anderen Oberbefehlshaber.
Ihr Zeugen, so predigt denn, mutig gehet vor! Bringt allen die Botschaft, die haben ein Ohr. Die Zeichen erklärt, dass die Neue Welt vorm Tor und die Theokratie ist errichtet.

Das war unmissverständlich die Anweisung, weitere Untertanen für die Theokratie einzusammeln. Die Theokratie war für Fritz real existierend. Sie war eine Regierung innerhalb der Regierung und für ihn stand fest, dass es ein weltumspannendes Reich ist.

Fritz behielt seinen Seelenfrieden, weil er die Versäumnisse Einzelner als Glaubensprüfung für alle angenommen hatte. Es war Selbstschutz, mit dem er die Dissonanz seiner Gefühle in Konsonanz brachte. Seine feste Überzeugung war, dass Jehova in dem nahe bevorstehenden Gericht das Urteil darüber sprechen würde. Dennoch desillusionierten ihn die Jahre in Sachsenhausen. Vielfältiges, menschliches Versagen zerstörten nach und nach alle Illusionen, Hoffnungen und Träume. Das veränderte seine Weltsicht. Fritz wurde von dem naiv gläubigen Eiferer zu einem harten, verschossenen Solitär. Den unerschütterlichen, bedingungslosen Glauben an das Gute in den Reihen der Zeugen Jehovas hatte er verloren. Er war den Monstern der Entwürdigung begegnet, die lauten: Ignoranz, Gewalt, Erniedrigung, Habgier, Verrat, und Ausgrenzung.

Eine wichtige Frage kommt in Josuas Sinn auf: Für wen hatten die Bibelforscher, im guten Glauben, ihr Leben riskiert? Für wen hatten die Soldaten im Krieg auf beiden Seiten ihr Leben riskiert? Die Befreiten in den Konzentrationslagern dankten ihren Befreiern. Fremde Soldaten hatten ihr Leben dafür eingesetzt, das Leben dieser Ärmsten, Verfolgten zu retten. Doch warum war dieser Einsatz nötig? Welches Motiv steckte hinter der Kriegstreiberei? Wer profitierte davon oder erhoffte sich, davon zu profitieren? War Krieg jemals die Lösung der Probleme?

Ein Sprichwort sagt: Vor dem Schießen kommt immer das Zielen.

Josua sah in diesem Moment die Macht- und Profitgier mächtiger Drahtzieher. Den Preis dieser Gier zahlten die Menschen millionenfach mit ihrem Leben, ihrer Gesundheit und ihren Habseligkeiten. Mit großem Interesse verfolgte Josua, wie sich die Geschichte weiter entwickelte.

Die Hölle KZ hatte Fritz, abgemagert bis zum Skelett, überlebt. In den ersten Wochen in Freiheit vertrug er fast nur Ziegenmilch, die Lisa bei einer freundlichen Bauernfamilie besorgte. Kaum hatte er sich ein wenig erholt, traf sie die nächste Katastrophe. Die Siegermächte befahlen, die Deutschen aus Schlesien zu deportieren. Fritz und Lisa landeten mit einem Flüchtlingstransport in Wiesbaden, in Westdeutschland. Sie schlossen sich der Gruppe der Zeugen Jehovas an, die die Verbotszeit im Untergrund überstanden hatte. Weitere Überlebende aus den KZs kamen dazu. Der Präsident der Wachtturm Gesellschaft, verlegte das Zweigbüro für den deutschen Zweig nach Wiesbaden.

Der neue Leiter des deutschen Zweiges wurde der Musiker aus dem KZ Sachsenhausen. Fritz wunderte sich darüber. Doch aufkommende Zweifel verdrängte er sofort. Die Gedankenstopptechnik setzte augenblicklich ein. Nur gute Gedanken sind zur Erbauung zugelassen. Für Fritz galt lapidar die standardisierte Meinung: Das Königreich wird auch dieses Problem lösen. Er nahm die wartende Haltung ein, dass sich bald alle Verheißungen erfüllen werden. Auf seinen Eifer für den *Predigtdienst* wirkte das allerdings wie eine Schaumbremse. Er wurde nicht untätig. Zusammen mit Lisa besuchte er regelmäßig alle Treffen. Das *Buchstudium,* die *Versammlungen*, an jedem Wochenende die *Treffpunkte* für das *Missionieren*. Am Samstag verbreiteten sie die Zeitschriften auf den Straßen. Am Sonntag gingen sie in den *Dienst von Haus zu Haus* oder tätigten die *Nachbesuche und Heimbibelstudien*. Das bedeutete: Woche für Woche, zweiundfünfzig mal im Jahr, mindestens fünfzehn Stunden, die Glaubenssätze von der *Zeit des Endes*, von *Satan, dem brüllenden Löwen*, den man besiegen muss, von der *Hoffnung auf eine Auferstehung* im *Paradies* und dem drohenden Krieg von *Harmageddon* in sich aufnehmen und dann in der Öffentlichkeit zu verbreiten.

Unbewusst war Fritz durch die widersprüchlichen Nachrichten und Ereignisse in einem Dilemma doppelt gebunden. Egal wie er sich entschied, er fühlte sich schuldig oder im Unrecht. Zweifelte er am baldigen Ende, war aller Einsatz wertlos. Mit dieser Vorstellung zerfiel sein Weltbild in tausend Scherben. Vor allem verlor er die Hoffnung, seinen Sohn Joel bald in die Arme nehmen zu können. Hielt er an dem Glauben fest, konnte man den Beweis an seinem Eifer ablesen. Das hieß, die nagenden Zweifel mit aller Macht konsequent bekämpfen. Mehr und mehr widersprüchliche Botschaften stellten ihn vor eine unlösbare Aufgabe. So blieb ihm scheinbar keine andere Wahl, als fatalistisch die Lösung mit dem Slogan: Das Königreich löst auch dieses Problem, auf später zu vertagen.

Jetzt erkannte Josua den Menschenbaum Fritz. Er hatte Merkmale des Olivenbaumes. Da ist es plausibel, dass er mit der außergewöhnlichen Energie das Konzentrationslager überstanden hat. Sein ausgeglichenes Wesen, seine innere Ruhe wirken auf seine Umgebung heilend wie besänftigendes Öl. Viel zu überdimensioniert war der dunkle Wurzelbereich mit den verdrängten Erinnerungen.

Thomas à Kempis sagt: Man muss vieles, das unser Ohr trifft, nicht hören. Als wäre man taub. Dafür aber Sinn und Verstand auf das richten, was dem Herzen Frieden bringt.

Das war der Weg, wie Fritz zu kognitiver Konsonanz bei all den zwiespältigen Gefühlen gefunden hatte. Verstrickt in einem diktatorischen System der

Gedankenkontrolle, fand er keine individuelle Freiheit. Er war gezwungen, eine gruppenkonforme Haltung einzunehmen. Ihm war die Chance verwehrt, mit seiner naturgegebenen, charismatischen Ausstrahlung einen positiven Einfluss auf seine Umwelt auszuüben. Er hatte sich in der Regelwelt verloren. Das war weder Fritz noch Ida bewusst. Für sie war es Normalität. Sie haben sich angepasst und funktionierten regelkonform. Sie hinterfragten das System nicht.

Ich habe ebenfalls nie hinterfragt, konstatierte Josua.

Sich im Leben einrichten.

Fritz und Lisa weigerten sich, mit wechselnden Partnern zum Missionieren von Haus zu Haus zu gehen. In den hunderten Stunden, die sie sich Jahr für Jahr in der Glaubensarbeit einsetzten, waren sie unzertrennlich. Im Zeichen des Olivenbaums Geborene, sind auf ihre Partner treu und zuverlässig fixiert. Für den *Vollzeitdienst* stellten sie sich jedoch nicht mehr zur Verfügung.

1949 kam die Währungsreform und die Lebensmittelmarken gehörten der Vergangenheit an. Fritz begann als Zimmermann in einer Bautischlerei zu arbeiten. Lisa übernahm die Pflichten der christlichen Hausfrau. Sie orientierte sich an der angeblich gottgewollten Rolle, die der Apostel Paulus den Frauen zuwies: Keusch ihre häuslichen Pflichten erledigen, den Ehemann lieben und ihm unterwürfig sein, die Kinder in der Zucht Gottes zu Gehorsam erziehen, und so weiter. Der Handlungsspielraum lag, in der von Männern dominierten Ordnung, nicht in ihren eigenen Händen. Im christlichen Fundamentalismus ist es die anerkannte Norm, den Frauen die untergeordnete Rolle zuzuweisen. Die Emanzipation der Frauen war in weiter Ferne. Die Wachtturmdoktrin enthält eine subtile Form des positiven Sexismus. Frauen seien den Männern gleichgestellt, heißt es da. Sie hätten nur andere Aufgaben von Gott übertragen bekommen, erklärte man ihnen. Es wurde Verständnis dafür gezeigt, wenn es einer Frau schwer fiel, ihren Mann als Haupt zu respektieren, falls er seine Macht in grober Weise missbrauchte. Trotzdem – und hier steckte der Teufel im Detail des Konjunktivs – würde eine *christliche* Ehefrau, die ihr von Gott zugewiesene Rolle demütig anerkennen. Die Wahlmöglichkeit einer Ehefrau wird auf entweder/oder reduziert. Darüber, dass nur die Zeugen Jehovas wahre Christen sind, bestand kein Zweifel. So schien es, dass sich eine Frau freiwillig dem christlichen Erfordernis unterordnete und den Mann als Haupt anerkannte.

Lisa wurde erneut schwanger. Das Ehepaar und der Gynäkologe bereiteten sich auf die Risikogeburt vor. So erblickte ein gesunder Junge durch Kaiserschnitt das Licht der Welt. Folgerichtig bekam er den Namen

Samuel, was von Gott erhört bedeutet. Die kleine Familie richtete sich in der Zeit des wirtschaftlichen Aufschwungs ein. Alle materiellen Errungenschaften dienten den *Interessen des Königreiches*. Sie wähnten sich als Untertanen der himmlischen Theokratie. Sie lebten für die Überzeugung, *in der Wahrheit* zu sein. Diese Einteilung in wir, die Gläubigen und die Anderen, die Ungläubigen, ist der Nährboden, auf dem die faschistoide Überzeugung gedeiht, dass Morde oder jede Art der physischen und psychischen Folter Andersdenkender, mit dem Willen Gottes zu rechtfertigen wäre. Die menschliche Gier nach Macht, die dahinter steht, bleibt verborgen.

Samuel wurde wegen seiner Religionsvorschriften in der Schule ausgegrenzt. Für jeden Schüler ist das eine emotionale Belastung. Isolation ist psychische Folter. Das Trauma wurde verstärkt durch einen Lehrer, der die Haltung der Zeugen Jehovas staatsfeindlich nannte, weil sie keinerlei Beteiligung an staatsbürgerlichen Pflichten erlaubten. Samuel konnte sich nicht zum Klassensprecher wählen lassen und durfte auch nicht an der Wahl teilnehmen. Die Freundschaft mit der Welt war Samuel verboten. Die *Welt* war alles, was nicht zu den Zeugen Jehovas zählte und das war böse, weil es nach seinem Glauben unter der Macht des Teufels stand. So suchte er vergeblich nach Wärme, Zuwendung und Liebe. Er fühlte sich bei seinen Eltern wie die zweite Wahl, der Ersatz. Samuel interpretierte die unüberwindliche

Distanz zu den Gefühlen seiner Eltern mit diesem Glaubenssatz. Die erste Wahl schien, nach seiner Schlussfolgerung, sein nicht lebend geborener Bruder Joel. Er war eifersüchtig auf ihn, wegen der Art, wie von diesem gesprochen wurde. Er ahnte nichts von der abgespaltenen Traumaerfahrung seiner Eltern, die zu dieser Sprachlosigkeit geführt hatte. Sie schlummerte ja im Dunkel der Seele. Weil es zu schmerzhaft war, über das Opfer sein zu reden, blieb das Schweigen. Die Gefühle waren verbannt. Die Wut, die sonst so übermächtig wäre, dass man Amok laufen könnte, die Scham, die Verzweiflung wegen der Isolation, das Überleben wurde nur möglich durch abspalten und verdrängen. So konnten sie sich selbst vorspielen, dass alles in Ordnung sei. Die Realität ihres Traumas führte zur Illusion, dass sie selbst frei sind von traumatischen Erfahrungen. Sie redeten nicht über die Vergangenheit. Sie verhielten sich wie alle Opfer, die an das Leugnen als Lösung glaubten. Die Erfahrungen prägten in Samuel den Glaubenssatz: Durch Leistung in der Versammlung verdiene ich mir die Anerkennung.

Ein Sprichwort aus Kenia sagt: Die Menschen zählen nicht, was ihnen gegeben wird, sondern das was ihnen vorenthalten wird.

Samuels Grundbedürfnis nach Wärme und Liebe wurde ignoriert und ihm vorenthalten. Seine Eltern zeigten Gefühle wie ein Eisschrank. Er vermisste die Wärme.

Josua verstand Samuels Dilemma. Die Erkenntnis, dass Gefühle in einem diktatorischen System bewusst abtrainiert werden, verblüffte ihn jedoch. Seine energetische Begleitung erklärte ihm: „Dies trifft auf alle Systeme zu, die Menschen als nützliches Material verwerten. Im kommerziellen System ist Leistung die oberste Maxime für Erfolg. Der Beste macht die Karriere. Wer den besten Umsatz hat, bekommt den Posten. Schon im Kindergarten trainierte man den Kampf um den Sieg mit Spielen, die immer einen Sieger und einen Verlierer produzierten. Im Sport wird der beste bejubelt. In der Schule bekommt der Beste die Auszeichnung. Der wertende Vergleich ist die Normalität".

Der Glaubenssatz: Ich muss der Beste sein, um geliebt zu werden, ist der häufigste Zirkelschluss in menschlichen Beziehungen. Da bin ich keine Ausnahme, ist Josuas Schlussfolgerung aus seiner eigenen Wahrnehmung. Das System der Zeugen Jehovas konditioniert die Beherrschung der Gefühle durch Gehorsam. Selbst beim Tod eines Angehörigen sollte keine übermäßige Trauer zugelassen werden. Ich habe mich unterworfen. Ich glaubte trauern, beweist Mangel an Glauben und zu wenig Hoffnung auf die Auferstehung. Ich beherrschte meine Gefühle indem ich sie verleugnete oder sogar verurteilte. Wieso begriff ich nicht, dass ich selbst gefühlsmäßig abgestumpft bin? Das ließ zu, dass ich mich im Hamsterrad der Anforderungen emotionslos abstrampelte, um mein Bestes zu geben.

Die Kultur des Schweigens.

Da ging es mir bisher genau wie Samuel, dachte Josua, aus der Perspektive der Matrix. Fragen nach der Vergangenheit waren in meiner, wie in Samuels Familie, tabu.

Die Mehrzahl, der von traumatischen Erfahrungen betroffenen Familien, sei es als Opfer oder als Täter, pflegt die Kultur des Schweigens. Wenn geredet wird, dann nur über die Heldentaten. Unangenehme Erinnerungen werden umgedeutet. Im Grunde ist das verständlich. Es ist angenehmer, sich ein Ereignis schönzureden, als sich an die grausame Wirklichkeit zu erinnern. Dann lieber Flucht in das Vergessen. Wie der Vogel Strauß, den Kopf in den Sand stecken.

Fritz wurde in der Versammlung immer wieder auf seine Zeit im KZ angesprochen. Manche fragten aus Hochachtung oder Mitgefühl, Andere aus Sensationsgier. Er erstickte jedes Gespräch im Keim mit einsilbigen Antworten. Der Lebensbericht des Musikers, über seine KZ Erlebnisse, erschien im Wachtturm. Fritz kommentierte den Artikel mit der lakonischen Bemerkung: „Ich habe nie beobachtet, dass er einem Mitgefangenen einen Bissen Brot abgegeben hat".

Samuel larvierte sich durch paradoxe Lebensbotschaften. Einerseits hatte er die Rolle des in der *christlichen Freiheit der Söhne Gottes* geborenen. Das gebot ihm, gegenüber Andersgläubigen ohne Gnade zu sein und nach den eigenen Dogmen und Werten gewissenhaft zu leben, um die eigene Rettung zu sichern. Er hatte es nie gewagt, diese Freiheit offen als Knechtschaft zu bezeichnen, was ihm andererseits sein Bauchgefühl signalisierte. Er litt unter unbewusstem Druck, sich ständig verausgaben zu müssen. Folgerichtig brachte ihm seine gewissenhafte Pflichterfüllung die erhoffte Anerkennung und Verantwortung schon in jungen Jahren.

Das Wort *Liebe* bedeutet nach der Lehre seiner Wahrheit eine Gabe Gottes, die jeder bekommt, der mit seinen Werken Loyalität beweist. Liebe muss verdient werden. Er hat nie erfahren, dass Liebe bedingungslos ist.

„Ich hatte ebenfalls nie eine andere Vorstellung von Liebe", bestätigte Josua.

Viel zu jung heirateten Samuel und Tabitha, die Tochter des Versammlungsdieners. Sie waren verliebt und darauf bedacht, keusch in die Ehe zu gehen. Das Wort Liebe konnten beide nur denken, nicht fühlen. Die echten Gefühle waren hinter dicken, hohen, unsichtbaren Mauern verrammelt und verriegelt. Es ist ein großer Unterschied, ob man ein Wort mit dem Verstand, der Ratio erfasst, oder ob man bis tief in seinem Inneren fühlt. Die Liebe, die in einem Kult gelebt und definiert ist, könnte man als eine kastrierte Form der Liebe bezeichnen. Es ist, als würde man die Schönheit eines Bildes mit der Qualität der verwendeten Farben beweisen wollen.

Samuel und Tabitha fügten sich in ihre vorgeschriebenen Rollen. Es gab keinen Zweifel daran, wer der Herr im Hause war und wer zu gehorchen und zu dienen hatte. Religion ist von Menschen ausgedacht um die unterschiedlichen Fragen zum Leben unterschiedlich zu beantworten. Bei der Erfindung des Monotheismus wurden die Begriffe gut und böse instrumentalisiert. Jede religiöse Diktatur behauptete von sich, die absolute Wahrheit zu verbreiten. Nicht die Anhänger, Mitglieder oder Menschen standen im Mittelpunkt des Interesses. Es ging um die Interessen der Leitenden. Es ging um Macht und Vorherrschaft.

Josua sah keinen Unterschied zu politisch motivierter Unterwerfung in Diktaturen. Sie forderten Gehorsam, selbst bis in den Tod, genau wie diese religiös kolorierten Gewaltherrschaften. Die Untertanen betrachtete man wie Verbrauchsware, die das Kapital der Mächtigen vermehrte.

Samuel und Tabitha bekamen eine Tochter, Esther, ihr einziges Kind, im Zeichen des Zürgelbaumes geboren. Sie wurde nach den sogenannten biblischen

Grundsätzen streng erzogen. Samuel und Tabitha nahmen die Erziehung in allen Anforderungen der Religionsdoktrin gewissenhaft wahr. Das bedeutete, dass sie die natürlichen Gaben ihrer Tochter, zum Beispiel ihre starke Persönlichkeit mit der Lust auf Abenteuer, konsequent unterdrückten. Esther hatte Glück, dass sie die Gabe hatte, flexibel und anpassungsfähig zu sein. Ihre perfekten Zeugen Jehova Eltern erzogen sie zu einer perfekten Zeugen Jehova Tochter. Schon das Baby musste gehorchen lernen. Zu seiner Lektion gehörte es, in den Zusammenkünften, zwei Stunden still zu sein. Immer, wenn es weinte oder unruhig war, wurde es dafür mit Schlägen bestraft. Bald war sein natürlicher Wille gebrochen und der Bewegungsdrang gehemmt. Um der Rute der Zucht zu entgehen, die die Eltern als Ausdruck der Liebe, konsequent einsetzten, lernte Esther absolut zu gehorchen. Sie handelte angepasst und willenlos. Im Alter von fünf Jahren erfand sie eine Technik, in ihre eigene Welt zu schlüpfen. Sie erzählte ihrer imaginären Freundin Sibille ihren Kummer oder überbrückte Langeweile mit phantasievollen Spielen fern der Wirklichkeit. Ihr eigenes Bedürfnis, wahrgenommen zu werden, befriedigte sie mit Perfektion, für die ihr etwas Lob sicher war. Die Eltern hatten den Anspruch, die Besten in ihrer Gemeinde zu sein. Sie waren Maßstab und Vorbilder in allem. In dem System, das nur angepasste Untertanen duldete, befriedigte das ihr Grund-Bedürfnis nach sozialer Bindung.

Esthers Ehe

Irgendwann funktionierte die imaginäre Freundschaft mit Sibille nicht mehr. Mit siebzehn träumte sie davon, sich ein eigenes Heim einzurichten. Sie malte sich ihren Traumpartner aus und stellte sich vor, wie sie mit ihm auf Wolke sieben schwebte. Sie lernte Hans Dorner, aus der Nachbarversammlung, kennen. Seine Mutter schloss sich den Zeugen Jehova an, als der Junge vier Jahre alt war. Sie fand Halt in der Religion. Der Ehemann, ein Alkoholiker, terrorisierte Mutter und Kind. Beide wurden häufig geschlagen. Die Ehefrau ertrug es in der Kraft des Glaubens. Die Ältesten schärften ihr ein, Gewalt in der Ehe sei kein Scheidungsgrund. Sie solle ihren Ehemann nicht zum Zorn reizen. Die Frauen seien den Männern untertan, damit sie ohne ein Wort gewonnen werden und den Kindern der Segen Gottes sicher sei. Für Hans war häusliche Gewalt die Normalität. Sein Vater verstarb an Leberzirrhose. Mutter litt an schwerer Depression. Hans war ein begnadeter Blender. In frühester Kindheit hatte er gelernt, traumatische Erlebnisse abzuspalten und in dem Dunkel des Verdrängens zu speichern. So gelang es ihm, vor sich selbst und vor Anderen den Schein zu wahren, dass alles in bester Ordnung sei. Mit seinem Charme umgarnte er Esther. Die Tochter eines Ältesten sollte seinem Ansehen den erwünschten sozialen Aufstieg bescheren. Julia war Trauzeugin, als Esther sich, viel zu jung, in die Ehe mit Hans stürzte.

Esther erhoffte sich mehr Freiheit. Sie sehnte sich nach wärmender Liebe. Die Vorstellung, sich ein eigenes Nest mit einer eigenen Familie zu bauen war die romantische Verlockung.

Der Traum vom Glück zerplatze schon in den Flitterwochen. Ihr Ehemann Hans kannte seine Rechte als ehelicher Besitzer. Im Spiegel seines Vater-Vorbildes hatte er nicht gelernt, wie Menschen mit Respekt behandelt werden. Folglich drängte er mit Gewalt darauf, dass Esther sich dem Gesetz des Ehemannes beugte. Anstelle von mehr Freiheit fand sich Esther in einem engen Korsett an Überwachung und Machtmissbrauch wieder.

Hans hatte eine sadistische Freude daran, seine Frau zu demütigen. Er demonstrierte seinen Machtanspruch mit subtilem Psychoterror. Wenn er in entsprechender Stimmung war, bestand er darauf, dass Esther mit ihm zusammen aus einer Schüssel aß, weil das früher in allen Familien so der Brauch war. Er würzte dann die Suppe nach seinem Geschmack. Scharf und salzig. Esther grauste sich davor. Er zwang sie dazu, das zu essen.

Hans hatte von seinen Eltern nur Streit erlebt. Er wusste nicht, wie man in Frieden lebt.

Verzweifelt suchte Esther Hilfe bei Ältesten ihrer Versammlung. Vergeblich. Die Regeln begünstigten ihren Ehemann: die Frauen seien verpflichtet, ihren Männern untertan zu sein. Für die körperliche Gewalt hatte Esther keine Zeugen. Die biblische Forderung bestand darin, eine Anklage nur dann anzuhören, wenn es dafür zwei Zeugen gab. Ihr Mann leugnete. Er war ein Paradebeispiel dafür, wie pathologisch narzisstische Menschen, ihre Umgebung manipulieren. Sie haben zwei Gesichter. Sie sind intelligent, jovial, wirken empathisch und genießen darum im Freundeskreis Vertrauen und Anerkennung.

Esther erlebte die brutale Kehrseite der Medaille. Sie schämte sich, mit irgendjemanden darüber zu sprechen. Der kaum verhehlte Unglaube ihrer Zuhörer verletzte sie. Sie fühlte sich schuldig, weil sie den wahren Charakter von Hans nicht rechtzeitig erkannt hatte. In der Versammlung zeigte er Einsatzeifer. In Gegenwart von Freunden oder der Familie gab er sich liebevoll. Ohne zwei Zeugen für ihr Martyrium, war an eine Anklage vor dem Tribunal nicht zu denken. Esther wurde sogar verpflichtet zu schweigen, ansonsten bestünde der Verdacht auf üble Nachrede und das wäre ein Grund sie zurechtzuweisen. Der Frieden in der Versammlung hatte unter allen Umständen den Vorrang.

Zwei quälende Jahre hielt Esther ihre Tortur aus. Dann trennte sie sich von ihrem Mann. Sie flüchtete zunächst in ein Frauenhaus und reichte später die Scheidung ein. Dass sie als Jugendliche ihre Begabung für Bildung und Karriere unterdrücken musste, um sie dem Werbedienst für den Glauben zu opfern, rächte sich jetzt.

Julia war in jenen schweren Monaten für Esther die einzige treue Freundin und Trösterin. Obwohl ihr

Esther nur wenig von ihrem Horror erzählte, hatte sie doch Mitgefühl. Es fiel ihr leicht, Hans und sein Verhalten, mit dem Männerbild abzugleichen, das ihr von der eigenen Mutter vermittelt wurde.

Ester wurde die Gemeinschaft der Versammlung entzogen und damit das Band der Freundschaft zwischen ihnen weisungsgemäß zerrissen. Die Trennung, die die Ordensregel vorschrieb, bedeutete für beide Frauen gleichermaßen ein Verlusttrauma. Sie reagierten mit verschiedenen posttraumatischen Belastungsstörungen. Esther fiel in tiefe Depression. Sie hatte panische Angst, ihre Wohnung zu verlassen. Sie hatte Suizidgedanken, vernachlässigte sich. Das Frauenhaus war ihre Lebensrettung, weil sie dort nicht allein gelassen wurde. Mit Einfühlungsvermögen und Geduld erreichte die Psychologin, dass Esther in eine Therapie einwilligte. Sie schaffte es, eine neue Perspektive der Betrachtung ihres Schicksals zu entwickeln. Sogar die Eingliederung in das Berufsleben gelang ihr. Ihr früherer Arbeitgeber bei der Tankstelle, stellte sie wieder ein.

Julia hielt es damals nicht aus, die Not ihrer Freundin zu sehen und ihr nicht beistehen zu dürfen. Das war der Zeitpunkt, an dem sie sich für die Versetzung in ein Gebiet bewarb, in dem mehr Prediger benötigt wurden. Sie wurde nach Kassel gesandt, die Stadt in der sie seit fünf Jahren wohnte.

Josua lernt die Generationenverstrickung kennen.

Josua verstand den Sinn der Botschaft. Die Biographien von Julia und Esther erzählen mir, dass sie in einer symbiotischen Verstrickung mit Generationen ihrer Vorfahren sind. Jede Generation gibt ihre Erfahrungen und Werte an die Kinder weiter. In eine Sektenfalle zu tappen ist eine der möglichen Gefahren. Wie trifft das auf mich zu? Ich fühle überraschende Parallelen.

Die augenblickliche Antwort sind Bilder. Er beobachtet in einem Gebäude aus dem 17. Jahrhundert einen jungen Mann, der gebeugt auf einem Hocker sitzt. Zwischen seinen Knien hält er einen alten Stiefel, den er neu besohlt. Das Ambiente ist ärmlich, ein winziger Raum mit Schusterwerkzeug und Leisten an den Wänden. Die Werkstatt ist in dem Nebengebäude eines Gasthauses, vor den Toren Pilsens, im Sudetenland. Er sieht den Stammtisch des Ortsvereins der SPD in der großen Gaststube. Hier verkehren Männer mit dem Mut zu einer eigenen Meinung, denkt Josua. Wilhelm Ablassmeier, der Schuster lernt hier die Kellnerin Anna kennen.

Sie eroberte sein Herz im Sturm mit ihrer drallen Schönheit und ihrem beherzten Auftreten. Die Arbeit schien für sie, der Tochter eines Steinmetzes, Spaß an der Freude zu sein. Das bestätigte sie mit Singen und Tanzen, Lachen und Scherzen. Wilhelm warb mit Erfolg um ihre Gunst. Sie gab ihm ihr Jawort und Anna setzte ihre Tatkraft für den gemeinsamen Hausstand ein. Wilhelm war ein gefragter Handwerker. Die Sorge um unbezahlte Rechnungen überließ er gerne seiner jungen Frau. Allzu bereitwillig gab er seinen Kunden Zahlungsaufschub. Anna hatte dann die undankbare Aufgabe, die Außenstände einzutreiben, wenn sie Geld für das Lebensnotwendige brauchte. Mit Nachdruck machte sie Wilhelm klar, dass hier der Spaß an der Freude endete. Die politische Lage wurde bedrohlich. Hitler war an der Macht und die SPD eine unerwünschte Partei. Anna drängte ihren Mann, Mitglied der NSDAP zu werden. Damit zog sie sich den Unwillen ihres Schwiegervaters und ihres Schwagers zu. Es gab heftige Auseinandersetzungen um die unterschiedlichen politischen Meinungen.

Annas Schwangerschaft gab für Wilhelm den Ausschlag. Er bewarb sich für eine staatliche Anstellung. Diese war nicht ohne bedingungslose Anpassung zu bekommen. Wilhelm passte sich an. Er wurde ein aktives Parteimitglied der NSDAP. Sein Gehirn passte sich ebenfalls an. Er veränderte sich unter der Art der Indoktrinierung. Er wurde Teil des neuen Gruppenhabitus Nationalsozialismus. So konnte er das elementare Bedürfnis, nach Bindung und Zugehörigkeit, als anerkanntes Mitglied der Partei, befriedigen. Er unterwarf sich dem Zwang, der den neuen Rahmen, die Begrenzung oder Leitlinie für sein Handeln und die Teilnahme an den politisch motivieren Ritualen bildete. Zugehörigkeit und Anerkennung des Regimes war in diesem System nur mit totaler Anpassung und kritiklosem Gehorsam zu bekommen. Hakenkreuz und Hitlergruß symbolisierten das WIR und vermittelten, in Verbindung mit den Aufmärschen und protzigen Paraden, das Gefühl der Unbesiegbarkeit. Wilhelm Ablassmeier wurde Beamter bei der Reichsbahn. Sein erstgeborener Sohn bekam folgerichtig den Namen Adolf.

Der Beamte Ablassmeier war stolzer Vater weil seine deutsche Frau, ihre Aufgabe erfüllt hatte. Sie übernahm damit die Pflicht, ihr erstes Kind gewissenhaft nach den Vorgaben des Ratgebers von Frau Dr. Johanna Haarer zu erziehen. Dagegen bäumten sich Annas mütterliche Impulse gelegentlich auf. Ihr Baumzeichen Ahorn, stand gegen Einförmigkeit. Sie war Individualistin, zielstrebig und ehrgeizig. Leider duldete das NS System keine Abweichungen von den Vorschriften. Einer Mutter, die das Baby mit sanften Worten oder Zärtlichkeit beruhigte, wurde vorgeworfen es zu verhätscheln. Ein verweichlichtes Muttersöhnchen war ein unbrauchbarer Soldat. Der Führer forderte Männer für seine Truppen. Die hatten ‚hart wie Kruppstahl' zu sein. Anna protestierte: „Das ist doch Dressur". Es war vergeblich. Fatalerweise bedienten die rigiden Anleitungen der Dr. Haarer das elementare Bedürfnis der Herrschenden. Es war die ausgeklügelte Fortschreibung des Gehorsamsdiktats der preußischen Tugenden, und dem religiösen Gebot, die Rute der Zucht, zum Beweis der Liebe, ausgiebig zu gebrauchen. Die Ursache für die spätere

Unauffälligkeit der Erwachsenen. Sie waren gedrillt, sich selbst nicht wichtig zu nehmen. Sogar ein Baby hatte kein Recht auf Bedürfnisse. Schreien und weinen galt als Kampfansage, nicht als Hilferuf.

Das Baby Adolf teilte das Schicksal Hunderttausender Kinder, die in ein totalitäres System hineingeboren wurden und frühzeitig aufhörten, für ihre Bedürfnisse zu kämpfen. Sie lernten beizeiten, dass es sich nicht lohnt. Damit entwickelte sich der Glaubenssatz, unwert zu sein, nicht beachtet zu werden. Wer angepasst und möglichst unsichtbar, unhörbar, brav war, entging strenger Bestrafung. Glaubenssätze sind die Programmiersprache der Seele. Sie werden in den ersten frühkindlichen Jahren gebildet. Sie sind im Unterbewussten gespeichert. Selbst die Erwachsenen sind unbewusst getriebene von ihren wirkmächtigen Glaubenssätzen aus diesem Speicher.

Anna erfüllte die äußeren Merkmale der idealen deutschen Frau. Von ihr wurde erwartet, dass sie dem ‚Führer' weiteren Nachwuchs mit gesundem Erbgut produzierte. Sie erfüllte die Bedingungen der Gesetze zur Verhütung erbkranken Nachwuchses, zum Schutz des deutschen Blutes, der deutschen Ehre und das Ehegesundheitsgesetzes. Trotzdem weigerte sie sich, die Gebärmaschine des ‚Führers' zu werden. Wilhelms Weltbild für Männlichkeit und Liebe war simpel. Ein Mann ist ein Mann, wenn er potent ist und kann. Das es demütigend für eine Frau war, kam ihm nicht in den Sinn.

Er liebte seine Frau, wenn er sie sexuell begehrte. Je häufiger, desto eindeutiger war, nach seiner Meinung, der Beweis. Anna wünschte sich dagegen, als Frau und Mensch mit Bedürfnissen wahrgenommen zu werden. Sie assoziierte Liebe mit gegenseitigem Respekt, Wärme, Zärtlichkeit und geborgen sein in seinen Armen. Sie verweigert sich, weil sie nicht sein Eigentum sein wollte, das jederzeit verfügbar war. Wutentbrannt warf sie Wilhelm, bei einem Annäherungsversuch, einmal einen Blumentopf an den Kopf, weil er ihn in bester Laune mit dem Spruch: „Mädel mach die Beine breit, der Hitler braucht Soldaten", einleitete.

Es half nichts. Anna und Wilhelm konnten nicht aus der extremistischen Entwicklung ihrer Zeit ausscheren. Sie waren Gefangene der neuen Ideologie. Die Demagogen des politischen Systems installierten einen diktatorischen Gruppenhabitus. Jedes Glied dieses Gruppenkörpers war gezwungen die Anforderungen zu erfüllen, die der entsprechenden Position zugewiesen waren. Der Anspruch war Anpassung, Selbstverleugnung, Gehorsam. Das Gegenteil von Freiheit dokumentierte der Ausruf: „Melde gehorsamst". Die erklärte Absicht war, den Zugang zu den ureigensten individuellen Instinkten und Bedürfnissen zu unterbinden. Das funktioniert teilweise. Man kann die Menschen verbiegen, so wie man befehlen oder trainieren kann, auf den Händen zu laufen. Doch davon werden Hände keine Füße. Die ursprüngliche Ordnung ist dann unterdrückt, aber nicht ausgelöscht. Man kann einem Menschen die neue Persönlichkeit überstülpen, doch das wahre ICH darunter, bleibt verborgen und unangetastet.

Dem Parteimitglied und Bahnbeamten Wilhelm Ablassmeier gelang die Unterordnung besser als seiner, zur Eigenwilligkeit neigenden, Ehefrau. Er hatte Empathie und den Wunsch nach Selbstbestimmung auf Eis gelegt.

Trotzdem war Anna dem sozialen Druck ausgeliefert. Sie hatte gegen das Frauenbild jener Zeit keine Chance zur individuellen Entfaltung. Ihren zweiten Sohn gebar sie im September 1938. Bei seinem Anblick entfuhr der Hebamme ein Ausruf des Entsetzens. „Was ist los? Ist etwas mit dem Kind"? Rief Anna besorgt. Wortlos legte sie ihr das Kind in den Arm und Anna fuhr der Schrecken in alle Glieder. Der Junge hatte eine gespaltene Oberlippe. Als sein Vater ihn sah, rief dieser entsetzt aus: „Ach du lieber Augustin, jetzt ist alles hin!" Der Junge wurde August getauft. Anna hatte ein unwertes Kind geboren. Sie wurde dafür verachtet und geächtet. Sie hatte ein Leben mit einer Erbkrankheit in die Welt gesetzt. Zur Reinhaltung des deutschen Blutes musste über Schutzmaßnahmen nachgedacht werden. Wenn der gesunde Adolf ohne Zuneigung erzogen werden sollte, war liebevolle Zuwendung für den Krüppel August ganz und gar undenkbar. Folgerichtig ignorierte Wilhelm dieses Kind.

In Anna dagegen ließ sich der mütterliche Instinkt nicht abschalten. Sie war entschlossen, den Jungen zu beschützen. Heimlich nahm sie Verbindung zu ihrer Schwester Hertha auf, die bei einer jüdischen Arztfamilie in München in Stellung war. Hertha holte das Baby nach München. Mit Hilfe der Beziehungen ihres Arbeitgebers wurde der Junge in der Hauner'schen Kinderklinik operiert. Es war Glück im Unglück, das das Arbeitsverbot noch nicht für alle jüdischen Mediziner galt.

Tante Hertha kümmerte sich um August, den armen Buben. Erst als der Vater 1940 zur Wehrmacht eingezogen wurde, brachte Hertha den Jungen wieder zu seiner Mutter. Der Kleine hatte in nur 24 Monaten zweimal das Trauma der Trennung erfahren. In der Klinik lernte er Angst und Schmerz kennen. Er nahm die entsetzten Minen der Menschen wahr, die ihn anschauten. In seiner Seele gab es keinen Zufluchtsort, der ihm Geborgenheit oder Sicherheit bot. Nicht auszudenken, was ihm widerfahren wäre, wenn er nach dem 30. September 1938 geboren worden wäre. Ihn hätte dann die volle Härte des Gesetzes zur Verhütung von Verunreinigung des deutschen Erbgutes getroffen.

Josua sah sich die Bilder zu der Geschichte seiner Großeltern aufmerksam an. Betroffen dachte er, mit welchem Glaubenssatz, oder Selbstwertgefühl ist mein Vater aufgewachsen? Sein energetischer

Begleiter beantwortete seinen fragenden Gedanken, indem er seine Sichtachse veränderte.

August hatte gelernt, einer Strafe zu entgehen, indem er brav und unauffällig war. Er hatte die Erfahrung gemacht, dass vor allem die älteren Tanten ihm mitleidig Aufmerksamkeit schenkten, wenn er ‚lieb' war. Dann hörte er gewöhnlich den Ausruf: „Das arme Buberl". Für August bedeutete dies eine marginale Portion Zuwendung. Mit der Zeit entwickelte er eine geschickte Strategie, sich durch ‚lieber Bub' sein, mehr davon zu holen. Seinem Bruder Adolf entging das nicht. Dieser fühlte sich vernachlässigt, er war eifersüchtig. Er spielte nicht mit ihm und gab ihm keine seiner Spielsachen. Wenn er dafür getadelt wurde, reagierte er aufsässig und aggressiv.

Niemand lehrte Anna, die Signale der Seelen zu deuten. Sie war auf sich allein gestellt. Die Geächtete, weil Mutter eines unwerten Kindes, und von den Schwiegereltern abgelehnt, wegen ihrer politischen Position. In ihrer Einsamkeit blieb ihr nur die Entscheidung, zu ihren Eltern zu ziehen. So fand sie Zuflucht in ihrem alten Kinderzimmer, das sie mit ihren beiden Söhnen teilte.

Zu Weihnachten 1941 kam Wilhelm in Urlaub nach Hause. Adolf war glücklich. Er war der ganze Stolz seines Vaters. Endlich galt er mehr als sein hässlicher

Bruder. Bei seinem Vater funktionierten die armer, lieber Bub Inszenierungen des Bruders nicht. Papa nahm ihn nicht auf den Arm, er streichelte ihn nicht, er fragte ihn nichts. Für August blieb die Schlussfolgerung aus dieser Erfahrung, dass seine Bedürfnisse nach Aufmerksamkeit nur bei den älteren Tanten befriedigt wurden. Dieser Glaubenssatz begleitete ihn sein Leben lang. Das Schicksal verhinderte eine Korrektur seiner Wahrnehmung. Bei einem Bombenangriff kam Vater Wilhelm ums Leben. August wurde nie teamfähig. In einer Gruppe von Männern hatte er entweder selbst die Führung oder er verließ das Team. Bei Frauen reiferen Alters war er beliebt. Von ihnen bekam er die Aufmerksamkeit, nach der seine narzisstische Neigung gierte.

Die Verlierer

Nach der Kapitulation Deutschlands waren Millionen und Abermillionen traumatisierter Menschen der beteiligten Nationen herausgefordert, die Trümmerfelder in ihren Seelen und in der Außenwelt aufzuräumen. Die Kriegerwitwen in Deutschland wurden die Trümmerfrauen. Die deutschen Kriegerwitwen in der Tschechoslowakei, der Siegermacht, wurden zu Verfolgten des Regimes. Unterstützer und Gegner verdrängten ihre Traumata, um in einem anderen, neuen Leben Fuß zu fassen.

Josua beobachtete, wie seine Großmutter Anna im Herbst 1945 Mohnkapseln auf dem Feld ihres Vaters erntete. In der böhmischen Küche wurde Mohn für Mehlspeisen und Gebäck häufig verwendet. Der Nachbar, ein Tscheche, und vor dem Krieg ein Freund, schaute zu, bis sie fertig war. Dann nahm er ihr den Leiterwagen mit der Ernte ab und fuhr davon. Deutsche hatten keine Rechte mehr.

Im November kam dieser Nachbar in Annas Elternhaus und befahl allen, sofort in den Ziegenstall umzuziehen. Deutsche hatten keine Besitzansprüche mehr. Eine halbe Stunde später stand er, gekleidet mit dem Sonntagsanzug von Annas Vater, in Siegerpose vor der Haustüre.

Die fünfköpfige Familie verbrachte einen strengen Winter im Ziegenstall. Sie schliefen gemeinsam auf Strohballen und kochten in der Waschküche karge Mahlzeiten. Sie hatten nur einen Gedanken – überleben.

Im Mai 1946 befahlen ihnen Soldaten, sich mit maximal 50 Kilogramm Gepäck für ihre Deportation und den Abtransport an Sammelplätzen einzustellen.
Die Menschen, vorwiegend Frauen mit ihren Kindern und Alte und Gebrechliche, wurden in bereitstehende Viehwaggons gepfercht, die Wagen geschlossen und verplombt. Erst 24 Stunden später wurden sie am Zielbahnhof in Westdeutschland

geöffnet. Die Deportierten aus Pilsen, standen auf dem Bahnsteig in Wolfratshausen und wurden von Einheimischen wie Ware auf dem Sklavenmarkt begutachtet. Schnell hatten die kräftigen und Alleinstehenden einen Platz. Anna wartete mit ihren beiden Jungs vergeblich auf ein Wohnungsangebot. Sie wurde am Abend von einem Behördenvertreter zwangseingewiesen.

Josua wird zu der Frage gedrängt: War der furchtbare Krieg das geeignete Mittel, die Probleme des Volkes zu lösen? Wäre mehr soziale Gerechtigkeit ein besseres Mittel der Wahl gewesen? Wer verhinderte, dass die Menschen ausreichende Perspektiven für ein Leben in Würde hatten? Wer profitiert von Kriegen?

Seltsam, dachte Josua, dass solche Fragen nicht gestellt werden, bevor ein bewaffneter Konflikt ausbricht. Wer hat das gefragt, bevor Bomben am Hindukusch fielen, in Vietnam, in Mali, in Syrien? Ging es in dem Machtkampf in Syrien, der das ganze Land in Schutt und Asche legte und Männer, Frauen und Kinder mit Hunger und Tod schändete, um die Menschen, oder um Einfluss und Öl?

Es gibt keine militärische Lösung. Schweigen zwischen den Gegnern ist tödlich. Wem haben all die Kriege genützt, die im Verlauf der Menschheitsgeschichte nicht messbares Leid verursachten? Oder waren etwa die Kreuzzüge menschenfreundliche Unternehmungen? Profitierte die Bevölkerung von den Schlachten des 30-jährigen Krieges? Die Jahre 1077 - 1122 werden von Historikern unter dem Titel ‚zwischen Canossa und Worms' eingeordnet. Damals gerieten Kirche und Staat ernsthaft in Konflikt. Im Hintergrund stand die Frage, wer setzt sich gegen wen durch? Es gab unterschiedliche Höhepunkte und Niederlagen. Einmal in Gang gesetzt, war die Eskalation in den Konflikten nicht mehr zu bremsen. Immer, wenn ein Konflikt kriegerisch bis zum bitteren Ende ausgetragen wurde, waren die Gewinner ebenfalls Verlierer. Beide Seiten bezahlten mit zerstörtem Gebiet, Toten, Verletzten und traumatisierten Menschen. Mit respektvoller Kommunikation wäre ein Interessenausgleich billiger zu haben. Warum schaffen es die Regierungen nicht, Verhandlungen zu führen, die Kriege verhindern?

„Eine entscheidende Frage", antwortet Josuas Energiebegleiter. „Solange die Menschen nicht lernen, ihre Differenzen mit gewaltfreier Kommunikation, in gegenseitigem Respekt und zum Nutzen aller, zu lösen, werden Kriege weiter unsägliches Leid in die Welt bringen. Es werden kriminelle Energien eingesetzt werden um zu töten und zu zerstören. Im Interesse einzelner Mächte oder der Mächtigen und nicht im Interesse der Menschen. Nicht zum Schutz des Planeten. Nicht zur Förderung des liebevollen Miteinanders".

So beobachtet Josua weiter wie seine Großmutter Anna den denkbar schlechtesten Start in der neuen Heimat hatte.

Für das Minimalbedürfnis zum Überleben war durch die Lebensmittelmarken gesorgt. Der Schwarzmarkt blühte und es galt die Devise: Jeder ist sich selbst der Nächste. Mitgefühl, Zuneigung, Solidarität waren in diesem Klima, unter den großen Schuttbergen der traumatisierenden Kriegserlebnisse, buchstäblich begraben worden.

Gefühle zu zeigen, war ein Luxus, den sich die Wenigsten leisteten. Niemand hörte auf die Hilferufe der verletzten Seelen. Ihre Bedürfnisse wurden tief in das Unbewusste verbannt. Nur ja nicht mit reden Schwäche zeigen. Letztendlich äußerte sich das verdrängte Leiden bei unendlich vielen Betroffenen in den unterschiedlichsten körperlichen Symptomen. Die alles umfassende Bezeichnung für diese Leiden war Jahrzehnte nach dem Krieg, PTBS, posttraumatische Belastungsstörung.

In diesem Zustand der Entwurzelung und Orientierungslosigkeit reagierte Anna auf die Werbestrategie der Zeugen Jehovas positiv. Sie war sich nicht bewusst, welches Bedürfnis nach Zugehörigkeit und menschlicher Nähe diese ausnützten, um sie in ihre fundamentalistische Gemeinschaft einzufangen. Sie hielt es für Liebe,

Wärme, Rettung und glaubte allen verlockenden Versprechungen.

Ich erinnere mich an viele Erzählungen meines Vaters, dachte Josua. Es war für ihn ein Graus, die Forderungen zu erfüllen. Vor allem das Predigen hat er gehasst. An fremden Türen klingeln verabscheute er. Mein Onkel Adolf hatte den Mut, das abzulehnen. Es fiel ihm leichter, neue Freunde zu finden. Mein Vater hatte es schwerer. Sein Makel war sichtbar. Bei seinesgleichen in der Schule oder Nachbarschaft war er immer auf eine spöttische Bemerkung oder Häme gefasst. Er blieb ein Außenseiter. Jetzt verstehe ich, dass mein Vater durch die Doktrin der Abgrenzung von der Welt außerhalb der Zeugengemeinschaft, zweifach daran gehindert wurde, sein Bedürfnis nach gesellschaftlicher Integration zu befriedigen. Das ist sozialer Missbrauch, und ich bin schockiert, die Parallelen zu meinem Leben zu erkennen.

„Verstehst du, welches Glaubensmuster deines Vaters in dir wirkt? Du glaubst ebenso wie er, dass du dir Zuneigung verdienen kannst, wenn du eine bestimmte Rolle spielst. Du hast zwar keine sichtbare Narbe im Gesicht, doch welche sichtbaren Mängel haben dich gestört"?

„Ich habe mich geschämt, wenn meine Mitschüler über meine Turnschuhe gespottet haben. Die Markenkleidung war für uns zu teuer".

„Wie hast du darauf reagiert"?

„Ich habe ihnen bewiesen, dass ich trotzdem der beste Sportler bin. Das hat die Mädels beeindruckt und ich war stolz auf mich".

„Wie ist es heute. Kannst du dir alles leisten, was du als Statussymbol verwendest"?

„Wenn ich ehrlich bin, übertreibe ich die Rolle als Siegertyp, als bester im Team oder als Star bei den Frauen. Mein Auto gehört mir nicht und mein Bankkonto ist nie im Plus. Stimmt, genaugenommen spiele ich eine Rolle, die nicht zu mir passt".

„Das fühlst du unbewusst. Darum reagierst du übersensibel auf ein Wort oder eine Geste, die du als Zurückweisung deuten könntest. Der Dienst an fremden Haustüren war dir ebenso verhasst, wie deinem Vater. Du glaubtest trotzdem, es sei deine Pflicht, ihn gehorsam zu absolvieren. Du hast nicht gelernt, dich selbst zu fühlen und dir zu vertrauen".

„Wer bin ich? Was ist mein Menschenbaum"?

„Du bist die Zypresse. Deine wirkliche Natur ist die Fähigkeit der Loyalität, weil du dich anpassen kannst. Du bist eine Kämpfernatur und trägst das Herz am rechten Fleck. Du liebst die Geselligkeit und hasst Einsamkeit. Von einem hübschen Mädel lässt du dich leicht verführen. Doch wenn du die Richtige gefunden hast, wird das eine Beziehung für das ganze Leben".

„Wie gut du mich beschreibst. Ich sollte lieber ICH sein, als eine fremde Rolle spielen wollen".

Die Last der Mutter

„Ich helfe dir dabei, die Lasten anzuschauen, die auf deine Schultern drücken. Du magst sie dann abschütteln und dich selber finden. Schau was dir deine Mutter abgegeben hat. Ihre Vergangenheit ist mit nonverbalen Botschaften in deinen unbewussten Speicher eingedrungen. Sie ist in dir verankert. Schau sie an. Du spiegelst sie, denn du bist Teil der Kriegsenkel Generation. Erst jetzt entwickelt ihr nach und nach den Mut, die erlittenen Traumata der Eltern und Großeltern anzuschauen und an der Heilung der Wunden in der Psyche oder Seele zu arbeiten".

Die Bilder projizierten Josua in die Stadt Sombor in Ungarn. Er sah ein Geschäft für Wäsche und Kurzwaren, dessen Besitzer sein Urgroßvater Urban Barke war. Die Hochzeitsfeier mit der blutjungen, lebenslustigen Verkäuferin war in vollem Gange. Es war nicht zu übersehen, dass sein blonder Urgroßvater kein Ungar war, wie die feurige junge Ehefrau.

Was fällt dir an deinen Urgroßeltern auf? Diese gefühlte Frage veranlasste Josua, sich mehr einzufühlen. „Beide haben eine innere Stärke. Sie wirken harmonisch. Wieso ist Urgroßmutter trotz ihrer Jugend schon so kraftvoll"?

Augenblicklich sieht Josua seine Urgroßmutter als Halbwaise im Alter von vier Jahren. Sie bekommt eine Stiefmutter. Josua beobachtet fassungslos, wie das

Mädchen als Dienstmagd missbraucht wird. Wieso weint sie nicht? Denkt er.

„Sie hat längst gelernt, dass Schläge und andere Strafen die Folge von Ungehorsam sind. Daraus entwickelte sie ihre Überlebensstrategie. Sie arbeitete härter als mancher Erwachsene und wurde schneller als andere Kinder erwachsen. Mit zwölf Jahren gab sie die Stiefmutter in die Lehre zu Urban Barke. Sie wurde Verkäuferin und beeindruckte, durch ihr heiteres Gemüt und ihre zupackende Arbeitsfreude".

„Ich verstehe, das hat meinem Urgroßvater gefallen. Für ihn war sie die ideale Gefährtin. Wie fröhlich sie beide ihre Arbeit verrichten. So stelle ich mir Glück vor".

„Sieh dir an, wie das Leben mit deinen Urgroßeltern gespielt hat", forderten ihn seine Gedanken auf.

1918 war der Erste Weltkrieg zu Ende. Sieger und Besiegte positionierten sich neu. Vor der Weltkatastrophe fanden sich Freunde und Feinde über Sympathie oder Persönlichkeit. Ab 1918 definierte die Nationalität, wer ein Feind zu sein hatte. Der freundliche, weltoffene Urban Barke wurde wegen seiner deutschen Abstammung zum Staatsfeind erklärt. Unmittelbar darauf blieb die ungarische Kundschaft aus. Die um sich greifende nationalistische Gesinnung schürte Hass und Feindseligkeit. Jeder, der sich nicht dem Mainstream anpasste, brachte sich in Gefahr, wegen Kollaboration angefeindet zu werden. Langsam aber sicher schrumpften die Rücklagen des jungen Paares und führten dazu, dass Mariska selbst für wenige lebenswichtige Nahrungsmittel kein Geld hatte. Im Februar 1920 stand sie weinend am Herd und rührte, für ihre vier Monate alte Tochter Susanne, einen Brei aus Mehl und Wasser. „Wir werden verhungern, wenn wir hierbleiben", sagte sie verzweifelt zu ihrem Mann. Schweren Herzens stimmte er zu, nach Serbien auszuwandern. Er verkaufte sein Geschäft zu einem Schleuderpreis und sie ließen sich in Sivac, dem Ort, in dem seine Abstammungsfamilie aus Deutschland angesiedelt war, nieder. Sie fanden ein Grundstück, für das der Erlös aus dem Verkauf in Ungarn gerade so reichte. Sie bauten ihr Haus ohne die Hilfe der Verwandten. Mariska war in deren Augen die mittellose Zigeunerin. Stolz trotzte sie dieser überheblichen Intoleranz und beschloss, es ihnen allen zu zeigen.

Materieller Besitz ist die Messlatte.

„Warum waren diese Menschen so materialistisch, frage ich mich"?

Josuas energetischer Begleiter reagierte prompt: „Das ist wichtig zu wissen. Bedenke, dass es Einwanderer sind, die die Bedeutung des Spruches: Dem Ersten der Tod, dem Zweiten die Not und dem Dritten das Brot, real erlebt hatten. Sie sind

Überlebende der Fährnisse, denen Zuwanderer in einem Ödland zu trotzen hatten. Sie waren durch extremen Fleiß zu Wohlstand gekommen. Zusätzlich stammte ihr Nationalstolz aus ihrer Religionszugehörigkeit. Das hatte teilweise skurrile Züge. In einer Nachbargemeinde wurde ein Gotteshaus für die Lutherischen und die protestantischen Evangelikalen, gebaut. Das Haus bekam zwei separate Eingänge. Die einen hielten jeweils die Anderen für Ungläubige, die zu meiden waren.

Das Land, der Grund und Boden, den sie urbar gemacht hatten, unterschied nicht nach Konfessionen. Es brachte jedem reichen Ertrag, der mit Fleiß darum kämpfte. Es wurde eine Kornkammer Europas. Sie hatten berechtigte Gründe, darauf stolz zu sein. Sie hatten dafür, ohne es zu wissen, einen hohen Preis bezahlt. Gefühle, wie Furcht, Verzweiflung, Selbstmitleid, Kummer durften sie sich in den Gründerjahren nicht erlauben. Das hatte zur Folge, dass sie Mitgefühl, Empathie, echte Liebesfähigkeit, unbewusst im Permafrost der Seele vergruben. Was blieb, war die Messlatte des Erfolges. Wer materiellen Erfolg hatte, war gut, wer Verluste zu beklagen hatte, egal ob verschuldet oder unverschuldet, war schlecht, ein Versager, jemand, der nicht in die Gemeinschaft passte. Es war die Normalität, die Gemeinschaft nach Konfession oder Nationalität zu definieren und das Ansehen innerhalb der Gemeinschaft nach seinem materiellen Erfolg zu bestimmen.

Das ist eine verstörende Erkenntnis für Josua. Das ist ein ungesunder Maßstab. Materiellen Besitz erreichen Menschen zuweilen aus Habgier und mit kriminellen Machenschaften. Da wäre doch Ansehen absolut fehl am Platz.

Sein Urgroßvater Urban fing als Handelsreisender mit einem Bauchladen neu an. Er bot Kurzwaren feil. Bald hatte er einen Kundenstamm, denn er widerstand den Bemühungen seiner Verwandten, seinen Sinn für Humor zu zerstören. Die Schneiderinnen, die bei den Bauern auf Stör arbeiteten, waren dankbar, dass er immer eine große Auswahl Nadeln, Fäden, Knöpfe, Stopfgarn, Gummilitzen und anderes Zubehör zu bieten hatte. Er wurde Mitglied im Sportverein, im Heimatverein, wurde Intendant des Theater-Vereins und gründete eine Tanzschule. Mariska verdiente ein Zubrot als Marktfrau. Sie lernte neben der deutschen Sprache Serbisch und bot ihre eigenen Produkte aus dem Garten, sowie Hühner, Enten und Gänse aus eigener Zucht an. Bald hatte sie ebenfalls ihre Stammkunden, die ihre freundliche Art schätzten. Susanna bekam vier Geschwister. Die Familie integrierte sich in den religiösen Jahreslauf, wie es die Tradition verlangte. Mariska standen die Mittel für Nahrung und Kleidung im bescheidenen Rahmen, ohne Luxus, zur Verfügung.

„Schau jetzt genau hin. Äußerlich ist doch alles in Ordnung. Fällt dir etwas auf", die Frage wird in den Sinn Josuas gelenkt.

„Mir fällt auf, dass ihre Gespräche nur Smalltalk sind. Sie erwähnen ihre unmenschlichen Erlebnisse niemals. Die Heiterkeit wirkt gespielt. Die Kinder bekommen keine Streicheleinheiten. Jeder hat eine Aufgabe, die er gewissenhaft erfüllt. Sie funktionieren alle. Die Familie scheint im universellen Ozean zu schwimmen. Jeder ist in seinem eigenen Boot. Der Abstand ist nah genug, um sich zu sehen, doch weit genug um Gefühle nicht zu berühren".

„Das hast du korrekt beschrieben. Mit ihrer Geschäftigkeit verwehren sie sich selbst die Zeit für Erinnerungen an ihr Trauma. Die Kinder kennen die Vergangenheit der Eltern nicht. Sie interpretieren die Distanz falsch, weil sie sie als Zurückweisung erfahren. Sie sind Kinder. Für sie zählt nur, dass ihre Bedürfnisse nach Zuwendung, Wärme, Geborgenheit, nicht befriedigt werden. In Kombination mit der Ächtung durch die reiche Verwandtschaft, bildeten sie unbewusst den Glaubenssatz, dass sie geringwertig sind".

Was sind Glaubenssätze.

„Was sind denn Glaubenssätze? Wie entstehen sie", wollte Josua erfahren und verstand augenblicklich die energetisch übertragene Erklärung:

„Es sind persönliche Wahrheiten, Überzeugungen, und Meinungen. Jeder Mensch bildet sie unbewusst im Zusammenhang mit seinen Erfahrungen, den Anweisungen, die er bekommt, den Reaktionen in seinem sozialen Umfeld, der Kultur in der er lebt und den religiösen Vorgaben denen er unterworfen ist".

„Mir scheint, ein Glaubenssatz, der von einer Konfession vermittelt wird, ist eine Fremdbestimmung", resümiert Josua.

„Da stimme ich dir zu", lautete die energetische Bestätigung.

„In verschiedenen Konfessionen wird großer Wert darauf gelegt, sich nach außen abzugrenzen. Die Extremisten, Fundamentalisten oder Diktatoren unter ihnen fordern absoluten Gehorsam. Die Folgen sind nicht selten Kriege und Entzweiung, Seelenqualen, Schuldgefühle, Verzweiflung. Allen voran sind religiös bedingte Gewissensqualen ein Nährboden für psychische Erkrankungen. Zu den häufigsten gehören Angststörungen, Panikattacken, Wahnvorstellungen. Der Mensch sucht in seiner Welt, in seinem persönlichen Umfeld, Orientierung. Dafür bildet er fortlaufend individuelle Glaubenssätze. Die Epigene geben die dazu passenden Verhaltensbefehle, indem sie die Produktion der für das adäquate Verhalten nötigen Hormone und Botenstoffe einschalten oder unterbinden. So werden Gefühle und Reaktionen gesteuert. Das sind die Überlebensstrategien".

Josua überlegte, welche Glaubenssätze hätten den Urgroßeltern geholfen? „Uroma Mariska lernte es,

Strafen durch Fleiß zu entgehen und entwickelte einen unbändigen Willen, es allen zu zeigen. Urgroßvater Urban verschaffte sich Aufmerksamkeit mit seinem Talent, die Menschen zum Lachen zu bringen. Er hatte den ungebrochenen Willen, es allen zu zeigen. Denkbar wären auch Glaubenssätze, mit denen sie sich abgewertet gefühlt hätten. Zum Beispiel, ich bin ein Versager, niemand liebt mich, mir ist so viel Unrecht geschehen. Das Hormon Melatonin hätte sie in ein depressives Lebensmuster gesteuert und sie wären jammernd, in einem ausweglosen Gefühl von Selbstmitleid, in Reaktionsstarre verfallen".

„Das trifft zu. Die Handlungen jedes einzelnen Menschen werden entscheidend durch die Programme der eigenen, unbewussten Glaubenssätze beeinflusst. Mit anderen Worten gesagt: Jeder ist, bis zu einem gewissen Grad, der Gestalter seiner Wirklichkeit. Die persönliche Wahrnehmung oder Definition seiner Umwelt die er spiegelt, entscheidet, wie er mittels seiner unbewussten Glaubenssätze darauf reagiert. Viktor Frankl hat im KZ die Beobachtung gemacht, dass die Menschen in genau derselben Situation entweder hoffnungslos aufgegeben haben und in kurzer Zeit verstarben, oder sich an einen Hoffnungsschimmer, wie an einen Strohhalm klammerten und überlebten. Er berichtet davon, dass sie gegen Ende des Krieges hofften, zu Weihnachten kämen sie frei. Nach Weihnachten starben auffallend viele Lagerinsassen, weil sich diese Hoffnung nicht erfüllt hatte.

Sei auf der Hut und schlussfolgere daraus nicht, dass jeder für sein Schicksal selbst verantwortlich ist, oder an seinem Unglück selbst Schuld hat. Viktor Frankl sagt: Niemand kann bestimmen, welches Schicksal ihm sein Leben unter die Füße schiebt, doch jeder kann entscheiden, wie er darauf reagiert. Sieh genau hin, was dir deine Vorfahren übermittelt haben und entscheide, ob die Überlebensstrategien heute für dich gültig bleiben sollen".

Mit diesem Gedanken fand sich Josua inmitten einer fröhlichen Tanzveranstaltung im Herbst 1936. Die Teilnehmer übten einen Formationstanz. Urgroßvater Urban stand in der Mitte und gab Anweisungen. Susanne, tanzte mit einem Mann, den sie mit leuchtenden schwarzen Augen anhimmelte. Er war deutlich älter, gut aussehend und ein ausgezeichneter Tänzer. Er schenkte seiner Tanzpartnerin ein Stanitzel Salonzucker. Eine Köstlichkeit jener Zeit und das Zeichen für besondere Wertschätzung. Kein Zweifel, die beiden waren ein schönes Paar.

Auf die gedachte Frage: Ich bin gespannt, welche Glaubenssätze mein Großvater mitgebracht hat, schenkte sein Begleiter ihm Bilder zu der Familie seines Großvaters Viktor Pelikan, dem Tanzpartner der schönen Susanne.

Die Familie des Bräutigams.

Weil die Matrix die gleichzeitige Wahrnehmung aller Ereignisse ermöglichte, wechselte Josua die Perspektive und beobachtete das Geschehen im Jahre 1912. Sein Urgroßvater Viktor Pelikan heiratete die Wäscherin Kreszentia, eine Dienstmagd im Hause des reichen Sägemühlen-Besitzers. Sie war nicht nur gut aussehend, sondern auch fleißig und rechtgläubig. Die Trauungszeremonie in der evangelisch lutherischen Kirche war feierlich und streng nach der Tradition. Die Braut Kreszentia trug den Schleier und Myrtenkranz zum Zeichen ihrer Jungfräulichkeit. Sie tauschte diesen Punkt Mitternacht in das Kopftuch der verheirateten Frau ein. Wenn sie das Haus verließ, hatte sie es zu tragen, als Zeichen dafür, dass sie ein Haupt über sich hatte. Josua beobachtete einzelne Lebensstationen, die belegten, dass das Lebensmuster im Hause Pelikan von Luthers Lehre geprägt war und Fremdbestimmung.

So war Luthers Meinung, wenn der Mann Lust hat, dann hat die Frau mitzumachen. Die Lust hatte bei ihr keine Rolle zu spielen. Sie hat die Beine auseinanderzumachen. Das ist ihre eheliche Pflicht. Er dagegen habe eine Erektion und keine Wahl. Kreszenz war treu und schicksalsergeben. Gegen die derben Sprüche des Martin Luther konnte eine Frau nichts ausrichten: *„Wiewohl, wenn Weiber wol beredt sind, das ist an ihnen nicht zu loben, es steht ihnen besser an, das sie stammeln, und nicht wol reden können,* *das zieret sie viel besser"* zum Beispiel. Oder: *"Ob sie sich aber auch müde und zuletzt todt tragen, das schadet nichts, lass‹ sie nur todt tragen, sie sind darumb da".* Es galt als Selbstverständlichkeit, dass beim Seitensprung des Mannes die Frau schuld ist. *"Will die Frau nicht, so komm' die Magd"*! *"Darumb hat das Maidlein ihr Punzlein, daß es dem Manne ein Heilmittel bringe".* Kreszenz fand das in Ordnung. Sie war strenggläubig und wurde so in nur fünf Jahren Mutter von vier Kindern. Keines von ihnen war mit Wärme oder Freude empfangen worden. Der Älteste hieß nach der Tradition ebenfalls Viktor, wie sein Vater und seine Schwester bekam den Namen der Mutter Kreszentia. Die Frau gehorchte dem Ehemann, die Kinder redeten die Mutter in der dritten Person an und wurden mit der Rute der Zucht dazu gebracht, keine Abweichung von dem, was sich so gehörte, zu wagen. Im Jahre 1918 wurde Kreszentia eine Kriegerwitwe mit vier vaterlosen Minderjährigen. Damit sank ihre gesellschaftliche Stellung im Hause Pelikan. Sie fiel hinter den zweitältesten Sohn der Schwiegereltern zurück, die ihr die niedere Herkunft deutlich spüren ließen.

Josua sah voller Bewunderung auf seine Urgroßmutter, die sich stolz aufrichtete und entschlossen ihr Leben in die eigenen Hände nahm. Mit dem Erbe, welches ihr nach dem Tod ihres Schwiegervaters zufiel, baute sie ein eigenes Haus. Sie verdingte sich wieder als Wäscherin und duldete weder bei sich noch bei den Kindern Nachlässigkeit.

Weil sie das bigotte kirchliche Diktat penibel einhielt, war sie unangreifbar. Der Gottesdienst wurde nie versäumt. Sie sang im Kirchenchor. In der Schule war der Katechismus das Lesebuch für ihre Kinder. Wer die Psalmen nicht auswendig lernte, bekam die Wucht der lutherischen schwarzen Pädagogik zu spüren. Die Lehrer sparten nicht mit Prügelstrafen, oder anderen Demütigungen.

Kreszentia vermied alles, was den Schandmäulern der guten Gesellschaft Grund zum Tratsch gegeben hätte. Sie kannte alle Regeln, die sich so 'gehörten' oder wie sie zu sagen pflegte: „Es steht sich". Sie achtete gewissenhaft auf saubere und geflickte Kleidung. Das Haus und der Garten wurden tadellos gepflegt. Kreszentia glaubte, mit Perfektion die Anerkennung zu erzwingen. Ihr zwanghaftes Bedürfnis mit absoluter Kontrolle, den Schein zu wahren, ließ ihr keinen Raum für Gefühle. Bei ihr herrschten Zucht und Ordnung im wahrsten Sinne des Wortes.

Die armen Kinder, dachte Josua, als er diese sterile Perfektion erkannte. Gespannt beobachtete er die weiteren Schlüsselszenen, mit denen das Leben die Weichen für seine Großeltern stellte.

Zum ersten Mal begegneten sie sich beim Kirchweihtanz in Sivac. Susanne war ein Mädel von 17 Jahren. Die Älteste von vier Kindern. Viktor fiel sie auf, weil über ihren tiefschwarzen Mandelaugen ein rätselhafter Schatten lag. Das Lachen erreichte sie nicht. Viktor, der Malergeselle aus Kula beobachtete sie eine ganze Weile und war entschlossen, das Rätsel zu lösen. Er war von kräftiger Statur und hatte ein kantiges Gesicht. Seine Hände verrieten, dass er es gewohnt war zuzupacken. Er tanzte wie der Lump am Stecken. Das blieb Susanne, der Tochter eines Tanzlehrers, nicht verborgen. Beim Bilango, dem Gruppentanz sahen sie sich zum ersten Mal in die Augen. Dann forderte er sie zu Walzer, Polka, Csárdás auf. Sie harmonierten wie aus einem Guss. Viktor verstand es, mit immer neuen Späßen, die Zuschauer zum Lachen zu bringen. Susi verliebte sich Hals über Kopf und stellte ihn den Eltern vor. Den Papa, der von Natur aus zu Scherzen aufgelegt war, wickelte er schnell um seinen kleinen Finger, denn sie liebten beide obendrein Fußball, Tanzen und Theater spielen. Bei der Mama war es schwieriger. Doch ließ ihr Sinn für Humor das Eis schmelzen. Viktor sprach nur wenig serbisch und kein Ungarisch. Er versuchte, mit einigen auswendig gelernten Worten Eindruck zu schinden. Leider lag er oft knapp daneben und erntete anstatt anerkennenden Staunens, nur herzliches Gelächter. Diese unbefangene Art, wie Familie Barke mit einem Missgeschick umging, beeindruckte Viktor. Der Kontrast zu der sterilen Strenge und Perfektion seiner Mutter dockte an sein unbewusstes Bedürfnis nach Wärme an. So war er bald regelmäßig Gast in der Tanzschule Urban.

Der Umgang mit der Religion verblüffte ihn. Mutter Barke war katholisch mit eigener Philosophie. Ihr Kredo lautete, wer einen Vetter im Himmel hat, kommt selbst hinein. Susanne genoss in der Schule die Erziehung durch Ordensschwestern. Sie vermittelten den Kindern Religion als Drohbotschaft. Gott hat Adam und Eva erschaffen, ihnen einen freien Willen gegeben und sie ins Paradies gesetzt. Dann hat er ihnen verboten, von einem Baum zu essen, dessen Früchte sie gelehrt hätten, Gut und Böse zu unterscheiden. Weil sie neugierig waren und dieses Wissen suchten, haben sie von der verbotenen Frucht gegessen. Zur Strafe wurden sie als Sünder aus dem Paradies verbannt und kamen unter die Knechtschaft schrecklicher Leiden, die zum Tod führten.

Eine Kinderseele war leicht zu überfordern mit Sakramenten und Sünden, die zu beichten waren. Das Sündenregister war lang und die Beichte ein Seelenstriptease mit nachhaltiger Wirkung. Susi war sich nie sicher, ob sie gut genug für den Himmel war oder doch gnadenlos für die Hölle bestimmt.

Viktor rebellierte etwa im Alter von zwanzig Jahren gegen das religiöse Diktat seiner lutherischen Mutter. Er besuchte die Gottesdienste nur zu den hohen Feiertagen, wenn der Gruppendruck keine andere Wahl zuließ. Die Ächtung seiner Freunde und der Familie wollte er nicht riskieren.

Seit er Susi begegnet war, schwang ein Damoklesschwert über ihm. Wie er sich auch entscheiden würde, ihm schwante Böses. Er hatte die Wahl. Unterwarf er sich der Tradition seiner Gemeinde, dann kam für ihn nur eine evangelische, deutschstämmige Frau in Frage, die gemäß der Sitte, seine Mutter vorschlagen und vermitteln würde. Die Auserwählte seiner Mutter wartete schon eine geraume Zeit auf seinen Heiratsantrag. Sie wäre eine gute Partie – die Tochter seines Arbeitgebers.

Er war aber in Susi verliebt. Sein inneres Empfinden bäumte sich dagegen auf, der Tradition zu folgen, nur ‚weil es sich so steht'. Entschied er sich für Susi, bedeutete das, den ausdrücklichen Wunsch seiner Mutter zu ignorieren. Es war ihm bewusst, dass sie das niemals akzeptieren würde. Zu allem Übel war Susanne katholisch, ein Makel aus Sicht der Lutherischen. Die religiöse Tradition forderte Intoleranz in Reinkultur gegenüber Andersdenkenden. Außerdem hatte sie ungarische Wurzeln und war obendrein mittellos.

Susi war durch kirchliche Erziehung geprägt. Das hatte Angst vor Sünde, Angst vor Strafe, Angst vor Schande zur Folge. Das Keuschheitsgebot erlaubte keine, von Hormonen diktierte, Freiheit oder Nähe. Gefühl ist ein wollüstiges Verlangen ergo Sünde! Das Weib sei mit stillem und mildem Geiste dem Manne untertan. Da steht nix von Liebe. Was züchtig ist, entnimmt man dem Katechismus. Die Erklärungshoheit überlässt man den Klerikern. Sie gebieten, sich selbst zu kasteien, zu beherrschen und Sünden zu beichten. Die sexuell basierte Sünde zu erfinden, war ein genialer Schachzug der Macht-Strategen. Wo es Sünde gibt, braucht man Vergebung. Die Vergebung verlangt nach einem Vermittler. Durch die Beichte, dem Bekenntnis der

Sünde unterwirft sich der Mensch. Auf diesem Boden gedeihen giftige Beziehungen, Selbstverleugnung, Persönlichkeitsstörungen, Verlust der Autonomie. Doch die Sehnsucht nach Partnerschaft und Liebe, das elementare Bedürfnis, wird durch kirchliche Verbote nicht ausgelöscht. Es bleibt in den Tiefen des Unbewussten gespeichert.

„Ich kenne den Sturm der Gefühle, die ich mit Selbstbeherrschung zu besiegen versuchte, es war der Grund für meine überstürzte erste Hochzeit", erinnert sich Josua.

In dieser Parallele zu seinem Leben versteht er seine Großeltern. Sie gaben der Übermacht und Anziehungskraft ihrer Gefühle, aller Traditionen zum Trotz, nach. Er wird Augenzeuge des Dramas, das durch die Schwangerschaft von Susanne Barke ausgelöst wurde. Anstatt sich über das ihnen anvertraute Leben zu freuen, gerieten sie in blankes Entsetzen. Jetzt hatte Viktor keine Wahl mehr. Er stand zu seiner Verantwortung und arrangierte hektisch eine Hochzeit.

Die Vorstellung, vor der Trauung zu beichten, verursachten Susanne Alpträume. So lag es nahe, dass sie konvertierte und der Schwiegermutter wenigstens diesen Grund zur Ablehnung nahm. Es half nichts. Gegen Vorurteile war sie machtlos. Die Familie war nicht bereit, sie zu akzeptieren, und fand viele Gründe, mit gutem Gewissen ihre Verachtung zu zeigen.

Als Schwangere mit dem Myrtenkranz der Jungfrau vor den Traualtar zu treten, war für Rechtgläubige ein Sakrileg. Selbstgerecht und überheblich trachteten sie danach, die Missetäterin mit Demütigungen und Zurückweisungen, zu quälen. Mit der Zeit war Susanne selbst davon überzeugt, dass sie eine unwürdige Sünderin sei und, dass das Ungeborene ihre Schande war. Sie nahm die Schikanen als verdiente Strafe Gottes an. Das waren bittere Gedanken. Die Trauer der eigenen Mutter war unbewusst in Susannes Seele gespeichert. Mit dem Schuldgefühl bestätigte sich das Gefühl der Wertlosigkeit und vertrieb Lachen und Singen vollends aus ihrem Leben.

Verstört begriff Josua, dass seine Großmutter innerlich ihr Unglück dem Kind zuschrieb. Susannes Schicksal, in ihrem neuen zu Hause, spiegelte die Kindheit ihrer eigenen Mutter wieder. Sie hatte eine *Stief*-Schwiegermutter, die sie wie eine unwürdige Sklavin behandelte.

Wie Mama Mariska versuchte Susanne eine perfekte Sklavin zu sein. Sie war entschlossen, allen und sich selbst zu beweisen, dass sie es schafft. Die Mutter ihres Ehemannes dagegen, ließ keinen Zweifel daran, dass sie den Ansprüchen nicht genügen würde. Sie rügte jede kleine Abweichung von Regeln mit den Hinweisen: „Bei uns gehört es sich, dass...". Es war die Einleitung zur Kritik. Der Salat gehört am Abend verpflanzt. Der Bürgersteig gehört bis sechs Uhr am Morgen gefegt. Die Kartoffeln gehören geviertelt und mit Peterling – Petersilie - gekocht. Die vielen Mehlspeisen hatten nach exakten Vorschriften zubereitet zu werden. Schwiegermutter Pelikan bestand darauf, dass jeden zweiten Tag eine Mehlspeise gekocht wurde. Suppe und Kuchen als Hauptmahlzeit zu Mittag war Susanne fremd. Sie kannte die deftige, ungarische Küche, die ihre Schwiegermutter verächtlich Zigeunerfraß nannte. Es gehörte sich, in allen Ecken gründlich zu putzen und nicht nur „dort wo die Pfaffen tanzen". Es gehörte sich nicht, tagsüber eine Ruhepause einzulegen. Das wäre „dem lieben Herrgott den Tag stehlen".

Bedauerlicherweise überbetonte Susanne das Lebensmotto ihrer Mutter: Lieber unrecht leiden, als Unrecht tun. Das Wort Leiden kultivierte sie zu ihrer Überlebensstrategie.

„Du wirst dich schon daran gewöhnen", versuchte Viktor, seine Frau zu trösten. Für ihn war die herrische Art der Mutter die Normalität. Er hatte kein Gespür dafür, wie unglücklich und verlassen Susanne in ihrer neuen, fremden, Heimat war.

Im Herbst wurde das corpus delicti im Baumzeichen der Linde geboren. Es war kein freudiges Ereignis. Das Mädchen bekam den Namen Walburga. Entgegen der Tradition ein Name, den bisher keine Vorfahrin der Familie hatte.

„Oh mein Gott, das bedeutet Ablehnung zum Start in das Leben meiner Mutter! Ich sehe ihren Baum-Menschen. Die Linde gibt ihr viele gute Gaben mit auf den Weg. Sie ist der Baum der Wahrheit. Die

Wahrheitsliebe zeichnet meine Mutter wirklich aus. Dieser Beutel ist zurecht überdimensional groß. Aber ein Symbol der Liebe erkenne ich nicht. Sie gibt als Lebensbaum Lebensenergie ab. Das passt zu meiner Mutter. Sonst hätte sie den Krieg und seine Folgen nicht überlebt. Klaglos fügte sie sich in das Schicksal und opferte sich auf".

„Gut beobachtet", bestätigte seine energetische Wahrnehmung. „Wer kann die Herausforderung ermessen, die sie zu meistern hatte? Gemäß den Forschungsergebnissen der Epigenetik wirken sich verdrängte, traumatisierende Erfahrungen einer Generation auf die nächste aus. Mit der molekularbiologischen Anpassung der Gene wird der Bauplan für alle Aufgaben der Organe des Körpers und Geistes durch Vererbung weitergegeben. Die Epigene steuern mit dem chemischen Botenstoff Methylen, das an- oder ausschalten daran beteiligter Vorgänge für die Handlungen und Reaktionen auf das Leben. Deine Mutter hat in ihrem epigenetischen Bauplan die Erfahrungen ihrer Mutter und Großmutter als unbewusstes Wissen gespeichert. Sie hat das, was bei denen funktioniert hat, in ihr eigenes Leben integriert. Allem voran den Glaubenssatz des unwerten Lebens, das mit Perfektionismus seine Daseinsberechtigung beweisen muss. Zu diesen Informationen fügt sie die eigenen Erfahrungen hinzu und gibt sie an ihre Nachkommen weiter. Du bist von den Lehrsätzen, die im unbewussten Speicher deiner Mutter wirkmächtig sind unmittelbar betroffen.

Schau dich in der Natur um. Alle Mütter geben an ihre Kinder ihre Überlebensstrategien weiter. Egal ob Elefanten, Amseln, oder Murmeltiere. Die überlieferten, unbewussten Informationen werden durch die eigenen Erfahrungen ergänzt. Das ist die Wirklichkeit und Modifikation der individuellen Persönlichkeit. Nimm das Beispiel Krieg. Am Ende des Vietnamkrieges, hat der Kommandant eines Flugzeugträgers, Flüchtlinge in letzter Minute evakuiert. Auf offener See kreiste über seinem Schiff ein Kleinflugzeug. Es waren Kinder an Bord. Der Flieger drohte wegen Treibstoffmangels abzustürzen. Der Kommandant des Flugzeugträgers befahl, Hubschrauber im Wert von Milliarden Dollar ins Meer zu werfen, um für das Kleinflugzeug die Landebahn frei zu machen. Es landete unbeschädigt".

„Boah, wer dieses Drama erlebte, wird es niemals vergessen"!

„Genau, das sind Bilder, an die sich die Betroffenen mit ewiger Dankbarkeit erinnern. Wie verhält es sich dagegen bei Erlebnissen von Menschen, die Zeugen von Massakern an Frauen, Kindern und Greisen wurden? Kannst du nachvollziehen, was ein Überlebender der Massenvernichtungslager, bleibend in seiner Seele eingebrannt hat"?

„Kaum, diese Grausamkeiten sind unvorstellbar".

„Stimmt, sie sind unauslöschlich bei dem gespeichert, der sie erlebte. Die Erinnerung daran ist so schmerzhaft, dass er sie von seinem Bewusstsein abgespalten hat und im Dunkel des unbewussten

Speichers begrub. Er gibt sie mit allen Informationen an die nachfolgende Generation nonverbal mit den Epigenen weiter. Bedauerlicherweise führt das Schweigen zu paradoxen Signalen im Verhalten und zu Fehlinterpretationen bei der nachfolgenden Generation.

Ähnlich ergeht es Frauen, die vergewaltigt, oder als Kriegsbeute brutal misshandelt wurden. Manche mussten hilflos zusehen, wie ihre Kinder verhungerten. Sie füllten ihren unbewussten Speicher, im Dunkel ihrer Seele, mit so schmerzlichen Bildern, dass sie sie verdrängen mussten, um weiterleben zu können. Sie sprechen nie mehr darüber. Trotzdem wird ihr unbewusstes Wissen ihr Verhalten steuern. Die Kinder übernehmen die Botschaften nonverbal und mit den Epigenen.

Im Kontrast dazu stehen solche bewegenden Erlebnisse geglückter Rettung. Die Betroffenen haben keinen Grund, ihre Dankbarkeit gegenüber diesen mutigen Mitmenschen zu verschweigen. In Kriegszeiten zählt allein das Überleben. Das Unbewusste der Menschen ist im Notprogramm Überlebensmodus. Nur was das Überleben garantiert ist abrufbar. Die Fortpflanzung zur Erhaltung der Art ist ein Urinstinkt. Rituale, wie sie selbst Tiere pflegen, sind abgeschaltet. Ein Vogel kopuliert erst, wenn die Partnerin seine Werbung akzeptiert und bereit ist.

Jungen, die als Kriegswaisen aufwachsen, haben keine Vorbilder. Niemand lehrt sie Rituale zur Eroberung ihrer Auserwählten. Sie orientierten sich zwangsläufig an den gesellschaftlichen Normen. Frauen hatten damals ungefragt zu funktionieren. Sie hatten zu liefern. Die Religion legte ihre Rolle der Untertänigen fest. Gehorsam und demütig dem Mann dienen, war eine selbstverständliche Pflicht. Dazu zählte die Pflicht, den Mann von einer Sünde abzuhalten. Frauen waren die Schuldigen, bei Seitensprüngen der Männer. „Wenn die Hündin nicht lässt, springt der Hund nicht zu fest" sagt ein zynisches Sprichwort. Die Frauen hatten die Wahl, sich zu beugen, sich selbst zu verleugnen und Liebesdienerinnen zu werden oder ihre Würde zu verteidigen und sich total zu verweigern. Das ist ein giftiger Nährboden für echte Liebesbeziehungen".

Die Botschaften der Generationen.

„Welche Informationen enthält der unbewusste Speicher deiner Großmutter?"

„Ich empfange über vier Generationen dieselbe Botschaft von unwerten Frauen. Doch das ist ein himmelschreiendes Unrecht. Sie sind stark. Ohne die Tatkraft und den Mut dieser Frauen, wären die Familien untergegangen".

„Mit den folgenden Bildern wirst du die Erklärung haben, warum sie in die Fänge der Wachtturm-Werber geraten sind".

Josua sah seine Großmutter inmitten eines Flüchtlingstrecks. Wie in einem Alptraum rasen Szenen von Elend, Hunger, Frauen, die ihre Kinder umklammern, die weinend in einem Flüchtlingslager ausharren, in seiner Wahrnehmung vorbei. Die Menschen sind unterernährt, frieren und stehen mit ausdruckslosen Minen an, um eine Schüssel warmes Essen zu bekommen. Er sieht eine Gruppe dunkler Gestalten, die sich nächtens durch ein Waldgebiet schleichen. Kinder sind übermüdet. Sie stolpern über ihre eigenen Beine. Schleuser erteilen flüsternd Anweisungen. Grenzposten patrouillieren wachsam. Zu guter Letzt trifft seine Großmutter zusammen mit Walburga und ihren kleinen Schwestern Helene und Christa, in Wolfratshausen ein, wo sein Großvater nach Kriegsende mit einem Flüchtlingstransport strandete. Er hatte Arbeit als Maler gefunden und eine Wohnung in einem Behelfsheim. Der Krieg war für seine Großeltern vorbei. Sie waren zwar bis zum Skelett abgemagert doch lebend.

„Meine Mutter hat nie über die Zeit nach der Flucht gesprochen. Es fällt mir schwer, diesem ausgemergelten Mädchen zuzusehen, dem jetzt die Haushaltspflichten aufgebürdet werden. Sie ist doch erst elf Jahre alt, kocht, wäscht, nicht nur die große Wäsche für die ganze Familie, sondern jeden Tag die Windeln für ihren kleinen Bruder. Ich sehe keine freie Minute für sie. Seltsam, sie protestiert nicht. In diesem Alter sind Kinder trotzig, faul, eifersüchtig auf die kleinen Geschwister. Sie scheint nur an der Schule heimlich Freude zu haben. Lernen schiebt sie schnell zwischen zwei Pflichten ein. Sie rennt vor der Schule in die Apotheke, um Medizin für die Mutter zu besorgen, und kommt atemlos zum Unterricht.

In der winzigen, zwei Zimmer Behelfsunterkunft sind sechs Personen zusammengepfercht. Von einem privaten Rückzugsort keine Spur. Auf dem Heimweg von der Schule gönnt sie sich verstohlen einige Minuten für ihre Träume auf einer verschwiegenen Bank in der Loisachau.

Die *Stief*-Schwiegermutter thront symbolisch über dem Geschehen. Ihren Argusaugen entgeht nichts. Unbarmherzig verteilt sie mit scharfer Zunge Schwertstiche. Ich fasse es nicht, empörte sich Josua. Es ist wie vor dem Krieg. Die *Stief*-Schwiegermutter hat das Kommando. Ich fühle einen tiefen Seelenschmerz, mit dem meine Mutter als Kind unbeachtet und alleingelassen ist. Längst hat sie den Glaubenssatz ihrer Mutter und Großmutter übernommen. Sie ist ein unwertes Kind, hat perfekt zu funktionieren, um der Strafe zu entgehen. Meine Großmutter scheint auf der Flucht vor einer Wirklichkeit zu sein, die ihr aufgedrängt ist. Sie flüchtet sich in Krankheiten. Die Migräne kommt pünktlich vor verhassten Aufgaben. Im Zweifel erleidet sie einen Anfall. Da ist sie sicher, dass jemand anderes für sie einspringt. Sie flüchtet sich in diese Bruderschaft der Wachtturm-Religion. Sie begegnet dort den vertrauten Regeln des Gehorsams, der Unterordnung. Eine Ersatzfamilie von Brüdern und Schwestern. Es fällt ihr leicht die liebe, kranke

Schwester Susanne zu spielen, die bedauert wird, weil sie wegen ihrer Kinder so viel gelitten hat.

Sogar für meine Mutter erscheint diese Gruppe wie ein Hort der Rettung. Für ein Studium an der Uni bekommt sie keine Chance. Mein Großvater schimpft sie hoffärtig, weil sie es wagte an eine akademische Laufbahn auch nur zu denken. Dieser Traum ist für ihre Bank in der Loisachau reserviert. Darum stürzt sie sich mit Feuereifer darauf die bibelerklärenden Schriften auswendig zu lernen. Ich bewundere sie, wie sie jede Fragestunde mit Auszeichnung absolviert. Sie erntet Lob und Anerkennung, weil sie so perfekt und eifrig alle Aufgaben löst. Wie abscheulich von den verheirateten Männern, die die Sehnsucht nach Wärme und Zuwendung ausnützen. Sie hat sich als Jugendliche zu einer aufblühenden Schönheit gemausert. Wie ihr die begehrlichen Blicke der Männer folgen. Warum schämen sich diese verheirateten Gemeindeverantwortlichen nicht! Sie belassen es nicht bei ehrlichem Lob für den Lerneifer des Mädchens, das ihnen so unbefangen vertraut? Sie verabreden sich scheinheilig für den Predigtdienst und dann zu heimlichen Treffen, bei denen es nicht nur beim Austausch von Zärtlichkeit bleibt. Sie missbrauchen ihre unbewusste Sehnsucht nach väterlicher Liebe würdelos. Sie betrügen ihre eigenen Familien, die Versammlung und das Mädchen mit ihren Heimlichkeiten und den Schwüren, es seien Liebesbeweise, wenn sie sie oral befriedigt. Wie abscheulich ist doch das Masturbieren in ihrer

Gegenwart, mit der Behauptung, das sei der Beweis, dass sie sie lieben und ihr nicht weh tun werden. Das Mädchen ist gezwungen die Mahnung ihres eigenen, unguten Gefühls zu verdrängen. Sie wird in einen Loyalitätskonflikt und in Gewissensnöte verstrickt. Du darfst ja niemandem etwas von unserer Liebe erzählen, ermahnt sie Bruder Luber eindringlich. Wie würde das seinen Sohn berühren? In der Versammlung spielt er den fürsorglichen Familienvater. Bei dem verwirrten jungen Ding beklagt er sich, dass seine Frau ihm die Liebe verweigert. Er erträgt es angeblich, um seinen Sohn nicht zu verstören. An der Schwelle zum Erwachsen werden glaubt sie nur allzu gerne, dass sie geliebt wird. Sie ist viel zu naiv, um auch nur im Traum zu erahnen, dass sie sexuell missbraucht wird. Die Warnung vor unredlichem Handeln, die verwirrenden Gefühle ihrer Seele, spaltet sie ab. Sie stehen unter ihrem Gebot des Schweigens. Solche Warnungen ersetzt sie lieber mit der Einrede, sie wird wie eine Erwachsene behandelt. Sie ist wichtig.

„Sind dir Parallelen zu früheren Szenen aufgefallen"? Josuas Schutzengel lenkt die Gedanken auf die Lektion, die er lernen soll.

„Mir fällt auf, dass meine Mutter als Kind und Jugendliche viel Ähnlichkeit mit Esther in diesem Alter hat. Aber die kennen sich nicht. Sie sind sich nie begegnet und haben doch ganz sicher keine Epigene aus derselben Familientradition".

„Stimmt. Die Gemeinsamkeit ergibt sich aus der Zeitgeschichte. Hier ist das Volk der Habitus. Die Verschränkung mit dem Meer der universellen Weisheit, bewirkt ein Schwarmverhalten. Vom Mikrokosmos bis zum Makrokosmos schwingt alles in der Energie des universellen Ordnungsprinzips. Du darfst es auch die göttliche, universelle Weisheit nennen. Die Informationen aus dieser Quelle sind in den Zellen und Atomen des Universums und somit auch in denen der Kreatur zu ihrem Wohl und Überleben gespeichert. Sie steht allem Leben ohne Bedingung zur Verfügung, weil die göttliche Dimension das Prinzip der allumfassenden Liebe ist. Aus der gemeinsamen Kultur des Schweigens der menschlichen Tradition, wachsen die Überlebensstrategien der individuellen Sozialgemeinschaften. Sie gleichen sich, trotz der individuellen Unterschiede".

„Da wächst ein Mädchen in einer Familie auf, die über die wichtigsten Lebensfragen nicht spricht. Sie hat lediglich die Information, dass alles, was unterhalb des Bauchnabels ist, schmutzig und sündig ist. Jeder spielt eine Rolle, von der er voraussetzt, sie wird so von ihm erwartet. Diese Kultur des Schweigens setzt sich in der Gemeinschaft fort, die ihr neues soziales Umfeld ist. Die Jugendlichen in der Schule oder die Arbeitskollegen, stempelt man als potentielle Feinde ab. Ich fühle die Einsamkeit, die Leere, die eingefrorenen Emotionen, ein riesiges emotionales Defizit. Es fröstelt mich. Meine

Mutter hat mit vier Jahren ihren Vater verloren, als er in den Krieg zog. Es war das gravierende Verlusttrauma. Seiher sucht sie nach ihm. Er ist nie mehr zurückgekehrt, denn der Mann, den sie nach dem Krieg wieder getroffen hat, war ein völlig veränderter Mensch. Sie kann ihm nicht mehr vertrauen. Sie wagt es nicht, selbst das kleinste Bedürfnis zu äußern. Ihr Umfeld verfügt über sie und sie lässt es ohne Regung geschehen. Diese Szene mit ihrem Lehrherren bei einem Kunden in München ist verstörend. Das Gespräch dauert lange. Sie muss dringend zur Toilette. Sie sagt nichts. Der Chef beschließt, einiges Material für die Buchhaltung bei Taylorix zu kaufen, und bittet: „Walburga, such die Adresse aus dem Telefonbuch dort in der Telefonzelle raus". Sie gehorcht wortlos. In der Telefonzelle entleert sich ihre Blase. Sie vermag nicht es zu verhindern. Der Chef sieht die Pfütze, als sie die Türe öffnet. Das Lehrmädchen schämt sich. Sie schweigt und ebenso der Chef. Wie einsam ist ein Mensch, der inmitten von anderen Menschen nicht den Mut hat, eine völlig natürliche Bitte zu äußern"?

„Du verstehst jetzt, wie prägend das soziale Umfeld für jeden Menschen ist. Deine Eltern haben alle Glaubenssätze und Überlebensstrategien an dich weitergegeben. Du kannst sie nur dann neu programmieren, wenn du sie betrachtest und für dich persönlich die Entscheidung triffst, ob sie noch gültig sein sollen oder durch neue Strategien ersetzt werden müssen. Durch Nachfragen ergibt sich die

Chance, das Schweigen zu durchbrechen. Mit dem Verstehen wirst du unsichtbare Wunden heilen können. Beobachte das Geschehen um Esther und Julia weiter, es wird deine Zukunft beeinflussen.

Esthers Gemeinschaftsentzug war ein Schock für die Eltern und für Julia. Die strikte Regel, keinen Umgang mehr mit Ausgeschlossenen zu haben, trennte die Freundinnen von einer Minute zur Anderen, wie du inzwischen weißt und sie ist der Grund dafür, dass Julia jetzt in Kassel lebt".

Esther war nach dem hässlichen Rosenkrieg, mittellos und ohne Berufsausbildung. Auf Abitur und Studium hatte sie, bestärkt durch ihre Eltern, verzichtet. Sie glaubten alle an das nahe Ende des *Systems der Dinge* und daran, dass die beste Tätigkeit für Jugendliche, der *Pionierdienst* sei. Gemeinsam meldeten sich die Schulfreundinnen zu diesem Dienst an. Mit der Teilzeitarbeit in der Tankstelle bestritten sie ihren Lebensunterhalt, und suchten in der übrigen Zeit nach neuen Mitgliedern. Nach Esthers Heirat bestand ihr Mann darauf, dass sie kündigte und Julia verlor die halbe Stelle dadurch ebenfalls. Sie floh in die Zuteilung nach Kassel, um nicht der Versuchung zu erliegen, das Kontaktverbot zu brechen. Das war der Grund, warum sich die Freundinnen für Jahre aus den Augen verloren hatten. In Kassel arbeitet Julia Teilzeit als Bürogehilfin.

„Die Gemeinsamkeiten zwischen Esthers Familie und den Prägungen deiner Eltern sind dir aufgefallen. Es sind nicht die einzigen Übereinstimmungen. Sieh dir weiter die Geschichte der Freundinnen an". Mit diesem Gedanken wurde Josuas Blick in die Gegenwart der Begegnung in der Tankstelle gelenkt.

Die Begegnung bewegt.

Julia sieht ihrer Freundin direkt in die verweinten Augen „du fehlst mir so sehr", flüstert sie. „Warum hast du nicht bereut? Warum bist du nicht zurückgekommen"?

„Das hatte ich ja vor. Anfangs plante ich, nur etwas Zeit und Abstand zu gewinnen, um mich von dem Scheidungskrieg zu erholen. In dieser Zeit fand ich ein Forum im Internet, in dem Ex Zeugen Jehovas ihre Erfahrungen posteten. Ich hatte Herzklopfen und Gewissensbisse beim Lesen. Aber je mehr ich gelesen habe, desto verwunderter war ich darüber, dass so viele von den gleichen Erfahrungen berichteten, wie ich sie gemacht hatte. Meine Zweifel daran, dass ich in der Wahrheit war, nahmen zu. Ich überprüfte die Zitate aus der Bibel und staunte, weil einige, völlig aus dem Zusammenhang gerissen, für die verwendeten Argumente nicht taugten. Das ist mir nie aufgefallen. Ich habe die Lehre mit der Wachtturm-Brille gesehen. Sie war für mich die Normalität. Ich habe sie schon mit der Muttermilch eingesogen. Da ist doch mit jeder Erklärung eine suggestive Gewissensfrage verbunden. Oder hast du jemals nicht verstanden, welche Entscheidung die einzig richtige zu sein hatte, wenn man vor die vermeintliche Wahl gestellt wurde"?

„Ich verstehe schon immer, wie ein biblischer Grundsatz anzuwenden ist. Ich verstehe sogar, wenn es nicht ausdrücklich gesagt wird. Wir werden doch geschult, zu verstehen was gemeint ist. Eine klare Anweisung, du musst eine Bluttransfusion ablehnen, könnte dazu führen, dass die Politik hellhörig wird. Es könnte dem Ruf der Religionsgemeinschaft schaden und vielleicht könnten sie sogar Privilegien verlieren. Darum gibt der *Sklave* offiziell nur einen Rat. Trotzdem verstehen wir, dass es eine Anweisung ist. Er haut uns einen Bibeltext um die Ohren, aus dem wir einen sogenannten biblischen Grundsatz ableiten. Er garniert die Anweisung – äh, seinen Rat – mit einem biblischen Vorbild oder einer Erfahrung, die für uns ein leuchtendes Beispiel sein sollte und schon verstehen wir ganz genau, was gemeint ist. Dann stellt man uns vor die Wahl: tu' was wir dir sagen, das gefällt Jehova und er wird dich segnen. Falls du es anders entscheidest, hast du freiwillig den wahren Glauben verlassen und wir kennen dich nicht mehr. Leider kämpfe ich oft gegen den inneren Widerstand zu dieser Art der Manipulation an. Dann versuche ich, den *Rat des Treuen und verständigen Sklaven* in die Tat umzusetzen. Es fühlt sich so an, als ob ich mich permanent selbst vergewaltige".

Das Gespräch der beiden wird immer wieder unterbrochen. Esther bedient die Kunden und kassiert die Tankrechnungen. Dann antwortet sie:

„Ich verstehe vollkommen, was du sagst. Darum trafen mich Fragen in Aussteiger Foren wie ein Blitz aus heiterem Himmel. Zum Beispiel:

Welche Beweise hast du dafür, dass die Männer in New York von Gottes Geist geleitet werden? Haben sie ihre Lehren jemals geändert? Sind die Vorhersagen eingetroffen? In Jakobus 1:17,18 steht, dass es bei Gott KEINE Änderung, nicht den Schatten eines Wechsels, gibt. In den vergangenen, mehr als 130 Jahren wurden nahezu alle Lehren korrigiert! Ich war Jahrzehnte dabei, mit allem Pipapo! Es kam keine *erste Auferstehung*, keine *große Drangsal*, kein *Angriff auf die falsche Religion*, kein *Harmagedon*, kein *irdisches Paradies*. Ich war eine treue Zeugin Jehovas. Ich war *Pionierin* und 100 Stunden im Monat damit beschäftigt Menschen vor der *Vernichtung zu warnen*. Hast du dich jemals gefragt, was wir da an den Türen gepredigt haben, wenn wir behaupteten, nur die Zeugen Jehovas werden den Krieg Gottes überleben"?

„Jetzt, wo du das sagst, hmmmm, es wird oft von einem *gigantischen Blutbad* gesprochen. Ich fand es immer schrecklich, wenn sie so dramatisch geschildert haben, wie die Pferde der himmlischen Streitkräfte praktisch bis zum Hals im Blut der Menschen wateten. Ist schon ungeheuerlich! Alle Menschen werden sterben! Hat Gott das denn nötig"?

Ein Kunde betritt den Kassenraum. Er hat eine dicke Brieftasche in der Hand und sagt: „Diese

Brieftasche ist eben vom Dach des Autos gefallen, welches gerade weggefahren ist. Der Fahrer war offensichtlich zerstreut, er hat sie auf dem Autodach vergessen".

Esther bedankt sich herzlich bei dem ehrlichen Finder. Sie wird die Polizei verständigen und veranlassen, dass der Eigentümer seine Börse zurückbekommt, versichert sie. Sie bittet um die Adresse des Kunden. Er hat Anspruch auf Finderlohn. Der Mann lehnt bescheiden ab. „Das ist doch eine Selbstverständlichkeit", sagt der etwa 55-jährige, freundlich. Julia sieht ihn bewundernd an. Nach seiner Kleidung zu urteilen ist er ein Bauarbeiter. Er trägt einen Overall mit einem Firmenlogo. Er ahnt nicht, welche Erinnerung er bei den Frauen ausgelöst hat.

Esther wendet sich an Julia: „Kennst du einen Bibeltext, der eine menschliche Organisation berechtigt, für sich in Anspruch zu nehmen, dass nur ihre Anhänger gerettet werden? Das ist die zentrale Lehre der leitenden Männer der Zeugen Jehovas. Gebetsmühlenartig wurde uns eingebeult, diesen *treuen Sklaven* bedingungslos anzuerkennen. Von diesem Organ hängen angeblich die *geistige Gesundheit* und ein *gutes Verhältnis zu Jehova* ab. Klingt das für dich nicht auch wie eine überhebliche Gotteslästerung? Ich habe einmal einen Geldbeutel vor unserem Haus gefunden und den Eigentümer ausfindig gemacht. Seine Familie war sehr froh darüber und sie haben mir einen ganzen Kübel

Blumen zum Dank geschenkt. Es handelte sich bei dem Inhalt des Portmonees um ihren Monatslohn. Ich habe betont, dass ich so ehrlich bin, weil ich eine Zeugin Jehovas bin. Wie du dich erinnerst, diente dieser Hinweis dazu, informell Zeugnis zu geben, um in den Angesprochenen den Wunsch zu wecken, bei uns, diesen ehrlichen Christen, Mitglied zu werden. Das implizierte für mich: Nur wir sind ehrlich; oder hast du das anders im Sinn"?

„So kenne ich das aus unseren Schulungen für den Predigtdienst. Wie du das sagst, klingt es tatsächlich überheblich. Warum bin ich da nie selbst darauf gekommen? Natürlich ist ethisches und moralisch redliches Handeln nicht auf eine bestimmte Konfession begrenzt. Menschen haben ein Gewissen. Sie fühlen durchaus, womit sie dem Nächsten schaden oder helfen. Der ehrliche Kunde hat uns diese Lektion gerade gegeben".

„Was fühlst du, Josua? Wovon ist die Begegnung Julias mit Esther geprägt"?

„Esther trägt einen unsichtbaren Rucksack aus der Vergangenheit unbewusst mit sich. Der Inhalt ist für ihr Verhalten verantwortlich. Das Gewicht sind Dogmen und Überlieferungen und fremde Glaubenssätze, die ihr wahres ich begraben. Der dunkle Wurzelbereich ihrer Seele ist überdimensional groß".

„Deine Gedanken treffen den Kern. Verstehe darum warum zukünftig geschieht was geschehen wird".

Durch ihre unvermittelte Begegnung wurden die Freundinnen von Gefühlen übermannt. In der Vergangenheit waren sie trainiert, Gefühle mit Selbstbeherrschung auf Eis zu legen. Die Begegnung traf sie unvorbereitet und die Gefühle überwältigten sie. Nach dem Trauma der Trennung war das Verdrängen Selbstschutz. Julia schaffte es, kognitive Konsonanz herzustellen, die zum Überleben unerlässlich war. Nur keine negativen Gefühle zulassen. Die Konditionierung zu bedingungslosem Gehorsam ließ keine Alternative zu. Die Veranschaulichung mit dem Körper, der viele Glieder hat und trotzdem eine Einheit bildet, die aus der Bibel abgeleitet wurde, klingt plausibel. Daraus folgten die Handlungsanweisungen, denen nicht widersprochen werden durfte: Die *Sünderin* Esther wurde mit einem bösartigen Tumor verglichen, der entfernt wurde, um den übrigen Körper zu schützen. Die Versammlung war das Habitus-System, das Körper gewordene soziale Gefüge, von dem erwartet wird, dass es nicht leidet, wenn die Operation - Abschneidung, Gemeinschaftsentzug, sozialer Tod - vollzogen wurde. Das System war die Begrenzung des Handelns und der Freiheit. Es ließ nur geringe individuelle Abweichungen zu. In diesem Augenblick, in dem sie sich nun gegenüberstanden, waren sie nicht imstande, ihre Impulse zu beherrschen. Sie fielen sich erneut in die Arme und weinten.

Nach einer ganzen Weile trocknen sie die Tränen und Esther sagte: „Mein Verhältnis zum Vater hängt von der Liebe ab, sagt mein Verstand. Ich finde aber keine bedingungslose Liebe in dem Umfeld, in dem ich erzogen wurde. Es hat doch immer geheißen: Beweise deine Liebe zu Jehova durch deine *Loyalität* und deinen *Gehorsam*".

„Das stimmt! Weißt du, ich bin zurzeit in einem extremen Gewissenskonflikt deswegen. Ich hatte einen Gemeinschaftsentzug und wurde wieder aufgenommen. Jetzt stehe ich unter Beobachtung, wie du dir denken kannst. Vor zwanzig Jahren habe ich den Kontakt zu meiner Mutter abgebrochen, weil sie versuchte, mich daran zu hindern, eine Zeugin Jehovas zu werden. Deine Eltern traten an ihre Stelle. Trotzdem vermisse ich Mama. Wenn sie mit mir reden wollte, manchmal auf Umwegen über ihre Arbeitskollegin, oder über meine Tante Laura, dann war es so schwer, konsequent zu bleiben. Ich fühle aber, dass sie mich auch vermisst. Dieser psychische Druck ist zu viel für mich. In der Kur habe ich Josua kennen gelernt. Er ist auch als Zeuge Jehovas erzogen worden und nach seiner Scheidung ausgestiegen. Er versteht mich, wenn ich ihm von meinen Sorgen erzähle. Trotzdem versteht er nicht, warum ich an den Freunden in der Versammlung hänge. Wohin soll ich gehen, wenn ich wieder ausgeschlossen werde? Was ist, wenn die Zeugen Jehovas doch Recht haben? Wird Jehova mir vergeben"?

„Ich höre mich jetzt gerade selbst reden", rief Esther aus. „Genau die gleichen Ängste hatte ich auch. Vor allem aber dieser brutale Schmerz des

Verlustes aller Menschen, die mir etwas bedeutet haben. Da stehst du in völliger Reaktionsstarre, praktisch allein, neben dir".

„Genau das ist mein Gefühl. Josua und ich planten, an diesem Wochenende über unsere Zweifel und unsere Zukunft zu reden. Beim Essen wollte ich reden. Er wollte Sex. Er hat meine Abwehr nicht verstanden. Am Ende haben wir uns angeschrien und er ist einfach gegangen. Dieses wortlose Gehen ist furchtbar. Ich habe das Gefühl, sein Schweigen brüllt mich an. Ich fühle mich so schuldig. Am nächsten Tag habe ich ihn als vermisst gemeldet. Die Polizei hat sogar Suchhunde eingesetzt. Es gibt keine Spur von ihm. Ich habe keine Ahnung, wie es weiter geht. Er fehlt mir. Wenn er aber in meiner Nähe ist, habe ich Angst vor seiner Berührung. Ich versuche, mich irgendwie unsichtbar zu machen".

„Ich kann mir schon denken, was du meinst. Wir Frauen werden von den angeblich christlichen Ehemännern doch wie unbezahlte Liebesdienerinnen behandelt. Ja schlimmer noch, wie Eigentum, das sie nach Belieben benutzen". Esthers Stimme klang bitter und sarkastisch. „Da grapscht der Mann nach deinem Busen oder zwischen deinen Schritt und du hast das als Aufforderung zu verstehen, seine Gier zu befriedigen".

Betroffen registrierte Julia, wie sehr ihre Freundin unter ihrem gewalttätigen Ehemann gelitten hatte. Nein, diese demütigende Qual hat Josua ihr nicht zugemutet. Wenn er auch erwartete, dass sie seine

Wünsche erriet und teilte. Es tat ihr weh, wenn er auf ihr Bedürfnis nach Distanz gekränkt reagierte. Andererseits fühlte sie sich schlecht, weil sie bei ihren Treffen an den Wochenenden, oft gegen ihre festen Vorsätze, seinem Drängen nachgegeben hatte. Sie konnte sich nicht eingestehen, dass es auch ihre Wünsche waren. Die Vorstellung, sie sei von sündigen Neigungen getrieben, passte nicht zu dem Bild einer perfekten Julia, das sie von sich hatte. Josua verkörperte für sie das Ideal eines liebevollen Vaters, nach dem sie sich immer sehnt. Leider schienen die Warnungen der Mutter immer wieder bestätigt, dass die Männer nur das Eine wollen. Das befeuerte ihre ohnehin schon lodernden Schuldgefühle. Wenn Josua seinen Willen bekam, rezitierte sie in ihrem Kopf im Rhythmus ihrer Bewegungen: Das wisset, weder Hurer noch Ehebrecher werden Gottes Königreich ererben.

In der Matrix erfasste Josua die dramatische Bedeutung der Begegnung der Freundinnen. Er war nicht darauf gefasst, zu fühlen, dass er dabei eine zentrale Rolle spielte.

Mit der Frage: „Warum tue ich das, was ich tue, so wie ich es tue? Darüber habe ich mir nie Gedanken gemacht", drückte er seine Ratlosigkeit aus.

Die Antwort folgte prompt: „Sieh dir die Prägung an, die dir Tradition und Haltung deiner Vorfahren übergeben haben. Nur du kannst jetzt entscheiden, wer du bist und wer du sein möchtest. Sei entweder eine Fotografie, die sich nicht mehr verändert. Oder entscheide dich dafür, eine Marionette deiner Umgebung zu sein. Dann tanze nach fremden Regeln.

Du hast aber auch die Möglichkeit, der Schöpfer deiner eigenen Wirklichkeit zu sein. Verstehe, wie du geworden bist, wer du bist. Betrachte die Drehpunkte deines Lebens. Dort fielen die wichtigen Entscheidungen. Manche aus Angst. Manche mit dem Mut der Verzweiflung. Sie beeinflussen immer die Zukunft".

Der Glaubenssatz der Mutter prägt nonverbal.

Mit diesen Worten veränderte sich die Szene und Josua beobachtete die Hochzeit seiner Eltern. Walburga Pelikan heiratete neunzehnjährig, den zwanzigjährigen August Ablassmeier. Die Hochzeitsgesellschaft wohnt einem Vortrag bei, der zu Ehren des Brautpaares im Königreichssaal gehalten wird. Das ist eine Auszeichnung. Es bedeutet, das Paar ist keusch geblieben. Der Redner erläutert die Pflichten der Partner. Der Mann wäre verpflichtet, seine Frau zu lieben und für sie und kommende Kinder materiell zu sorgen. Aber wichtiger wäre es, die geistigen Bedürfnisse, niemals zu vernachlässigen. Da stimmt etwas nicht, will Josua einwänden, nach allem, was ich inzwischen beobachtet habe, wird nicht nach Bedürfnissen der Frau gefragt. Die wahre Wortbedeutung ist in meiner Erinnerung, die Ansprüche der Religionsführer immer beachten. Der Mann wird ehelicher Besitzer der Frau und sie muss ihm demütig untertan sein. Josua erinnert sich an die häufige Wiederholung dieser sogenannten biblischen Grundsätze in Vorträgen, Lehrartikeln im Wachtturm oder im Monatsblatt und verschiedenen Büchern.

Waren es wirklich biblische Grundsätze? Die Skalarwelle übermittelt eine überraschende Antwort: Sogar das Bürgerliche Gesetzbuch schrieb noch im 20. Jahrhundert vor: Eine Frau darf nur mit der Erlaubnis ihres Ehemannes einen Beruf ausüben. Erst 1977 wurde das Gesetz geändert. Den Verdienst seiner Frau verwaltete der Mann. Sie konnte ohne seine Zustimmung kein eigenes Bankkonto eröffnen. Erst ab 1969 galt die verheiratete Frau als geschäftsfähig und konnte eigene Verträge abschließen.

Wer waren die Verfasser solcher Gesetze? Männer, die geprägt durch religiöse Tradition und Haltung in der untertänigen Frau die selbstverständliche Idealform sahen. Über die Jahrhunderte wurde das kollektiv von Generation zu Generation weitergegeben. In Josuas geistiger Wahrnehmung erschien ein Heer von grauen Gestalten. Frauen, die sich unterworfen hatten. Sie waren gesichtslos, emotionslos, leblos. Sie funktionierten wie Präzisionsautomaten.

„Schau hin, Josua, das alles sind die gläubigen Frauen, denen das Paradies versprochen wurde, wenn sie alle Vorschriften befolgen. Julias Instinkt wehrt sich gegen die Forderung, sich dem Gesetz des Ehemannes bedingungslos zu unterwerfen. Darum wollte sie nicht wie ein Möbelstück behandelt werden. Unbewusst verteidigte sie ihre Menschenwürde. Verteidigen ist die richtige Bezeichnung. Es ist der Kampf um Freiheit".

Die Rollenverteilung ist deutlich zum Nachteil der Frau, versteht Josua. Für mich schien es die Normalität, von meiner Ex-Frau zu erwartete, dass sie mir in allem die Führung überlässt. Wie sind religionstreue Paare denn auf die Ehe vorbereitet? Wir waren das nur marginal. Was wusste Walburga, meine Mutter, über die sexuellen Bedürfnisse von meinem Vater? Josua beobachtet die Zeit, in der sie leben. Die Pille wurde erfunden. Die Frauen demonstrierten für ihr Recht, selbstbestimmt über die Zahl der Kinder zu entscheiden. In der Schule wurden die ersten Unterrichtsstunden zur Sexualkunde angeboten. Männer schlichen in Videotheken und liehen sich die Kassetten aus, die hinter dem Vorhang lagen. Die Eltern der Zeugen Jehova Kinder protestierten gegen Aufklärung in der Schule. Sie erlaubten ihren Kindern nicht, diese Schulstunden zu besuchen. Sie schützten sie angeblich vor der Weisheit der Welt, die Torheit bei Gott ist. Für ihre Kinder war die Zeitschrift „Bravo" lesen, streng verboten. Die Filme von Oswald Kolle galten als der Sündenpfuhl schlechthin.

Von der Anatomie ihres Körpers hatten Mädchen im Umfeld fundamentalistisch, religiöser Erziehung oft keine Ahnung. Vagina, Gebärmutter, Eierstöcke, Eisprung, waren für sie böhmische Dörfer. Die Monatsblutung war peinlich. Darüber sprach man nicht. Man schämte sich. Wie männliche Ansprüche oral zu befriedigen sind, hatten ungezählte Mädchen, mitunter auch kleine Jungen, durch den Missbrauch der Männer gelernt. Doch darüber sprechen war unmöglich. Die Täter kannten die wirksame Drohbotschaft, die ihre Vergehen vertuschte. Die Opfer hatten gesündigt und waren schuldig. Sie schämten sich dafür. Eigene Gefühle verdrängten sie mit wohltrainierter Selbstbeherrschung. Die Frauen hatten dem Bild der perfekten Ehefrau zu entsprechen, die wie Sara ihren Mann in ihrem Herzen Herr nannten.

Seinen Vater zu beobachten kostete Josua Überwindung. Er kannte seine Vorträge und die Belehrung aus den Schriften. „Ich habe die Stunden nicht gezählt, die ich mich mit meinem schlechten Gewissen herumgeplagt habe. Der Kampf gegen die Masturbation, der angeblich nur gewonnen werden kann, wenn man reichlich beschäftigt ist im Werke des Herrn. Ich erinnere mich an Erklärungen, dass die Gewohnheit zu masturbieren das seelische Gleichgewicht stört. Man gibt seinem Körper zu viel Aufmerksamkeit. Es würden unsaubere und unanständige Gedanken und Begierden geweckt, die zu Homosexualität und Hurerei führen könnten. Es wurden sogar Ärzte zitiert, die vor zu enger Kleidung warnten, weil sie die Voraussetzung zu Unsittlichkeit durch Steigerung der geschlechtlichen Reizbarkeit schafften. Wir wurden geradezu bombardiert mit Warnungen vor dieser unsittlichen Handlung. Mein

Vater widerstand aber der Versuchung nicht, sich selbst zu befriedigen. In diesem Punkt war er ein sexueller Selbstversorger. Er musste es eine Sünde nennen. Dafür schämte er sich. Darüber spricht er nicht. Ein Vater Sohn Gespräch von Mann zu Mann gab es für ihn, den Kriegswaisen, nie. Die gleichaltrigen brüsteten sich mit ihrer Potenz, ein Synonym für Männlichkeit. Kreativ beschaffte sich mein Vater heimlich die verbotenen Schriften. Mit den Bildern testete er seine „Männlichkeit". Auf keinen Fall durfte er sich dabei erwischen lassen. Es wäre ein Fall für ein Gespräch vor dem versammlungsinternen Rechtskomitee gewesen. Da bestand die Gefahr, dass er sein Amt, ein Vorrecht verlor. Er konnte es kaum erwarten, dass seine Ehefrau offiziell die eheliche Pflicht, seine Lust zu befriedigen, übernahm. So interpretiere ich meine Beobachtung. Ich bin sein Spiegelbild, obwohl ich mir dessen nie bewusst war."

„Du kennst nun einen unbewussten Glaubenssatz im Dunkel deiner Seele, den du prüfen kannst. Brauchst du ihn noch? Nützt er dir? Wie wirst du zukünftig mit diesem sehr persönlichen Bedürfnis umgehen? Es wird deine Verantwortung und deine Freiheit der Entscheidung sein".

„Mein Vater hatte das Bild des Retters und Befreiers von sich. Er befreite die Angebetete aus ihrer familiären Enge. Aus seiner Sicht war sein Motiv wahre Liebe zu dieser Traumfrau. Er bezweifelte nicht, dass sie denselben unbändigen Drang nach sexueller Vereinigung verspürte wie er. Leider war das ein Trugschluss. Bei allem, was sie wusste, – vielmehr nicht wusste, - hatte sie Angst vor dem Bevorstehenden. Wie es sich zeigte zu Recht. Vater nahm sie in Besitz. Er interpretierte seine Leidenschaft als Liebe. Er glaubte aufrichtig daran, dass dieses Gefühl die wahre Liebe sei. In seinen Augen gehörte ihm die schönste Frau der Welt. Sie war sein"!

„Deine Mutter verstand nicht, wie ihr geschah. Sie hatte erwartet etwas zu fühlen, was die Leute ‚glücklich sein' nennen. Doch die begehrlichen Berührungen ihres frisch Angetrauten waren ihr peinlich. Sie durfte ihn nicht abwehren, denn jetzt war ‚es' ja erlaubt. Hilflos verfiel sie in ihre Strategie gut zu funktionieren. So wie sie bisher ihr Leben gelebt hatte, ließ sie ihr ‚erstes Mal' über sich ergehen. August zerbrach unsensibel ihre geheimen, romantischen Träume in dieser ersten Nacht. Am Morgen hatte sie einen schlimmen Ausschlag. Sie vermutete Masern. Doch ihr Hausarzt legte väterlich seinen Arm um ihre Schultern und tröstete sie. Sie würde sich an ihren Mann gewöhnen.

Geredet wurde nie über die enttäuschten Erwartungen. Dein Vater sprach nicht darüber, dass er sich unter einer leidenschaftlichen Umarmung etwas ganz anderes vorgestellt hatte. Deine Mutter hätte ihm nichts davon erzählen können, wie ihre Träume von Zärtlichkeit aussahen. Ihre Sehnsucht galt einem Mann, der es verstand, sie als Person wahrzunehmen.

Sie sehnte sich nach Berührungen, die ihr das Vertrauen gaben, ‚er meint mich'. Eine Berührung, die ihr sagte: Komm in meine Arme, es ist alles nicht so schlimm, ich bin da, ich tröste dich. Manchmal hätte sie sich auch gewünscht, dass seine Umarmung ihr signalisierte: Ich bin so stolz auf dich, das hast du supergemacht. Seine Art, mit der Berührung gleichzeitig zu fordern: Ich will jetzt befriedigt werden, empfand sie demütigend. Aber beide spalteten diesen Teil ihrer Beziehung von dem offiziellen Teil ihres Lebens ab. Reden wurde tabu. Die Regeln der sogenannten biblischen Grundsätze – entzieht ‚es' einander nicht, diktierten die Vorgänge im Ehebett.

Die Gemeinde sah in ihnen ein vorbildliches Ehepaar". Josua beobachtete, wie beide in der Außendarstellung in ihren Rollen nach Perfektion strebten. Seine Mutter war dankbar für ihr Königreich, den Haushalt mit allen Pflichten. Vater überließ ihr das bereitwillig, weil sie seine Kontrolle klaglos zuließ. Vater genoss die Annehmlichkeiten seiner Rolle als Haupt der Familie. In der Gemeinde wurden ihm mehr und mehr Führungsaufgaben und Verantwortung übertragen. Er erfreute sich großer Beliebtheit. Man vertraute seinem Rat, denn er kannte alle Regeln und Vorschriften, die veröffentlicht wurden, zuverlässig.

Die Paarbeziehung entwickelte sich zum Match mit ungeschriebenen Spielregeln. Die Mutter spielte das Vermeiden von Nähe und Körperkontakt so oft es mit

Trick und Phantasie zu bewerkstelligen war. Das deutete der Vater verständlicherweise als persönliche Zurückweisung. Er stellte seine Enttäuschung mit so vorwurfsvoller Leidensmiene zur Schau, dass es an emotionale Erpressung grenzte.

Seine Frau verstand das Signal der Schuldzuweisung und fügte sich, häufiger als ihr lieb war. Nicht zuletzt wegen der angeblich biblischen Anforderung an eine christliche Ehefrau. Es gab dazu unmissverständliche Artikel in den Veröffentlichungen. Die Ehefrau, die das biblische Gebot missachtete, trug Mitschuld, falls der Partner seine sexuellen Bedürfnisse mit Hurerei, *Porneia,* worunter Masturbation fiel, oder Ehebruch befriedigte. Sie hätte dadurch dem Teufel Raum gegeben, den Mangel an Selbstbeherrschung auszunützen und die Ehepartner zur Sünde zu verleiten. Es gab keinen Zweifel. Sie hatte nicht ihren eigenen Vorteil zu suchen, sondern die Wünsche ihres Partners zu befriedigen. Was auch immer geschah – es war ihre Schuld und Verantwortung.

Mit der Zeit perfektionierten beide ihre Methoden. Ihre Beziehung reduzierte sich auf den kleinsten Nenner. Es war eine weitgehend friedliche Koexistenz. Sie brauchten einander. Sie war dankbar der Enge ihrer Familie entkommen zu sein. Sie verletzte ihn nicht absichtlich. Sie fühlte sich in seiner Schuld.

Er brauchte sie zur Bestätigung seines Selbstwertes. Er, der ein Kainsmal im Gesicht trug, hatte eine schöne Frau an seiner Seite. Die Heilige

Schrift selbst, gab ihm die Legitimation für seine Haltung: *Eine tüchtige Frau ist eine Krone für ihren Besitzer,* war in den Sprüchen zu lesen. Es kam seiner narzisstischen Selbstwahrnehmung entgegen, dass er von seiner Frau ermutigt wurde, ehrgeizige Ziele im Beruf zu verfolgen. Er bürdete sich mehr und mehr Verantwortung auf, was seinem Ego schmeichelte. Doch seine tatsächliche Qualifikation überforderte. Das ist die Erklärung für seine Angst vor dem Versagen, die er sorgfältig zu verbergen versuchte. Für seine Frau stimmte das Bild von einem erfolgreichen Ehemann. Sie lebten beide eine Imagination der Wirklichkeit. Sie orientierten sich an den Normen ihres Wertesystems. Doch Normierung bedeutete zwangsläufig die Überforderung des einen oder die Unterforderung des anderen".

Josua schaut auf die Wirklichkeit.

Für Josua hatte sich mit dieser Szene die Tür zum Verständnis geöffnet. „Papa war überfordert. Ihm war das bewusst und er lebte in der permanenten Angst zu versagen. Angst, es könnte jemand entdecken. Angst, seine Stellung zu verlieren. Angst, durch einen Fehler im finanziellen Ruin zu landen. Er kontrollierte alle Vorgänge in seinem Umfeld.

Mama war unterfordert. Ihr war durch die fremdbestimmte Rolle der Untertänigen jede Selbstverwirklichung vorenthalten. Sie versuchte, ihre Träume aus dem Hintergrund mittelbar zu verwirklichen. Sie war die Ideengeberin. Papa versuchte, ihr jeden Wunsch zu erfüllen. Kein Wunder, dass sich beide im falschen Film wähnten. Ohne Hintergedanken verteidigten sie unbewusst ihre eigenen Bedürfnisse. Die Barriere der Sprachlosigkeit stand unsichtbar und unüberwindlich zwischen ihnen.

Ich war ein Wunschkind meiner Mutter. Doch ich war eine Spielfigur in diesem Machtkampf. Mutter betrachtete mich wie ihren Besitz. Sie erdrückte mich mit ihrer Liebe. Sie war so stolz auf mich und meine Leistungen. Egal was ich tat, sie stellte mich auf ein Podest und betete mich an. Doch sie konnte das nicht offen zeigen. Offiziell lag die Verantwortung der Erziehung bei Papa und sie mussten mich nach den Anweisungen des Ordens schulen. Papa war eifersüchtig. Er ließ uns nicht aus den Augen. Alles stand unter seiner Kontrolle. Mama bat ihn um Erlaubnis, wenn sie eine Kleinigkeit kaufen musste. Ein Paar Strümpfe oder einen Suppentopf zum Beispiel. Das war ein pro forma Ritual. Mama konnte sicher sein, dass Papa niemals nein dazu sagte. Sie erstattete Bericht über ihre Telefongespräche. Vater las jeden Brief, den sie bekam oder schrieb. Er wusste genau Bescheid wann und mit wem sie für den Predigtdienst verabredet war. Dass Mama allein zu einer Verabredung mit einer Freundin auf eine Tasse Kaffee gegangen wäre, war nicht denkbar. Ihre Verabredungen waren für den Predigtdienst vorbehalten. Sie hatte für jeden ein offenes Ohr. Sie selbst befolgte die strenge Forderung ihres ehelichen Besitzers, mit niemandem über private Familienangelegenheiten zu sprechen. Dieses Gebot hat sie nur ein einziges Mal übertreten, was Papa ihr sehr verübelte.

Papa sorgte dafür, dass wir alle Mahlzeiten gemeinsam einnahmen, den Tagestext besprachen, uns auf die Zusammenkünfte vorbereiteten und keine einzige davon versäumten. Wir besuchten den Bezirkskongress, obwohl meine Röteln noch nicht verheilt waren. Papa legte den größten Wert darauf, dass ich keinen Umgang mit weltlichen Freunden hatte. Es ist erschreckend, das undurchdringliche Netzwerk der Regeln und Vorschriften zu sehen, in dem wir verfangen waren. Wohin ich mich auch wende, was ich mir auch anschaue, immer hinderte mich eine Vorschrift daran, meine Absicht umzusetzen. Wir sind im selben System gefangen. Jeder ist trotzdem allein – wie ein verlorenes Rettungsboot auf dem Ozean.

Dabei konnte ich mit verschiedenen paradoxen Signalen nicht umgehen. Ich hatte beobachtet, wie Papa sich pornographische Hefte anschaute. Das war verboten. Mama war das nicht entgangen. Niemand sprach darüber. Die Ehe meiner Eltern wurde in der Versammlung als Vorbild gepriesen. Papa war der Vertraute und Ratgeber in Ehe- und Familienangelegenheiten für viele. Wie passte das zusammen? War es kein Verrat an seiner Ehefrau, wenn er sich Videos von selbstbefriedigenden Frauen anschaute? Ist es wirklich die Schuld der Ehefrau, wenn der Mann sündigt? Ist es überhaupt eine Sünde, körperliche Bedürfnisse zu befriedigen? Offensichtlich fühlte sich meine Mutter schuldig. Ich hatte keine Erklärung dafür. War das die Ursache der Distanz zwischen uns"?

Josua kann verschiedene Ebenen erkennen. In der tiefsten Ebene der untrennbaren Bindung ist die Liebe. Sie wird aber nicht bewusst wahrgenommen, weil sie in einer anderen Ebene durch Vorschriften verschüttet wird. Diese Vorschriften der Doktrin werden zynischerweise Liebe genannt. Die Liebe in dem Kult bedeutet die Reduzierung der Person. Es ist ein Verrat an ihr, denn sie muss die Emotionen an das anpassen, was die Doktrin für gut und richtig erklärt. Doch eine Doktrin ist nur auf die Einhaltung von Bedingungen bedacht. Es geht nicht um die Gefühle und Bedürfnisse der Person. Es geht ausschließlich um die Einhaltung der Vorschriften. Man hat Angst davor, schuldig zu werden. Die Angst ist in allem die lenkende Motivation. Mein Vater sah auf Schritt und Tritt Gefahren. Er wurde panisch, wenn er für einen Augenblick glaubte, die Kontrolle zu verlieren. In seinem Kopf entstand sofort ein Horrorszenario davon, in welche Anklagen er verwickelt werden könnte".

Zur Erklärung erhält Josua die Information: „Die Fähigkeit der Selbstreflexion wird durch Doktrinen, durch Diktaturen, durch Verbote und Regeln unterdrückt. Denkverbote führen zum Selbstbetrug.

Die Weisheit befähigt, posttraumatische Verbitterung zu verarbeiten. Es ist die Fähigkeit des Perspektivenwechsels. Mit der Selbstdistanz wird es möglich, scheinbar unlösbare Probleme mit Abstand zu betrachten und zu bewältigen. Betrachte die Ereignisse aus der Perspektive der Matrix. Es wird dich in die Lage versetzen, deine Zukunft nachhaltig zu verändern".

„Meinem Vater war es extrem wichtig, die Pflichten für die Versammlung nicht zu vernachlässigen. Ich sehe eine beispielhafte Schlüsselszene: „Du musst Josua noch bei seiner Aufgabe für die Predigtdienst-Schule helfen", sagte er einmal, nach seiner Gewohnheit. Mama reagierte ärgerlich: „Sag nicht immer du musst", schnauzte sie ihn an. Papa war sofort beleidigt. „Ich bin doch kein Despot! Ich habe noch nie jemanden unterdrückt. Wieso verstehst du mich immer falsch"? Fragte er barsch. Mama wirkte damals richtig verzweifelt: „Kannst du mir nicht einfach vertrauen? Ich mache meine Arbeit doch immer auch ohne Befehle. Ich habe sie immer gut gemacht. Ich habe unsere Interessen noch nie an die Wand gefahren. Du hast doch genügend Beweise, dass ich meinen Job beherrsche".

Darauf meinte Papa: „Ich kann sagen, was ich will. du verstehst mich immer falsch. Ich vertraue dir doch die Aufgabe an". Mama erwiderte heftig: „Dann sage nicht immer du musst! Diktatoren und Vorgesetzte erwarten Gehorsam. Die sagen du musst". Darauf ist

Papa mit der Bemerkung: „Ich kann nur gehen, bei dir ist es vergebliche Liebesmühe", vom Tisch aufgestanden. Mama rief ihm nach: „Was ist so schwer daran, das verletzende „du musst" zu lassen? Warum kannst du zur Abwechslung nicht mal fragen: Könntest du"?

„In meinen Reaktionen erkenne ich, dass ich ein Abbild meines Vaters bin. Julia warf mir vor, dass ich lieber gehe, als über unsere Probleme zu reden. Papa hatte einen völlig klaren Blick, wenn er bei Freunden, Kollegen, Wohnungsinhabern ähnliches Verhalten beobachtete. Dann nannte er es eine sektenartige Struktur in der Familie. Der oder die führt sich auf wie ein Guru. Er war völlig blind dafür, dass wir in unserer Familie zweifach gebundene Sekten-Mitglieder waren. Die Religionsgemeinschaft drückte uns unerbittlich Regeln auf. Wir alle hatten die Pflicht *aufeinander zu achten zur Liebe und zur Anreizung zu guten Werken*. Im Klartext, wir waren dafür geschult, Denunzianten zu sein. Wer einen Freund dabei beobachtete, dass er raucht, mit einer weltlichen Person Freundschaft hatte, mit einem Ausgeschlossenen Kontakt pflegte oder gar einer Bluttransfusion zustimmte, musste dafür sorgen, dass die Ältesten davon erfuhren und darüber befinden konnten. Davon löst man sich nicht einfach so, weil man Ex-Zeuge Jehovas ist.

In unserer Familienstruktur war die fremdbestimmte Hierarchie ebenso bindend. Mama und Papa sahen den inneren Konflikt nicht, der sie aufzehrte. Sie litten beide darunter. Sie hatten Depressionen, Migräne, nervösen Magen, immer wieder neue Probleme, die sie nie im Zusammenhang mit den Drohbotschaften und Versagensängsten sahen. Für meine seelischen Bedürfnisse blieb kein Raum übrig. Sie erwarteten, dass ich perfekt funktioniere. Wenn ich die Augen schloss und in mich hinein fühlte, sah ich zwei Räume. Im linken sah ich Möbel und Dekorationen. Der rechte war völlig leer. Er hatte eine fest verschlossene Türe. Es ist der Raum meiner emotionalen Defizite. Mit meiner frühen Heirat wollte ich diesen Raum füllen um der Spannung, diesem Druck, zu entkommen".

Josua empörte diese Erkenntnis: „Gibt es niemanden, der sich fragt, was Menschen in Diktaturen, extremistischen Strukturen und fundamentalistischen Religionskulten zugemutet wird? Wer wird endlich fragen, welche emotionale Vernachlässigung Kindern angetan wird? Ich sehe immer das gleiche Drama, in allen Familien meiner Vorfahren. Wie habe ich mit Großmutter Susanne mitgefühlt, dass sie keine Liebe erfahren hat. Ich habe verstanden, dass sie an meine Mutter nichts weitergeben konnte, was sie selbst nie kennengelernt hatte. Nun sehe ich, dass ich in derselben Lage bin".

Die Schicksale gleichen sich.

„Das Verstehen führt dazu, dass du dich von der emotionalen Blockade lösen kannst. Du lernst dich selbst zu reflektieren und die Lösung zu finden, die für dich passend ist. Du wirst in der Lage sein, das Fremde zu entschlüsseln. Sieh dir doch an, wie es in der Familie deiner ersten Frau war. Du warst wie dein Vater, der Meinung, du musst sie aus ihrer schlimmen, familiären Situation retten. Du hast dich, genau wie er, gut dabei gefühlt, ihr Held und Retter sein zu können. Warum hat die Beziehung nicht funktioniert"?

„Gute Frage, sie schien so gut zu mir zu passen. Ähnlich wie Julia hat sie sich von einer Schulfreundin für den Glauben begeistern lassen. Sie stammte aus gutem Hause. Ihr Vater war ein Verwaltungsangestellter. Ihre beste Freundin war eine eifrige Pionierin bei den Zeugen Jehovas. Theresas Eltern waren entsetzt, als sie von der Absicht ihrer Tochter erfuhren, sich taufen zu lassen. Wie oft habe ich Theresa getröstet, wenn sie mit verweinten Augen in den Saal kam. Sie beklagte sich über ihren Vater, der ihr damit drohte, sie zu enterben, wenn sie sich taufen ließ. Ihre Mutter versuchte zu vermitteln, doch das machte den Vater nur noch wütender. Er brüllte sie an, dass die Weiber den Verstand verloren hätten. Er wundere sich nicht darüber, dass Theresa zu faul für ein Studium gewesen sei. Solange sie denken konnte, wurde Theresa immer von ihrem Vater mit ihrem Bruder verglichen und war die Versagerin im Vergleich zu ihm. Sie tat mir so leid. Sie gefiel mir auch mit ihren langen blonden Haaren. Als sie ihren Lehrabschluss hatte, machte ich ihr einen Heiratsantrag. Klar, ich war mir nicht bewusst, dass ich mit meinem Minieinkommen nicht in der Lage war, eine Familie zu ernähren. Mir war nicht klar, dass Theresa einen anderen Umgang mit Geld gewohnt war, als ich das bei meiner Mutter beobachtete. In der Zeit meiner verliebten Werbung um sie, machte ich ihr Geschenke, die ich mir nicht leisten konnte. Ich verheimlichte meine finanzielle Lage. Bald nach unserer Hochzeit wurde sie panisch, bei dem Gedanken, unser Einkommen sei zu gering. Sie verglich sich mit ihrem Bruder und war entschlossen, finanziell besser als er da zustehen. Auf ihr Drängen wechselte ich meinen Arbeitsplatz. Die endlosen, nächtlichen Vorwürfe, und Klagen darüber, dass sie sich ein Kleid oder Schuhe nicht leisten könne, zermürbten mich. Mehr und mehr hielt ich mich selbst für einen Versager. Ich konnte die Anforderungen an einen christlichen Ehemann nicht erfüllen.

Theresa klagte so überzeugend, dass ich in der Versammlung den Ruf des bösen Ehemannes bekam. Ein Ältester gab mir biblischen Rat. Das war eine unüberhörbare Warnung. Ich wurde in der Gemeinschaft zunehmend isoliert. Ich versuchte, unser Einkommen mit Überstunden aufzubessern. Das hatte zur Folge, dass ich die Zusammenkünfte versäumte. Bei den Ältesten galt ich als Materialist. Für ein Vorrecht untauglich, weil ich im Dienst kein Vorbild war. Zwei Älteste, luden mich zu einem weiteren, *ermunternden* Gespräch in den Nebenraum. Es war mir so peinlich, denn jeder wusste, dass mir die Leviten gelesen werden sollten. Sie insistierten, ich müsste die Pflicht, als Ehemann, ernst nehmen. Sie zitierten aus einem Wachtturm-Artikel: Ehepaare können ihre Liebe dadurch befestigen, dass sie die Interessen des Anderen über die eigenen stellen. Die eheliche Pflicht würde mehr als nur körperliche Vereinigung einschließen. Es wäre meine Verantwortung, meine Frau davor zu bewahren, *geistigen Schiffbruch* zu erleiden. Das führt unweigerlich dazu, dass wir beide den Segen Jehovas aufs Spiel setzten. Theresa klagte darüber, dass sie sich alleingelassen fühlte. Je mehr ich in dem Hamsterrad strampelte, desto weniger hatte ich Erfolg. Darum habe ich aufgegeben. Ich reichte die Scheidung ein und wurde aus der Gemeinschaft der Versammlung ausgeschlossen. Ich habe praktisch geistigen Suizid begangen. Ich war der festen Überzeugung, von Jehova dafür verurteilt und mit dem ewigen Tod bestraft zu werden".

„Auch Theresa trug an ihren Altlasten aus unbewältigter Vergangenheit. Schau hin und verstehe, was ihre unbewussten Glaubenssätze waren". Begleitet von dieser Aufforderung blickt Josua in die Zeitschiene nach dem Ende des 2. Weltkrieges. Mit dem großen Flüchtlingsstrom aus dem Osten kam Olga, Theresas Mutter zusammen mit ihrer Mutter Elena nach Geretsried. Die Gemeinde hatte für die Flüchtlinge zu sorgen. Sie waren nicht willkommen. Die erzkatholischen und womöglich nationalsozialistisch geprägte Bevölkerung, grenzte die Flüchtlinge konsequent aus. Es galt als Blutschande wenn sich ein einheimischer Bauernsohn in ein Flüchtlingsmädchen verliebte.

Die Kinder der Neubürger wurden in der Schule gemobbt. Selbst einige Lehrkräfte, ehemals Gefolgsleute des Führers, förderten die Abgrenzung. Olga bekam das zu spüren. Vor der Währungsreform beschuldigte man die Fremden, der Grund für die fehlenden Lebensmittel zu sein. Die Regierung und die Kommunen bemühten sich, die Lage zu entschärfen. Das im September 1952 In Kraft tretende Lastenausgleichsgesetz entspannte die Situation. Auf Initiative der Karitas wurde eine Genossenschaft gegründet, in der Flüchtlinge Anteile erwarben. In dieser Flüchtlingssiedlung baute Elena ihr eigenes Haus. Das war der Anker zum Überleben für sie und Olga, ihre Tochter. Sie mied den Kontakt mit den Menschen um sie herum. In kargen Worten erzählte sie, die in jenen Tagen leicht glaubhafte Geschichte, von der Kriegerwitwe. Elenas Nachbarn und Arbeitskollegen sahen keinen Grund für Zweifel. Das ersparte ihr Schimpf und Schande in einer Zeit, in der eine moralische Verfehlung die denkbar schlimmste Sünde war. Ein lediges Kind wurde Bankert tituliert und ausgegrenzt.

Elena war einsilbig. Sie schloss keine Freundschaften. Die Menschen um sie herum erlebten sie kalt und abweisend. Wenn Olga nach ihrem Vater fragte, erklärte Mutter schroff, er sei tot. Olga fühlte sich dann schuldig, weil Mama wegen ihrer Frage traurig wurde. Da war eine dunkle, drohende Wand. Unsichtbar zwar, aber immer präsent, sobald sie versuchte, etwas über ihre Wurzeln zu erfahren. Olga verstand, diese Frage war tabu.

So übertrug Elena ihren Seelenkummer unbewusst auf Olga, die sich innerlich gegen das Mitleiden wehrte. Ohne Worte entstand das Tabu, welches Olga mit auffälligem Verhalten kaschierte. Sie wechselte die Rolle des lieben Mädchens, das von Mama oder den Lehrern gelobt wurde, unvermittelt in eine aufsässige, rebellische Göre. Ein unstillbarer Zwang, Menschen zu verletzen, die ihr viel bedeuteten, schien sie zu treiben. Olgas Verhalten, spiegelte die Ambivalenz der Mutter. Sie war besorgt um die Tochter. Sang sie mit Wiegenliedern in den Schlaf, oder nähte ihr Puppenkleider, las ihr Märchen vor. Andererseits zeigte sie Härte und Distanz. Sie nahm ihr Kind nicht in den Arm. Olga saß nie auf dem Schoß ihrer Mutter, um mit ihr zu kuscheln. Was für das Kind höchst verwirrend war, interpretierte es als persönliche Zurückweisung".

„So könnte ein Glaubenssatz ‚ich bin nicht liebenswert, ich muss mich wehren, ich muss kämpfen' entstanden sein", überlegte Josua.

„Ihr Protest war aufsässiges Verhalten, ein Ausdruck ihrer Hilflosigkeit. Elena hatte das Glück, Arbeit als Küchenhilfe im Gasthof zur Quelle in Magnetsried, zu finden. Das war für die kleine und schmächtige Person zwar anstrengend, doch sie war erstaunlich zäh und dankbar, sich und ihre Tochter ernähren zu können. Die Wirtsleute gehörten zu den Menschen mit Herz. Sie versorgten sie großzügig mit Lebensmitteln, die in der Gasthausküche übrig blieben.

Elena entwickelte einen Sparzwang, der an Geiz grenzte. Der einzige Luxus, den sie sich gönnte, war ein gebrauchtes Moped. Mit ihrer lindgrünen NSU Quickly fuhr sie täglich von Geretsried nach Magnetsried zur Arbeit. Von ihrem Lohn drehte sie jeden Pfennig dreimal um, ehe sie ihn ausgab. Ihre Devise war Sparen, damit sie nie wieder in extreme Not geriet. Die Erfahrungen der Flucht blieben ein nicht verheilendes Trauma in ihrer Seele. Die Sprachlosigkeit zwischen der Mutter und der Tochter ließ kein Gefühl der Nähe und Geborgenheit zu. Olga trug das Schicksal von Millionen Kindern aus zwei Weltkriegen, die Erfahrung des abwesenden Vaters. Unbewusst blieb die Sehnsucht, nach diesem Teil menschlicher Bindung, im Dunkel der Seele aktiv.

Die Jahre gingen ins Land. Elena zog sich verschlossen und verhärmt in ihre eigene Welt zurück. Sie vertraute weder Gott noch der Welt. Die Religion gab ihr keinen Halt, denn Gott hatte sie nicht beschützt. Olga zuliebe behielt sie die Traditionen Weihnachten, Ostern, Firmung bei.

Olga wurde ein Wildfang. Sie flirtete ungeniert bei jeder sich bietenden Gelegenheit. Dabei genoss sie die neidischen Blicke, die Eifersucht ihrer Mitschüler, mindestens ebenso wie die Bewunderung. Ja sie zelebrierte ihren Triumph. Alle Ermahnungen der Mutter, ihre düsteren Warnungen vor den Männern, ihre flehenden Appelle, dass ein anständiges Mädchen auf ihren Ruf zu achten hatte, oder der Hausarrest nützten nichts. Olga war lebenshungrig und musste sich nicht an die Regeln einer religiösen Doktrin halten. Unbewusst suchte sie in jeder Beziehung ihren Vater. Mit der Zeit wurde sie ehrgeizig. Die Rolle des armen Flüchtlingsmädchens taugte ihr nicht mehr. Sie war fest entschlossen, sich ihren Platz in der feinen Gesellschaft zu erobern.

Die Schule schloss sie mit der mittleren Reife und einem Einser-Zeugnis ab. Die Ausbildungsstelle beim Arbeitsamt bedeutete für sie ein Triumph. Je mehr sie in der Achtung ihrer Vorgesetzten stieg, desto klarer verfolgte sie berechnend ihr Ziel. Mutter Elena sah das veränderte Verhalten der Tochter mit Sorge. „Du bist so ete pe tete" tadelte sie, oder hielt ihr vor, selbstgefällig zu sein. Olga kümmerte das nicht. Der Abteilungsleiter in der Leistungsabteilung, Christian Steinhuber, wurde ihre Zielperson. Er sah gut aus, hatte gute Manieren als Kavalier der alten Schule und war der Sohn des Stadtkämmerers. Genau ihr Beuteschema. Er gehörte zu der angesehenen, bodenständigen, einheimischen Familie, die ihr vorschwebte. Die zehn Jahre Altersunterschied spielten für sie keine Rolle. Es fiel ihr nicht schwer, ihn zu umgarnen. Seine Eltern zu gewinnen, schien dagegen unmöglich. Ein Flüchtlingsmädchen, mittellose Halbwaise, war nie und nimmer standesgemäß.

Wie sagt der Volksmund so treffend: Gelegenheit macht Diebe. Der Betriebsausflug bot Olga die Gelegenheit. Die Stimmung war ausgelassen. Der Alkohol lockerte die Schranken. Beim Tanzen kam man sich näher und das Ergebnis war eine romantische Nacht unter dem Sternenhimmel. Sie blieb nicht ohne Folgen. Christian eröffnete seinen konsternierten Eltern, dass er Olga, das Flüchtlingsmädchen heiraten werde. Seine Mutter ließ keinen Zweifel daran, dass sie diese Schwiegertochter bestenfalls duldete. In ihren Augen war in diesem Fall eine nicht standesgemäße Heirat, dem Skandal, ihr Sohn ist Vater eines Bastards, als das kleinere Übel vorzuziehen.

Christian Steinhuber war ein Ehrenmann. Er übernahm Verantwortung und verlobte sich mit Olga. Sie war glücklich. Sie schien am Ziel ihrer Träume. Überschwänglich nahm sie ihre Mama in die Arme und tanzte mit ihr in der Wohnstube des neugebauten Eigenheims im Kreis.

„In sechs Wochen werden wir heiraten. Für das Aufgebot brauche ich meine Geburtsurkunde," verkündet sie die Neuigkeit. „Das ist unmöglich", entfuhr es Elena. Kreidebleich blieb sie wie angewurzelt stehen. „Es gibt keine Geburtsurkunde, wir waren auf der Flucht", versuchte sie abzuwehren.

„Aber das ist doch kein Problem, wir beantragen Ersatzdokumente".

„Darum geht es nicht. Sie werden nach deinem Vater fragen".

„Nach meinem Vater? Ich verstehe nicht, was ist mit meinem Vater"?

„Ich weiß es nicht"! Rief Helena verzweifelt aus. „Ich war nie verheiratet. Als die russische Armee in unser Dorf kam, trieben sie alle Frauen zusammen und fielen über uns her. Eine ganze Nacht lang, wurden wir vergewaltigt. Einer nach dem Anderen vergewaltigten sie uns. Väter, die versuchten, ihre Töchter zu schützen, wurden mit vorgehaltener Waffe gezwungen, zuzusehen. Wir waren übel zugerichtet. Mehr tot als lebendig. Einige von uns haben sich danach umgebracht. Ich habe auch lange überlegt, ob ich es tun sollte. Doch dann wollte ich deinetwegen leben. Ich kenne deinen Vater nicht und wir werden ihn nie kennenlernen. Ich schämte mich. Als ledige Mutter war ich die Schlampe, die Hure und du der Bankert. Um uns hier diesen Schimpf und die Schande zu ersparen, erzählte ich die Geschichte von dem toten Vater".

Fassungslos und ungläubig hörte Olga ihre Mutter reden. „Das glaube ich nicht! Sag, dass das nicht wahr ist! Du hast mich in all den Jahren glauben lassen, dass mein Vater tot ist! Das war eine Lüge"? Aufgebracht sprang sie auf und lief wie ein Tiger im Käfig auf und ab. Sie versuchte, das ganze Ausmaß der Katastrophe zu erfassen, die über sie hereinbrach. „Weißt du denn, was das bedeutet"? Schrie sie verzweifelt. „Christians Familie wird mich als Bankert, niemals anerkennen. In ihren Augen bin ich doch schon Blutschande nur, weil ich Flüchtling bin. Sie werden Christian zwingen, die Verlobung zu lösen. Was bleibt dann für mich? Ich sage dir eins: Bevor ich mich nach Wartaweil, zu den Nonnen abschieben lasse, bringe ich mich um. Ich werde mein Kind auch nicht zur Adoption frei geben"!

Wütend rannte Olga los. Sie schlug die Türe krachend hinter sich zu. Ziellos lief sie durch die dunklen Straßen. Sie beachtete weder den kühlen Nachtwind noch das leise Rascheln der Blätter in den Alleebäumen. Sie rannte nur weg, weg, weg.

Josua ist betroffen. „Die Menschen um Elena herum hatten keine Ahnung von dem, was diese Frau erlebt hatte. Diese panische Todesangst und das Gefühl der absoluten Hilflosigkeit, als niemand sie vor den Vergewaltigern beschützte, lässt sie nicht mehr los. Sie versucht, das mit totschweigen zu verdrängen. Aber in dem schier krankhaften Bemühen, mit Sparsamkeit dafür zu sorgen, dass sie nicht abhängig wird, zeigt sie doch ihre Angst. Der Gedanke an ungezählte ähnliche Schicksale erschüttert mich. Die Betreffenden sind immer allein mit der erlittenen Schmach. Die Umwelt urteilt nach dem äußeren Schein und vervielfältigt das Unrecht".

„Josua, du hast eine wichtige Lektion gelernt. Du wirst darum verstehen, auf welche Weise diese Erfahrungen am Ende auch Theresa geprägt haben".

So verfolgt Josua weiter, wie Olga ziellos durch die Dunkelheit hastet.

Auf der Loisachbrücke blieb sie stehen. Lange schaute sie auf das dunkle Wasser unter ihr. Das Mondlicht spiegelte sich in goldenen Punkten auf den Wellen. Ein Gefühl der Verzweiflung überkam sie. Wieso fließt die Loisach einfach so still und friedlich weiter? Wieso bebt die Erde jetzt nicht? Warum gibt es keine Flutkatastrophe? Die Abendstille passte so überhaupt nicht zu dem Aufruhr ihrer Gefühle. Abrupt überfiel sie überschäumende Wut. Sie trommelte mit den Fäusten auf das Geländer der Brücke. Schluchzend fasste sie den Entschluss, die Verlobung zu lösen. Erst im Morgengrauen weinte sie sich in den Schlaf, aus dem sie pünktlich um sieben Uhr von ihrem Wecker gerissen wurde. Ohne Frühstück, wortlos, grußlos und hoffnungslos schleppte sie sich zur Arbeit. Wie immer war der erste Weg in das Büro zu Christian. Der erschrak bei ihrem Anblick. „Was ist geschehen? Du siehst ja schlimm aus"! Wieder fing Olga hemmungslos zu schluchzen an. Er nahm sie in die Arme. „Wir können kein Aufgebot bestellen. Es gibt keinen Vater. Ich bin ein Bankert", schluchzte sie verzweifelt. „Was erzählst du da für einen Unsinn! Jeder Mensch hat einen Vater. Jetzt beruhige dich erst mal. Es wird nichts so heiß gegessen, wie es gekocht wird". Stockend erzählt Olga, was sie am Vorabend von ihrer Mutter erfahren hatte. Trotzig fügte sie hinzu: „Aber ich lasse mich nicht nach Wartaweil abschieben. Angelika aus meiner Klasse hat dort die schlimmsten Demütigungen erlebt. Die Nonnen haben sie für die schwersten Arbeiten eingeteilt. Sie haben ihr die Schuld gegeben, dass sie vom Bäckermeister Krempelhuber, ihrem Chef, schwanger wurde. Seine Frau hat ihr sofort gekündigt und darauf bestanden, dass sie in diesem Heim für gefallene Mädchen weggesperrt wurde. Das Kind wurde ihr weggenommen und zur Adoption freigegeben. Jetzt arbeitet sie als Kellnerin in der Quelle. Genau das wird deine Familie von mir verlangen. Ein Aufgebot mit dem Vermerk: Vater unbekannt, nehmen die doch als persönliche Beleidigung".

„Jetzt beruhige dich! Erstens bin ich nicht meine Eltern. Zweitens ist es auch mein Kind. Und drittens, mir wird schon was einfallen. Wir reden in der Mittagspause, in Ordnung"? Zum ersten Mal wurde der große Altersunterschied zwischen Christian und Olga deutlich. Christian reagierte kühl, distanziert, pragmatisch. Seine Reputation stand auf dem Spiel, das war ihm schlagartig klar. Olga schlich schicksalsergeben an ihren Arbeitsplatz. Am Horizont schien es einen Silberstreif zu geben.

Christian arbeitete unmittelbar an Strategien, die für sein Umfeld plausibel wären. Wie bringe ich diese Nachricht meinen Eltern bei? In ihren Augen ist das eine Katastrophe. Damit verschone ich sie. Aber wie? Wir fliegen nach Las Vegas. Da ist eine Heirat ratzfatz arrangiert. Und was ist dann? Meine Familie derartig zu kompromittieren kommt nicht in Frage. Eine Hochzeit im Ausland ist zurzeit allerdings schick. Mein Freund Fonsi war der King im Tennisclub nach seiner

Heirat in Gretna Green. Er sonnte sich in unserer Bewunderung. Das ist die Idee. Christian entschied sich für diesen Weg.

In der Mittagspause erklärte er Olga seinen Plan. Sie vernahm ihn mit Erleichterung. Sie wird nicht allein gelassen. Jetzt wurde ihr bewusst, wie sie ihre Mutter verletzt hatte. Sie bedauerte ihre heftige Reaktion. Damals war es keine Selbstverständlichkeit, sich mutig für das Kind zu entscheiden. Schnell fand sie zu ihrer zielstrebigen Energie zurück. „Mama, es tut mir so leid", fiel sie am Abend mit der Türe ins Haus. „Ist schon gut, es war ein Schock für dich. Ich werde für dich und dein Kind immer da sein. Schau, ich habe dieses Haus doch für uns gekauft. Das ist für immer auch dein zu Hause". Die beiden Frauen umarmten sich und es war einer der ganz seltenen Momente, in denen sie gegenseitige Nähe zuließen. „Mach dir keine Sorgen, Mama. Christian steht zu mir. Es wird alles gut".

Für eine Trauung in Gretna Green gab es wenige Vorschriften. Das Brautpaar sollte für die Eheschließung eine Woche Aufenthalt in Schottland einplanen, um vor Ort alle Vorbereitungen zu treffen. Eine Verpflichtung für ein öffentliches Aufgebot entfiel. Kurzentschlossen buchten sie einen Kurzurlaub. Sie ließen sich in der berühmten Schmiede zu Gretna Green mit dem Hammerschlag trauen. Olga schwebte auf Wolke sieben. Christian schien ihrem Bild von dem Traumprinzen vollkommen zu entsprechen. Leider haben Wolken die fatale

Neigung, sich aufzulösen. Aus Olgas Wolken flossen bald viele Tränen.

Die romantische Geschichte von der Hochzeit in der Heiratsschmiede in Gretna Green hatte in Geretsried den gewünschten Erfolg. Es gab keinen Skandal. Christians Mutter akzeptierte notgedrungen die vollendeten Tatsachen. Aber sie bestand darauf, eine ihrer Reputation angemessene Hochzeitsfeier, mit kirchlicher Trauung auszurichten. „Du wirst ja nicht wollen, dass die Kosten den bescheidenen Möglichkeiten dieser Krippenreiter überlassen werden", bedrängte sie ihren Sohn mit einem Argument, das wenigstens den Anschein sozialen Mitgefühls hatte.

Sie erreichte, dass sie den Ablauf der Trauung und die anschließende Feier im ersten Haus am Platze arrangieren konnte. Frau Stadtkämmerer Steinhuber zelebrierte den Standesunterschied genussvoll. Sie legte die Sitzordnung akribisch fest. Das Brautpaar an der Stirnseite der großen Tafel. Neben dem Bräutigam die Mutter, der Vater, die Großmutter und der Großvater. Neben der Braut die Brautmutter und dann standen da demonstrativ drei leere Stühle.

Niemand sprach es aus. Doch Elena und Olga übersahen die Demütigung nicht, die unsichtbar im Raum schwebte. Unmissverständlich war die Botschaft der Isolation und Einsamkeit, die von diesen leeren Stühlen ausging. Die Hochzeitsgäste verstanden sie ebenfalls. An der Seite dieses Familientorsos klaffte unübersehbar ein Abgrund. Der erste Wermutstropfen trübte Olgas Glück und gebar den festen Vorsatz, es allen zu zeigen. Nach Mitternacht trug der Bräutigam, wie es der Brauch war, seine Angetraute in das gemeinsame Schlafgemach. Olga hatte die rosarote Brille noch nicht abgelegt. Es gab nur einige wenige persönliche Habseligkeiten, die sie in die Einliegerwohnung mitgebracht hatte. Sie wurden in die Einrichtung integriert. Olga hielt es für ein vorübergehendes Provisorium.

Schnell verdunkelte sich das rosarot ihrer Brille. Olga sah rot, als sie bemerkte, dass die Schwiegermutter sogar ihre Kleidung im Schrank neu geordnet hatte. „Hat Deine Mutter den Schlüssel zu unserer Wohnung?" Fragte sie. „Natürlich, Mutter hat sich immer um meine Wohnung gekümmert und sie in Ordnung gehalten". „Ich möchte aber nicht, dass sich meine Schwiegermutter um unsere Wohnung kümmert! Bitte nimm ihr den Schlüssel ab. Ich bitte dich"! Olga kannte keinen biblischen Grundsatz, der sie unter das Gesetz ihres Mannes zwang. Sie flehte ihn an. Doch vergeblich.

„So reg dich doch nicht so auf. Was ist schon dabei, wenn Mutter den Schlüssel hat. Ich kann sie doch nicht so vor den Kopf stoßen. Sie wird sich bestimmt nicht in unsere Familie einmischen". Davon war Olga nicht überzeugt. Ein Gefühl der Ausweglosigkeit schnürte ihr die Kehle zu. Hier war sie eine Fremde. Es wird niemals mein zu Hause. Mein Kind wird in einem eigenen Garten aufwachsen. Ihr Entschluss stand fest. Sie sprach ihn nicht aus, doch formierten sich konkrete Pläne in ihrem Kopf. Die Botschaft ihrer Mutter hatte sie nonverbal erreicht: Vertraue nur dir selbst. Sorge vor und verschweige deine Absichten. Olgas gute Reputation im Amt verhieß eine Beförderung. Das eigene Haus rückte in greifbare Nähe. Sehnlichst erwartete sie den Moment, an dem sie wieder an ihrem Arbeitsplatz sitzen würde.

Die Schwiegermutter

Es war, wie Olga befürchtet hatte. Die Schwiegermutter übernahm die Revierdominanz in ihrer Wohnung. Sie erklärte den Montag zum Waschtag. Die Wäsche des jungen Paares würde von ihr mitgewaschen. Sie kommentierte Olgas Geschmack ironisch, räumte Gläser um, kochte für sie mit und redete Christian ein, sie müssten dafür dankbar sein, dass sie die werdende Mutter entlastete. Olga kochte innerlich vor Wut, wenn Schwiegermama am Feierabend in die Wohnung kam, um nachzusehen, ob alles in Ordnung wäre.

„Mutter meint es doch nur gut", mit dieser Beschwichtigungsfloskel brachte Christian Olga auf die Palme. „Du stellst dich also auf ihre Seite! Das halte ich nicht aus. Ich will, dass wir uns ein eigenes Haus bauen". „Du benimmst dich wie ein trotziges Kind", protestierte Christian. „Und du bist nicht mein Vater"! Gab sie verzweifelt zurück. Nach einem heftigen Streit verließ Olga zornig das Haus und übernachtete bei ihrer Mutter.

Am nächsten Tag wurde sie von ihrem Abteilungsleiter in sein Büro gerufen. „Das bedeutet meine Beförderung", freut sich Olga und eilt in die zweite Etage.

„Es tut mir wirklich so leid, dass sie uns verlassen", eröffnete Dr. Geier das Gespräch. „Ich hatte Sie bereits als zukünftige Leiterin unserer Filiale vorgeschlagen. Natürlich verstehe ich Ihren Mann vollkommen. Es wäre für Sie, als Mutter, nicht zumutbar, Haushalt, Kindererziehung und Beruf zu vereinen".

Olga verschlug es die Sprache. Sie war völlig konsterniert. Christian hatte ihr mit keinem Wort gesagt, dass er ihre Arbeit beenden würde. Er hielt es auch nicht für erforderlich, da es sein Recht war, zu bestimmen, ob seine Ehefrau einer Berufstätigkeit nachgehen durfte. Mit dieser Art des Vorgehens ließ er keinen Zweifel über seine Stellung zu. Er hatte die Befugnis, ihren Arbeitsvertrag zu kündigen. Für Olga war die Bevormundung unerträglich. Obwohl mit Worten, der fürsorgliche Schein gewahrt blieb, diktierte Christian, was für Frau und Kind gut zu sein hatte. Sie verlor den Boden unter den Füßen. Alles, was ihr Halt und Zufriedenheit gegeben hatte, nahm er ihr! Wortlos verließ sie das Büro ihres Vorgesetzten, rannte zur Toilette und brach in hemmungsloses Schluchzen aus.

Erschrocken fragte eine Kollegin: „Was ist passiert"? „Mein Mann hat meine Arbeitsstelle gekündigt", hauchte Olga. Hektisch wischte sie sich die Tränen aus dem Gesicht. „Aber das ist doch großartig. Endlich kannst du dich um deinen Haushalt kümmern und bist frei. Wir sind doch nicht aus der Welt. Dann treffen wir uns eben nach Feierabend".

Der Tröstungsversuch der ledigen Kollegin misslang. Olga sah deutlich, dass sie nichts verstand. Die Arbeitskollegin beneidete sie. Aber sie wusste nichts davon, wie sie ihre Arbeit und ihre Selbstbestimmung liebte. Aus der Sicht einer, von der Tradition geprägten ‚alten Jungfer', schien es die Erfüllung aller Träume, wenn alle Macht in Männerhand blieb. Ihre Wertewelt definierte Glück für die Frau, sich freiwillig zum Besitz eines Ehemannes zu bekennen.

Olga war in einer anderen Glaubenswelt aufgewachsen. Ihre Mutter hatte sich nur auf ihre eigene Stärke verlassen. Sie steckte sich ihre eigenen Ziele und erreichte sie mit eiserner Disziplin. Das Motto: Hilf Dir selbst, dann hilft Dir Gott, war für die beiden Frauen die Normalität.

Da ist ein großer Unterschied zu der Haltung meiner Eltern, konstatierte Josua. Für sie galt der Verzicht auf materiellen Wohlstand als Tugend. Ich war oft frustriert, bei dem Satz, ‚das können wir uns nicht leisten' und überspielte das in meinem Freundeskreis mit Angeberei. Olga lag im Trend des deutschen Wirtschaftswunderstrebens. Sie entschied sich dafür, ihre eigenen Spielregeln zu verfolgen. Nach dem Vorbild der Mutter setzte sie ihre Prioritäten. Sie definierte ihren Selbstwert und ihren Erfolg, an dem materiell messbaren. Das Ziel war erst erreicht, wenn sie ihre Freiheit und Selbstbestimmung erkämpft hatte. Welche Folgen hatte diese Entscheidung?

Christian registrierte unbewusst ihr Verhalten und nahm es als Bedrohung wahr. Das Machtwort über ihren Arbeitsplatz war sein Versuch, die Kontrolle zu behalten. Olga ergriff die Waffe ihres Mannes und drehte den Spieß um. Ihr Schwiegervater freute sich auf die Rolle des Großvaters. Das nutze sie strategisch aus. Ihn gewann sie zum Verbündeten. Sie spielte konsequent die Rolle der schonungsbedürftigen Schwangeren. Sie erwartete von der Schwiegermutter Hilfe im Haushalt. Diese durchschaute sie bald und beschwerte sich darüber. Sie sei doch nicht das Dienstmädchen. Doch Opa in spé war längst parteiisch.

„Du weißt doch, dass sie schwanger ist und Schonung braucht. Christian hat sie doch deshalb von ihrer Arbeit entlastet". Bei zwei gegen eine standen die Chancen ungleich. Olga gab ihr keinen Grund, sie offen zu kritisieren. Sie bedankte sich überfreundlich für jeden Handgriff und betonte raffiniert leidend, dass sie ihre Hilfe so schätzt. Oma in spé verstand die Botschaft ohne Worte. Sie hatte nicht die Absicht, in Zukunft die zweite Geige in ihrem eigenen Haus zu spielen. Unbeabsichtigt unterstützte sie die Pläne der

Schwiegertochter, indem sie über ein Haus für das junge Paar nachdachte.

Christian lernte seine Frau bald von ihrer unerbittlichen Seite kennen. Sie stellte ihre Bedingungen. Eine ‚Dienstleistung' als Ehefrau, hatte einen Preis. Nicht nur, dass sie von ihm verlangte, offen gegen seine Mutter Stellung zu beziehen, es wurde auch zur ungeschriebenen Regel, dass er einen Ausgleich an Olga in Mark und Pfennige zu entrichten hatte, wenn er einem seiner Hobbys nachging. Olga schmollte, wenn er zum Tennis verabredet war. Hundert Mark waren ein akzeptiertes Trostpflaster. Für ein Wochenende seiner geliebten Klettertouren war der Preis entsprechend höher. Olga hatte von ihrer Mutter gelernt, wie man die Mark zweimal umdreht, um ein Ziel zu erreichen. Ihr heimliches Sparkonto wuchs.

Am 10. Mai erblickte Theresa, im Baumzeichen Pappel das Licht der Welt. S´Reserl, wie sie vom stolzen Opa liebevoll genannt wurde. Sie war mit wertvollen Wesensmerkmalen gesegnet. Das spirituelle Interesse ist ihr in die Wiege gelegt. Das Streben nach der Weisheit des Himmels. Sie ist neugierig und kreativ. Sie kann Mitmenschen fesseln. Leider neigen sie zu Pessimismus.

„Ich habe Theresa so kennengelernt. Ungemein sympathisch. Begeistert für die vermeintliche Wahrheit, den Willen Gottes. Für mich war ihr Pessimismus schließlich so dominierend, dass ich sie aufgegeben habe. Ich bin gespannt, warum dieser

Fruchtbeutel an ihrem Menschenbaum so große wachsen konnte".

Der Grundstein wurde gelegt, als Olga ihr Baby als Liebeswährung nutzte. Berechnend setzte sie die Enkeltochterwährung ein, um die Großzügigkeit der Großeltern auszunützen. Die Sätze fingen mit der Formulierung: S´Reserl braucht, S´Reserl möchte, S´Resel hätte gerne. Bei jeder Gabe für Theresa fiel ein beträchtlicher Anteil für die Mutter ab, was diese geschickt verbarg.

Josua verstand immer besser den Zusammenhang zwischen den Botschaften, die Olga und Theresa unbewusst zu ihren eigenen Glaubenssätzen geformt hatten. Olga litt unter der emotionalen Leere in der Seele ihrer Mutter, verursacht durch das Trauma der Vergewaltigung. Vor allem die Gefühle der Schuld und Scham prägten das Verhalten der Mutter. Sie waren der Grund für ihre Distanz zu Menschen und ihrem verschüchterten Verhalten. Es gab keinen liebevollen Vater, mit starken, schützenden Armen, der das ausgeglichen hätte. Sie hatte keine Großeltern, die sie als ihr Enkelkind verwöhnten. Elena bemühte sich, für ihr Kind zu sorgen. Doch nach der Vergewaltigung hat ihr niemand geholfen, ihren Selbstwert wieder zu finden. Es gab keine einfühlsame Krisen-Intervention, mit der sie es geschafft hätte ihre Gefühle zu sortieren. Ihren Ekel, ihre Schuldgefühle, die Panik, die Angst verfolgten sie in ihren Träumen. Nur nicht zulassen, weg damit, verdrängen und totschweigen, war die Überlebensstrategie ihres Unterbewusstseins.

Gefühle auf Eis legen, hieß die Lösung. Damit war auch das Gefühl Liebe für das Kind schockgefroren.

Ein Trauma blockiert Gefühle. Das ist Selbstschutz. Elena war auf der Flucht. Die wichtigste Sorge galt dem Überleben. Etwas Essbares zu finden war eine Frage, die über Leben oder Tod entschied. Gegessen wird, was auf den Tisch kommt, war oberste Maxime. Nur so schaffte es Elena, zusammen mit ihrer Tochter zu überleben.

Der Glaubenssatz: Kämpfe um dein Leben, verfestigte sich unauslöschlich im unbewussten Erinnerungsspeicher. Elena definierte ihren Selbstwert über den materiellen Mehrwert, den sie angesammelt hatte. Diese Währung war für sie messbar. Es war nicht nur Geld, welches sie mit extremer Sparsamkeit, die nahe an Geiz grenzte, vermehrte. Sie warf niemals etwas weg, solange es noch irgendwie zu gebrauchen war. Olga ertrug den Spott ihrer Mitschüler, wegen der gebrauchten, geflickten, unmodernen Kleidung. Da war Mutter unerbittlich. Wäsche, die nicht mehr zu flicken war, taugte noch als Putzlappen. Die kurze Phase, in der Olga mit dem größten Vergnügen die hippesten Klamotten kaufte und dafür ihr ganzes Geld ausgegeben hatte, war mit der erzwungenen ‚nur Hausfrau sein' Rolle abrupt vorbei.

Christian warf ihr nicht nur einmal vor: „Du bist schon wie Deine Mutter". Das war nicht als Kompliment gemeint. Olga hat die Glaubenssätze ihrer Mutter übernommen. Sie waren für sie die vertraute Normalität.

Theresa hatte zwar Großeltern, die sie vergötterten. Doch der permanente Anspruch, die Größte, die Liebste, die Unfehlbare, die Beste zu sein, überforderte sie. Sie entwickelte ein extrem narzisstisches Verhalten. Die Gabe in ihrem Baumcharakter, Menschen zu fesseln und für sie als Fels in der Brandung zu gelten, kam ihr zugute. Sie ahmte unbewusst ihre Mutter nach, mit manipulativen Techniken, ihren Willen durchzusetzen. Sie war das Opfer der Spannungen innerhalb der Familie. Liebevolle Nestwärme erfuhr sie nicht. Sie war der Spielball zwischen den beiden Fronten. Die Trophäe um die gekämpft wurde.

Alina eine verhängnisvolle Freundschaft

In der Schule übernahm sie ihrer Natur gemäß die Rolle der Anführerin. Wer in ihrer Gunst stand, zählte zu den Anerkannten. Die Mitglieder der Theresagruppe erhielten das Privileg, Gäste in der Villa sein zu dürfen. Selbst den Kleinsten war klar, dass dies vergleichbar war, wie in den Adelsstand gehoben zu werden. In der vierten Klasse kam eine Neue. Sie hieß Alina und stammte aus Hamburg. Ihre Familie hatte eine Sonderzuteilung für Zeugen Jehovas. Ihr Auftrag war, in Geretsried eine Versammlung aufzubauen. Bis dahin gehörten sie zu der Gruppe in Wolfratshausen. Alina war in den

Augen der Mitschüler seltsam. Ihre Sprache klang seltsam, ihre Kleidung war unmöglich, bei der Vorbereitung zu Weihnachten beteiligte sie sich nicht, seltsam, sie besuchte keinen Religionsunterricht, seltsam, den Mitschülern gratulierte sie nicht zum Geburtstag, seltsam.

Das aller Seltsamste war für Theresa, dass sie nicht um ihre Gunst buhlte. Sie war einfach nur zu allen freundlich oder höflich. Die Lehrer lobten sie, weil sie still und fleißig war. Für Theresa war sie eine Herausforderung. Dass jemand ihr gegenüber gleichgültig war, störte ihr Bild von sich selbst. Den ersten Sieg errang sie mit dem Kinderfest. Sie lud Alina ein und beteuerte, dass es keine Geburtstagsparty sei. Für Alina war dieser Nachmittag wie Ostern und Weihnachten zugleich. Sie lernte Kinderspiele kennen, die sie bisher, mangels Gleichaltriger in ihrer Gemeinschaft, nicht kannte. Sie spielten im Garten ‚wer fürchtet sich vorm schwarzen Mann', ‚die Reise nach Jerusalem', oder ‚Meister, wie viel Schritte darf ich gehen'. Es war ein riesen Spaß für die Mitspieler, wenn Alina etwas nicht verstand. Sie wusste nicht was ein ‚Hennatapperl' ist. Dieses Wort gab es im Hamburgischen nicht. Hilfsbereit zeigten sie ihr die Hühnerschrittchen, bei denen der rechte Fuß an die Spitze des linken Fußes gestellt wurde und man dann so, regungslos zu verharren hatte. Wer die Balance verlor, bevor er befreit wurde, erntete den Spott der Mitspieler. In Wirklichkeit ähnelten sich die Bedürfnisse von Theresa und Alina. Beide waren

Außenseiterinnen, die ihre emotionalen Defizite nicht stillen konnten. Theresa, weil sie zu den Reichen zählte und niemand Ihresgleichen in der Klasse war. Alina, weil sie diesen exotischen Glauben hatte, den niemand verstand. Beide hatten den Wunsch nach Anerkennung. Theresa hatte ihre Strategie die Aufmerksamkeit zu bekommen, die ihren Narzissmus befriedigte. Alinas Bedürfnis, wahrgenommen zu werden, wurde durch die Aufmerksamkeit der Schulkameradin befriedigt. Sie wurden schnell beste Freundinnen.

Sie tauschten ihre Poesie-Alben aus. Alinas Mutter hatte den Spruch, „sei wie das Veilchen im Moose, sittsam bescheiden und rein, nicht wie die stolze Rose, die immer bewundert will sein", ins Album geschrieben.

Ich bin wie die stolze Rose, was ist daran falsch, dachte Theresa trotzig, nachdem sie den Spruch gelesen hatte. Trotzdem war sie daran interessiert, warum Alina so verschieden von den Anderen war. Sie nahm Alinas Einladung an, regelmäßig, anhand eines der Biblischen-Geschichten-Bücher, den Glauben der Freundin kennen zu lernen. Alinas Eltern freuten sich über das Interesse der Mitschülerin. Sie schenkten ihr viel Aufmerksamkeit. Das schmeichelte dem Reserl. Bei Theresas Abi-Feier überzeugte sie die Freundin, anstelle eines Studiums an der Uni, lieber eine Lehre als Bürokauffrau zu machen und stattdessen die Wachtturm-Schriften zu studieren, damit sie eine Zeugin Jehovas werden konnte. Die

Zeugen Jehovas in der Versammlung beglückwünschten sie zu dieser weisen Entscheidung und überschütteten sie mit Aufmerksamkeit.

„Mir hat sie auch gut gefallen", erinnert sich Josua. „Es war herzzerreißend, Theresa zuzuhören, wenn sie erzählte, wie ihre Eltern ihr den Umgang mit Alina verboten hatten. Sie war so wütend, wenn sie sich ungerecht behandelt fühlte, weil die Leistungen ihres Bruders mehr galten als ihre. Sie weinte herzerweichend. Dann trocknete ich ihre Tränen und war entschlossen, sie zu retten.

Ich war für die Entscheidung sie zu heiraten viel zu jung. Ich ahnte nicht, dass es ihr Unglück nur verstärken würde. Finanziell hatte ich nichts zu bieten. Mein Einkommen war gering. Da habe ich mit meinem gönnerhaften Angeben einen falschen Eindruck gemacht. Ihre Klagen darüber hielt ich schließlich nicht mehr aus. Auch den Streit nicht, der sich daraus ergeben hat. Es war von meiner Seite aus naiv, zu denken, nur weil sie eine getaufte Zeugin Jehovas geworden war, würde ihre Einstellung zum Leben mit meiner Prägung völlig übereinstimmen. Meine Eltern predigten und lebten den sogenannten biblischen Grundsatz, dass man mit den vorhandenen Dingen zufrieden sein soll. Nie hätte ich für möglich gehalten, dass die Prägung der Vergangenheit so wirkmächtig ist. Von dem Einfluss der Epigene, die selbst an die nachfolgenden Generationen als Überlebenshilfe weitergegeben werden, hatte ich noch nie gehört".

Josuas Aufmerksamkeit folgt wieder Esther und Julia in der Gegenwart.

„Hey Esther, Schichtwechsel. Gibt es etwas, was ich wissen muss"? Mit einem breiten Grinsen betrat ein junger Mann den Kassenraum. „Hallo Jürgen, keine besonderen Vorkommnisse", gab Ester den Gruß zurück. Rasch schob sie Julia eine Tasse Kaffee zu und sagte: „Lass uns noch ein wenig plaudern. Ich übergebe die Kasse und dann setzen wir uns gemütlich zusammen".

Julia war mehr als dankbar für diesen Vorschlag. Sie beobachtete ihre Freundin, wie sie routiniert die Kasse an ihren Kollegen übergab. Sie sah so zart und zerbrechlich aus. Ihr langes blondes Haar hatte sie zu einem Pferdeschwanz gebunden. Ihre Bewegungen waren geschmeidig, dynamisch, kompetent. Ihr gertenschlanker Körper steckte in perfekt sitzenden Jeans und einem eigenwillig gemusterten Top, das die Farbe ihrer eisblauen Augen unterstrich.

„Du siehst großartig aus", sagte Julia voller Bewunderung, als sich die Freundin zu ihr setzte. „Es war schon eine tolle Zeit, als wir beide uns den Job teilten. Oh, du rauchst"? Fragte sie erstaunt. „Ja, leider", antwortete Esther nach dem ersten tiefen Zug. „Nicht alles, was man in der neugewonnenen Freiheit tut, ist gut. Am Anfang war es Trotz. Ich wollte mir und anderen beweisen, dass ich jetzt frei bin und tun und lassen kann, was ich will. Ich habe auch zu viel getrunken. Jetzt sage ich mir, besser nikotinabhängig, als drogensüchtig oder

Alkoholikerin", scherzte sie mit gequältem Lachen. Der letzte Satz war Galgenhumor. „Meine Therapeutin meinte zwar, die Abhängigkeit ist nicht die Droge Nikotin, sondern das Ritual, sich an etwas zu klammern, von dem man glaubt, es hilft. Ich könnte mir auch ein neues Ritual mit dem Belohnungseffekt ausdenken. Wenn ich das Bedürfnis habe, eine zu rauchen, soll ich mir einen Gemüsestick, getrocknete Früchte oder Nüsse bereit halten, oder einen Yoghurt oder womit ich mich eben belohnen möchte, ohne mich damit zu mästen. Es könnte schon funktionieren. Ich habe es noch nicht ausprobiert".

„Erinnerst du dich, wie wir beiden uns die Nasen an dem Schaufenster der Boutique platt gedrückt haben"? Julia lacht, „wir hätten so gerne eine moderne Jeans gehabt. Immer diese schickliche Kleidung. Die Röcke zu lang, zu weit, zu altmodisch. Die Pullis und Blusen lieber eine Nummer zu groß und mit züchtigem Ausschnitt. Wir durften bei den lieben Brüdern keine unzüchtigen Gedanken provozieren. Ich habe das verinnerlicht. Mit Klamotten, die oversized sind, versuche ich, mir Abstand zu verschaffen. Leider funktioniert es bei Josua nicht wirklich".

„Ich kann dich so gut verstehen. Du glaubst nicht, was es mich am Anfang für eine Überwindung gekostet hat, Figur betonende Sachen zu kaufen. Ich kaufte mir dann für zu Hause schicke Leggins in verschiedenen Farben und dazu enge T-Shirts. Das

Gefühl, plötzlich zu meiner Figur zu stehen, war umwerfend. Es war ziemlich verrückt, aber ich habe mich vor den Spiegel gestellt und zu mir gesagt: Hey, du hast eine tolle Figur. Ich mag dich". Esther bekam feuchte Augen bei der Erinnerung an die Zeit der Selbstfindung.

„Was ist schief gelaufen in deiner Ehe, Esther? Warum hat es mit Hans nicht funktioniert? Er war so beliebt bei allen".

„Ja – was? Das habe ich mich tausendmal gefragt. Du kennst doch die paradoxe Erklärung für Liebe, nach der wir handelten. Immer vorbildlich und den Regeln entsprechend handeln. Jedenfalls nach außen hin. Um uns nicht zu verraten achteten wir peinlichst auf Distanz zu privaten Beziehungen. Ich habe mich so geschämt. Einmal habe ich mich einem Ältesten anvertraut, weil Hans mich vergewaltigt hatte. Es war so demütigend, wie der geile Typ von mir Einzelheiten erfahren wollte. Ich habe ihm nicht alles erzählt. Da meinte er, ich solle eine demütige Einstellung bewahren. Ich soll auf Jehova warten. Ich soll darauf achten, dass ich Hans nicht zum Zorn reize. Na klar – er hat mir die Schuld gegeben. Vor allem soll ich in der Versammlung nichts erzählen, sonst könnte ich wegen *Ohrenbläserei* und *übler Nachrede* vor ein *Komitee* geladen werden".

Julia traute ihren Ohren kaum. Fassungslos hörte sie dem Ausbruch der Verzweiflung ihrer Freundin zu. „Aber Esther! Ich war deine Freundin. Nicht einmal mir hast du vertraut"? Es passte nichts zusammen.

Die Vokabeln Liebe, Wahrheit, Gerechtigkeit, Vertrauen waren nicht mehr greifbar.

Wütend zerdrückte Esther ihre Zigarette im Aschenbecher. „Ich wollte dich nicht in einen Loyalitätskonflikt bringen. Du hättest doch den Ältesten melden müssen, dass ich über Hans schlecht geredet habe. Es war schon so eine Wohltat, dass ich wenigstens hin und wieder bei dir weinen konnte.

Nachdem ich mich in das Frauenhaus geflüchtet hatte, ging es mir sehr schlecht. Ich fand zwar eine Arbeit, aber ich hatte keinen Lebensmut mehr. Der Gedanke, dass ich zur Reue verpflichtet wäre, war für mich ein Alptraum. Wenn mir Volker damals nicht buchstäblich in die Arme gelaufen wäre", fuhr sie gedankenverloren fort, „säße ich dir heute nicht mehr gegenüber. Ich wollte nur noch eine Packung von den Tabletten besorgen, die ich gegen Depressionen verschrieben bekam. Ich habe sie stattdessen gesammelt. Wollte sie alle auf einmal schlucken. Und zwar so viele, dass sie mich garantiert umbringen. Volker hat mich aus Versehen angerempelt". Esther lachte, „wie im Film, klassisch, ich verschüttete meinen Kaffee auf meine Bluse, er entschuldigte sich und lud mich zum Kaffee ein. Der übliche Smalltalk brachte uns näher. Er war so aufmerksam. Er hörte mir zu. Ich kann heute noch nicht begreifen, wieso ich plötzlich redete. Wie ein Wasserfall brach alles aus mir heraus. Ich bin sicher, dass Volker nicht die Hälfte von dem verstanden hat, was ich sagte, denn diese ganze Wachtturmsprache ist für die *Weltmenschen* ja wie böhmische Dörfer. *Königreichssaal, Älteste, Komitee-Verhandlung, Gemeinschaftsentzug, Kontaktverbot, Harmagedon, Reue, Umkehr, Dämonen,* alles Worte, die er damals zum ersten Mal gehört hatte". Die Freundinnen lachten beide, bei dieser Vorstellung.

„Ich habe ihm einmal rein aus Spaß einen zeugentypischen Text vorgelesen und behauptet, er würde das garantiert nicht verstehen. Das wollte er mir nicht glauben".

„Und, wie hast Du ihn überzeugt"? Julia lachte bei der Frage.

„Na ja ich habe ihn als *Wohnungsinhaber* angesprochen. Etwa so: Guten Tag, ich bin ein *Glied der großen Volksmenge der anderen Schafe, die dem Alten an Tagen auf den irdischen Vorhöfen seines geistigen Tempels heiligen Dienst darbringt, indem ich als ein Pionier dem Beispiel des großen Hirten folge, um die gute Botschaft vom Königreich mit der Kraft des Schwertes des Geistes zu verkündigen".*

Julia lachte schallend. „Ich fasse es nicht, dass wir so reden"!

„Das war ja nur der einleitende Satz. Ich habe mir das nicht selbst ausgedacht. Jemand hatte es in einem Aussteiger-Forum geschrieben. Mich hat das umgehauen. Da waren noch Begriffe wie, die *zweite Gegenwart des Hauptvermittlers des Lebens, die letzten Tage, das feuerfarbene wilde Tier, die Hure Babylon, die große Drangsal, der Tartarus, der letzte Adam, Scheol, Hades das Jerusalem droben, neue*

Himmel, neue Erde, neue Gebote, neue Geburt, neues Lamm, neues Lied, neue Schöpfung, neue Persönlichkeit, neuer Bund und so weiter und so fort. Jedenfalls rief Volker, „stopp, stopp wie hast du das ausgehalten", und hat mich ganz naiv gefragt: „Und, warum lässt du dir das alles gefallen? Hast du denn keine Selbstachtung"? Ich muss ihn angeschaut haben, wie vom Donner gerührt. Weil er sich erschrocken entschuldigte. Doch er hatte genau die richtige Frage gestellt. Warum lasse ich so mit mir umspringen. Warum hinterfrage ich dieses Geschwurbel nicht?

Augenblicklich stand mein Entschluss fest: Damit ist jetzt endlich Schluss. Ich reichte die Scheidung ein. Ich verliebte mich in Volker und hatte eine Affäre mit ihm. Den Rest kennst du – Gemeinschaftsentzug. Volker hat dann ebenfalls zu den Zeugen Jehovas im Internet recherchiert und schockierende Berichte gelesen. Anfangs wollte ich sie nicht hören. Doch er ließ nicht locker. Immer wieder fragte er mich, ob ich das oder jenes gewusst hätte oder glauben kann. Nach und nach begriff ich, wie skurril diese Lehre ist.

Prüf doch selbst mal. Du kommst garantiert zur selben Erkenntnis, wie ich! Ich kam jedenfalls mehr und mehr zu dem Schluss, dass diese Gemeinschaft sogar schädlich ist für unsere gesellschaftliche Ordnung. Sie schreibt den Mitgliedern vor, wie sie zu leben haben. Sie nennen die Anweisungen: Rat um mit *gut geschultem Gewissen* handeln zu können. Geschickt wird mit dieser Gewissensschulung das obrigkeitshörige Verhalten zugunsten ihrer Leitung als freiwillige Entscheidung getarnt.

Die Gläubigen bleiben von dem gesellschaftlichen Leben außerhalb der Gemeinde abgeschottet. Das betrifft alle Lebensbereiche wie Politik, Kultur, Freizeit, Traditionen. Erinnere dich doch an unsere Schulzeit. Ich war Außenseiterin. Das hat mir keinen Spaß gemacht. Von mir wurde verlangt, mich getrennt von den *Weltlichen* zu halten. Das tat verdammt weh. Die Zeugen Jehovas bilden eine Parallelwelt. Uns Kindern wurde sie aufgezwungen. Ich erlebte körperlichen und seelischen Überzeugungszwang. Wer von uns hätte sich denn gegen die geschickten Argumente wehren können? Wer nicht wirklich überzeugt war, wurde halt überredet. Wir wurden mit Argumenten getäuscht, denn sie passten so oft nicht zu unserer Situation und wurden dafür zurechtgebogen, mit der Behauptung es seien biblische Grundsätze, denen wir, gemäß dem göttlichen Willen, zu folgen hätten. Unser ehrlicher Glaube wurde ausgenutzt, durch eine Pseudobeweisführung mittels Zirkelschlüssen. Wir sollten in dem Grund für unser Handeln unsere eigene Überzeugung sehen. Nur – es gibt dafür überhaupt keinen plausiblen Grund. Wir wurden durch Manipulation überredet. So vieles wird verschleiert, verschwiegen, oder kann sogar offiziell verleugnet werden, wenn wir die *theokratische Kriegslist* anwenden.

Der Friedhof

Ich schlendere gerne über liebevoll gestaltete Friedhöfe. Bei einem meiner Spaziergänge fielen mir die verschiedenen Konfessionen auf, die sich in der Gestaltung der Grabstätten widerspiegeln. Die betenden Hände von Dürer sind neben den zum Himmel geöffneten Händen, beim Gebet der Muslime zu sehen. Das Kreuz der orthodoxen Christen, neben dem der römisch katholischen, der Protestanten, dem Bild vom Lamm Gottes und der Taube ebenso wie die Leuchter der jüdisch Gläubigen. Es sind künstlerische Darstellungen der Seele, das Auge im Dreieck zu finden und Abschiedsbotschaften der konfessionslosen. Es gibt viele Nationalitäten: Deutsche, Türken, Ungaren, Russen, Sinti und Roma, Amerikaner, Serben, Afrikaner. Im Leben waren sie teilweise Feinde. Nun liegen sie friedlich nebeneinander und ich frage mich, welcher der hier vertretenen Götter wird richtig oder falsch verehrt? Welche der Ideologien und Glaubensbekenntnisse ist die Wahrheit, die bei Gott zählt"?

Diese Frage übernimmt Josua und erhält eine Erklärung von seiner energetischen Begleitung: „Die dreidimensionale Begrenztheit der Menschen ist nicht in der Lage, alle Dimensionen zu erfassen oder zu beschreiben. Für Vorgänge ausserhalb deiner Dimension hast du kein Bild und keinen Namen. Du gebrauchst lediglich Synonyme, die für die jeweiligen Wertvorstellungen stehen. Egal ob es Gott, Ganesha,

Basted, Jesus, Buddha, Shiron, Hekit oder wer auch immer sei. Die Menschen haben ein gemeinsames Grundbedürfnis: Sie wollen geliebt und wahrgenommen werden und in ihrer Würde unversehrt bleiben. Die Verschränkung mit dem transzendenten, unsichtbaren gibt Sicherheit. Sich von einer höheren Macht geliebt und beschützt zu fühlen, ist tröstlich. Die Namen oder Bilder der Gottheiten geben die unterschiedlichen Verlangen und Sehnsüchte der Menschen wieder. Aber auch die unterschiedlichen Eigenschaften der Menschen, wie sie ihre Probleme gelöst haben wollen. Der Kriegsgott soll die Feinde besiegen, töten, vertreiben, die Sieger durch Beute reich machen. Der Rachegott verlangt grausame Opfergaben, wie das schlagende Herz des Besiegten oder das erstgeborene Kind. Es gibt Götter die die Tiere beschützen, die Ernte, das Wasser und so weiter. Das größte aller Bedürfnisse ist die Liebe. In dieser Liebe gibt es weder Schuld noch Sühne. Es gibt nicht besser oder schlechter, es gibt kein richtig und falsch. In dieser Liebe lösen sich alle Grenzen auf. Der Tod ist nicht das Ende, – er ist die Wende. Er ist nicht Untergang, – er ist Übergang. Er ist nicht Abbruch, – er ist Aufbruch. Bewusstsein ist unabhängig vom Körper, ist Leben, – ist Fortsetzung in anderer Dimension. Die vollkommene Liebe ist die beziehungsstiftende Urkraft. Die Seele ist immer vollständig. Du bist eine lebende Seele. Sie führt mit deinem unbewussten Wissen dein Leben. Dein

Körper ist das stoffliche Vehikel des immerwährenden geistigen Wesens im dreidimensionalen, stofflichen Territorium. Das Wissen ist in deinem Unbewussten gespeichert. Du kannst es abrufen, wenn du bereit bist, seine Botschaften wahrzunehmen".

Josua wird überwältigt von Gedanken, die er bisher noch nie gedacht hat. Trotzdem wendet er seine Aufmerksamkeit wieder dem Gespräch der Freundinnen zu. „Die Ideologie, der wir gefolgt sind, machte nicht einmal vor unserer Schlafzimmertüre halt", empört sich Esther. „Sei ehrlich, bist du beim Sex entspannt? Ich weiß, dass du die ganzen Regeln im Kopf hast. Oralverkehr, Analverkehr, Petting, alles rückt in die Nähe von Porneia. Masturbation ist ganz und gar verwerflich. Die sittliche Reinheit verlangt, den Sex als Mittel zur Zeugung dankbar, als Geschenk Jehovas, anzunehmen und zur Not darf es dann, - aber nur im Ehebett und in der vorgeschriebenen Pose – etwas Befriedigendes sein". Wie Recht die Freundin hatte. Genau diese Gefühle kannte Julia nur zu gut. Sie verstand die Bitterkeit in diesen Worten.

„Wir sind alle indoktriniert und traumatisiert durch die Verfälschung unserer wahren Persönlichkeit", fuhr Esther nach einer nachdenklichen Pause fort. „Wer eine neue Persönlichkeit anziehen muss, wie es von uns verlangt wurde, verliert sich selbst. Das ist geistlicher Missbrauch. Das System der Wachtturm Organisation suggeriert das Getrenntsein von der Welt als Normalität. Wir waren isoliert und hatten das normal zu finden. Aber das ist nicht normal. Das ist die Basis, die uns zu leichter Beute werden ließ. Überlege mal, wie viele Stunden harter Arbeit haben wir beide investiert, für die Interessen des Königreiches, wie sie es nannten"? „Wenn Du mich so fragst, ziemlich viele. Jedenfalls mehr als doppelt so viel Zeit, wie wir für unseren Beruf übrig hatten". „Eben, und wie viel Lohn haben wir für diese Arbeit bekommen"? Julia lacht verbittert, „Lohn – was ist das? Ich kenne nur den Bibelspruch: Vielleicht werdet ihr gerettet am Tage des Zornausbruchs Gottes".

„Genau das meine ich. Wir wurden auf die neue Ordnung vertröstet. Doch wir leben heute und müssen heute unsere Miete bezahlen und ich finde es nicht besonders prickelnd, meine Kleider im Second Hand Laden zu kaufen". „Oder sich nur Selbstgenähtes leisten zu können", ergänzt Julia gequält lachend. „Schlimmer finde ich die Aussicht, wegen der fehlenden Rentenbeiträge mit Altersarmut rechnen zu müssen". Julia sah bekümmert drein. „Ich schäme mich schon jetzt, wenn ich daran denke, dass ich womöglich auf staatliche Hilfe angewiesen sein werde. Die Wahrscheinlichkeit dafür wird gerade durch meinen jetzigen Zustand verstärkt. Wenn ich diesen extremen psychischen Druck und diese Schuldgefühle nicht hätte, wäre ich arbeitsfähig. Ich könnte mein gutes Geld verdienen und meine Zukunft im vernünftigen Rahmen selbst absichern".

Josua reflektierte aus seiner veränderten Perspektive die Gedanken von Esther. Seine Eltern lebten nach der Regel, ,mit den vorhandenen Mitteln' zufrieden sein. Sein energetischer Begleiter schickte ihm die Frage nach den gesamtgesellschaftlichen Zusammenhängen. Ich bekam keinen Lohn für einen großen Teil meiner freiwilligen Arbeit für die Königreichsinteressen. Ich konsumierte zwangsläufig weniger. Ich trug nicht zum gesunden Wirtschaftswachstum bei. Ich sorgte nicht ausreichend für mein Alter vor. Wer profitierte von meiner Arbeitsleistung? Das war eindeutig die Wachtturm-Gesellschaft. Sie entzog sich der Verpflichtung, die üblichen Sozialabgaben zu leisten, indem sie uns einredete, die Arbeit sei heiliger Dienst für Gott. Wie lächerlich. Jede Art handwerklicher Arbeit, die in der Wirtschaft anständig bezahlt wird, deklarierten sie als freiwillige Leistung. Das bedeutete, Konkurrenz für die ansässigen Handwerker, mit verschleierter Schwarzarbeit. Der Solidargemeinschaft entstand ein erheblicher wirtschaftlicher Schaden. Sie hat anfallende Kosten für Krankheiten oder den Bedarfsausgleich zu tragen. Wird eine solche Praxis in anderen religionsdiktatorischen Gruppierungen ebenfalls angewandt? Dann ergibt sich daraus eine astronomische Summe veruntreuter Leistungen, die dem Allgemeinwohl zugutekommen könnten".

„Du hast ja so Recht", sagte Julia nach einer Weile nachdenklich. „Trotzdem fällt es mir unglaublich schwer, zuzugeben, dass ich mich vielleicht geirrt habe. Stell dir doch mal vor, was ich meiner Mutter angetan habe. Seit zwanzig Jahren weigere ich mich, mit ihr Kontakt zu haben, weil sie damals mit meiner Entscheidung, eine Zeugin Jehovas zu werden, nicht einverstanden war. Wie ist es mit deinen Eltern? Sie haben dich in diesem Glauben erzogen. Ich habe mich bei euch so wohl gefühlt. Das ist doch jetzt bestimmt nicht leicht für sie".

„Es ist für uns alle nicht leicht. Mein Vater muss sich als Ältester an das Kontaktverbot halten. Meine Mutter schafft das nicht so konsequent. Sie kommt immer wieder mal zum Tanken vorbei. Dann reden wir kurz. Doch es ist so schwer für mich. Ich liebe sie und verstehe sie. Trotzdem ist es immer wie ein Schlag in die Magengrube, wenn sie mir einen Wachtturm gibt und ich diese flehentliche Bitte in ihren Augen sehe, wieder zurückzukommen. Ich gebe ihr im Gegenzug etwas von meinen Recherchen aus dem Internet. Wir hoffen beide darauf, dass der Andere seine Meinung korrigiert. Andererseits bin ich mir nicht so sicher, ob meine Eltern überhaupt die Anpassung an ein völlig anderes Leben schaffen könnten. Wir beide haben am eigenen Leib erfahren, wie weh die Isolation tut. Meine Eltern haben nur Freunde und Kontakte bei den Zeugen Jehovas. Wo sollten sie auf ihre alten Tage neuen Anschluss finden? Das Ehepaar Rauthe aus der Nachbarversammlung ist für mich ein warnendes Beispiel".

„Was ist mit ihnen? Ich kenne sie als ganz liebe, warmherzige Menschen. Mit ihren Söhnen habe ich mich sehr gut verstanden".

„Die ganze Familie ist ausgeschlossen worden. Zuerst der älteste Sohn Ulli. Er hat im Urlaub eine Spanierin kennengelernt und sie geheiratet. Es war ein riesen Aufstand in der Versammlung. Niemand ist zu seiner Hochzeit gegangen, weil sie eine Weltliche ist. Er bekam keine Hochzeitsansprache. Damals haben die Rauthes als Familie zusammengehalten. Sie haben ihren Sohn und Bruder nicht verstoßen. Natürlich hat man Bruder Rauthe sofort das Dienstamt genommen. Du weißt, wie beliebt er war. Im ganzen Kreis hat er in den Versammlungen seine Vorträge gehalten und man hat ihm geglaubt, denn die ganze Familie galt als vorbildlich".

„Ja, das stimmt. Ich habe ihm sehr gerne zugehört. Er sprach mir zu Herzen. Seine Frau hatte immer ein nettes Wort für jeden. Die beiden konnte man sich nur im Doppelpack vorstellen". „Trotzdem wurde er in der Versammlung *bezeichnet*. Man hat sich deutlich von der Familie distanziert. Damit war die Katastrophe vorprogrammiert. Zuerst erwischte man Felix beim Rauchen. Er wurde vor das Komitee geladen und ausgeschlossen. Elfriede fing daraufhin an, kritische Fragen zu stellen. Es hat nicht lange gedauert, da hatte sie das Attribut *Isebelscher Geist* weg". „Oh weh, das bedeutet nichts Gutes" rief Julia aus.

„Nein, es war nicht gut. Ulli hat sich zu allem Unglück im Internet bei Aussteiger-Foren informiert und haarsträubende Dinge zu den Praktiken der Wachtturm-Gesellschaft herausgefunden. Er gab sie an seine Eltern und an seinen Bruder weiter. Das blieb nicht ohne Folgen. Sie bezweifelten einige Lehren. Elfriede machte daraus keinen Hehl. Sie redete in der Versammlung mit jedem, der ihr nur einige Augenblicke zuhörte. Du kannst dir denken, dass die Ältesten da ganz schnell kurzen Prozess machten. Sie wurde ausgeschlossen und Alfred gleich mit, weil er als Haupt versagt hatte". „Die Familie muss unglaublich gelitten haben", rief Julia erschrocken.

„Das hat sie, in der Tat. Ich habe Rauthes danach oft besucht. Wir Ex-Zeugen Jehovas vernetzen uns inzwischen und stützen uns gegenseitig. Es ist traurig, dass Alfred mit der Erkenntnis, dass er ein fragwürdiges System über Jahrzehnte unterstützt hat, nicht klar kommt. Er fühlt sich schuldig. Er wurde depressiv und lehnt jetzt sogar den Kontakt mit Ehemaligen oder den Lehren der Wachtturm Religion ab. Seine Rolle als zuverlässiges Haupt ist komplett verloren. Elfriede ist dagegen wie neugeboren. Sie kann gar nicht genug für die Aufklärung tun. Sie hat sogar eine Selbsthilfegruppe gegründet und wir treffen uns regelmäßig zum Erfahrungsaustausch".

„Für Alfred ist das bestimmt schwer zu ertragen. Jetzt spielt er die zweite Geige – oder vielleicht überhaupt keine Rolle. Seine Frau steht im Rampenlicht", erkennt Julia. „Ganz ehrlich, man hatte doch immer schon den Eindruck, dass Elfriede im Hintergrund die Fäden zieht. Kannst du dich an die Witzelei erinnern, wenn sie sagten, Alfred ist das Haupt und Elfriede der Hals. Wo sich der Hals hindreht, muss das Haupt folgen"? Beide lachten, denn das war nicht nur für dieses Ehepaar ein geflügeltes Wort.

„Trotzdem", gibt Julia zu bedenken. „Ich halte Alfred für einen intelligenten Mann. Er war immer absolut sicher in seinem Urteil. Er wusste genau was im Wachtturm stand. Seine Art, mit Problemen umzugehen, war zuverlässig nach den Ordensregeln getrimmt. Ich werde nie vergessen, wie ihn mal jemand fragte, ob er sich denn nie mit Elfriede streitet. Seine Antwort war: Nein, ich sage nichts und Elfriede hört zu. Die Umstehenden lachten. Ich bin aber irritiert. Wenn sie nicht geredet haben, war das ein Zeichen von Aggression, die nie verarbeitet wurde. Da sehe ich jetzt das Problem bei Josua und mir. Er ist nicht in der Lage über seine Gefühle zu reden. Die Gebote über die Selbstbeherrschung kennt er genauso wie wir beide. Ich wurde so wütend, weil er wortlos seinen Rucksack schnappte, und weglief. Jetzt quälen mich die schlimmsten Vorwürfe. Mit einer Portion Selbstbeherrschung hätte ich doch weniger aggressiv reagiert". „Ist Dir denn die Wirkung der Indoktrinierung bewusst, die uns geprägt hat"? „Auf keinen Fall"!

„Dann sind Selbstvorwürfe die schlechteste Reaktion. Schweigen ist die höchste Form der aggressiven Kommunikation. Es signalisiert Geringschätzung, Nichtachtung, Abwertung, aber auch uneinsichtigkeit oder Trotz. Darum ist es für uns so schwer, die Vergangenheit aufzuarbeiten. Egal ob aktiver oder schon ausgestiegener Zeuge Jehova. Wir sind Opfer und gleichzeitig Täter. Beides zu realisieren und dafür Verantwortung zu übernehmen ist verdammt mühselig. Es ist eine Herkulesaufgabe sehenden Auges auszusteigen, weil dir die Untaten aufgefallen sind. Mit einem Finger zeigst du auf die Anderen und drei Finger richtest du auf dich selbst.

Erinnerst du dich an die Nürnberger Prozesse? Die Angeklagten beriefen sich darauf Opfer zu sein. Sie hätten lediglich Befehle befolgt. Keiner von ihnen sagte: ‚Ich entschuldige mich dafür, dass ich dieses Regime aktiv unterstützt habe', oder ‚ich entschuldige mich dafür, dass ich durch die Einhaltung der Regeln dabei mitgewirkt habe, die organisierten Verbrechen erfolgreich zu ermöglichen'. Bedenke, dass in Nürnberg Männer auf der Anklagebank saßen, die höchste Ämter innehatten. Trotzdem fühlten sie sich nicht schuldig. In ihren Augen waren sie lediglich Befehlsempfänger.

So benehmen sich viele Aussteiger. Die Einen verdrängen die Vergangenheit konsequent und verweigern sich jedem Versuch der Aufarbeitung. Andere hängen in der Opferrolle fest. Es ist ihnen lieber zu jammern und zu beklagen wie ungerecht sie behandelt wurden, als ihre eigene Rolle in diesem Spiel anzunehmen. Sobald du für dich und deine

Taten Verantwortung übernimmst, bist du nicht mehr das kleine bedauernswerte Opfer, sondern du generierst für dich die Ermächtigung zum Handeln. Du kannst die Vergangenheit nicht mehr verändern. Du kannst sie annehmen, als Teil deines Lebens, die dich zu dem gemacht hat, was du heute bist. Es war quasi ein Trainingslager, welches du verlassen kannst, um das Gelernte in Zukunft so in die Tat umzusetzen, wie es zu dir und deinen Bedürfnissen passt. Egal, ob es das Bedürfnis ist zu schweigen, Täter zur Rechenschaft zu ziehen, oder mit deinen Erfahrungen an die Öffentlichkeit zu gehen. Du hast die Freiheit darüber zu entscheiden".

„Esther, du bist so eine kluge Frau. Dieser Gedanke gefällt mir außerordentlich. Darüber werde ich noch lange nachdenken", ruft Julia überrascht aus.

„Das Lob gebührt meiner weisen Therapeutin. Sie hatte jahrelang Geduld mit mir, bis ich die Lektionen kapiert habe. Sieh dir die Bilder und Berichte aus der NS Vergangenheit doch an", wehrt Esther bescheiden ab. „Du wirst selbst sehen, welche Sprache sie sprechen. Schau, wie die Massen bei den Aufmärschen jubeln. Das trifft auch auf die Bilder zu, die ich in meinen Erinnerungen von unseren Kongressen habe. Wir waren begeisterte Täter. Gläubig und überzeugt. Demütig und gehorsam, genauso wie wir es gelernt hatten. Meine Erfahrung sagt, es ist verdammt schwer, sich da realistisch zu sehen und seine Schuld, - das ist das falsche Wort, - ich will lieber von Verantwortung sprechen, vor allem sich selbst gegenüber, einzugestehen. Ich verstehe die Entscheidung der Vielen, Mitläufer zu bleiben, oder einfach untätig zu werden und sang- und klanglos unterzutauchen. Das wäre der Weg gewesen, den Alfred bevorzugt hätte. Doch in Elfriede tobte ein Vulkan des Gerechtigkeitsempfindens. Aus ihr sprudelte das Reden unaufhaltsam heraus".

Durch dieses Gespräch angeregt, will Josua das Ehepaar Rauthe kennenlernen. Er beobachtet eine Szene, bei der er sich wieder selbst erkennt.

Elfriede konzentrierte sich darauf, ihr Mittagessen pünktlich auf den Tisch zu bringen. Eine Tradition, die seit Jahrzehnten gepflegt wird. Sie ist etwas spät dran und nervös. Da kommt Alfred in die Küche und räumt Küchenabfälle auf. Er nimmt eine Flasche, die Elli noch verwerten will, um sie in den Glascontainer zu werfen. Sie ist abgelenkt. Sie muss sich jetzt auf Alfred konzentrieren und ihm erklären, was sie braucht. Ihr Zeitdruck steigt. Sie vergisst, ob sie ein Gewürz schon verwendet hat. Der Salat ist nicht fertig. „Du musst keinen Salat für heute machen", meint Alfred, in der Absicht ihren Stress zu verringern. Wütend nimmt Elli den Salatkopf und bringt ihn mit dem patzig hingeworfenen Satz: „Dann mach ich halt keinen Salat", in den Kühlschrank. Alfred versteht die Welt nicht. Er wollte nur helfen. Beleidigt zieht er sich in sein Zimmer zurück und Elfriede ist sauer über sich, über ihre Reaktion und über Alfred, der wieder einmal nichts verstanden hat.

Wie so oft hatte sie diesen emotionalen Flashback. Das passiert ihr immer wieder. Hinterher begreift sie, dass es in der banalen Situation keinen Grund gab, so auszurasten. Ihre Therapeutin hat ihr geraten, die Gründe dafür in der Vergangenheit zu suchen. Sie riet ihr, die Wut als Energie zu nutzen, um Grenzen zu setzen. Das funktioniert ohne Aggression und Verletzung, wenn sie sich ihre Wut als Welpen vorstellt, den sie mit Liebe erziehen kann, damit er nicht bellt und beißt, sondern wohlerzogen seine Bedürfnisse zeigt. Die hat gut reden, grummelt Elfriede.

Beim Essen versucht sie, Alfred zu erklären, warum sie so heftig reagiert hat.

„Es hätte dir bestimmt nicht gefallen, wenn jemand in deine Werkstatt kommt und ohne zu fragen beginnt, Werkzeuge wegzuräumen, Anweisungen zu geben und dir damit zu signalisieren, dass du dich beeilen sollst". Es ist zwecklos. Alfred reagiert wie immer. Bei ihm gibt es nur entweder, du nimmst es klaglos hin, oder, ich mache gar nichts mehr. Darum sagt er, es ist doch ganz einfach: „Ich komme nur in die Küche, wenn du mich rufst".

„Das passt zu dir", erwidert Elfriede heftig. „Du bist unsensibel. Du hast nie gefragt, wer ich bin. Ich bin nicht das Wunschbild, dass du in deinem Kopf hast. Jahrzehnte hast du mir signalisiert, dass ich deinen Ansprüchen nicht genüge. Du warst enttäuscht, tatest auf gekränkt und willst mir das Gefühl geben, dass ich versagt habe und du darüber großzügig hinwegsiehst.

Ich kann deine Leichenbittermine nicht mehr ertragen. Bei jeder Art Hilfe, die du im Haushalt gewährst, lässt du keinen Zweifel daran, dass es lediglich eine Gunsterweisung ist. ‚Wenn dir nicht passt, wie ich die Hemden aufhänge, dann mach es eben selbst', sagst du. ‚Wenn ich erst fragen soll, ob du Hilfe brauchst, dann ist mir das zu dumm. Mach deine Arbeit doch selbst'. Beim Abwasch, entscheidest du, ob die Menge so viel ist, dass ich Hilfe brauche oder ob es so Wenig ist, dass ich das auch alleine schaffe. Du bist eben der Boss. Daran darf es keinen Zweifel geben. Ich hatte gehofft, dass du mal ein Mann wirst, den ich auf Augenhöhe als Partner sehen kann".

Ich verstehe, diagnostiziert Josua. Die Art, wie wir mit unseren Frauen interagieren, interpretieren sie gemäß ihren Glaubenssätzen. Alfred vermeidet Konfrontation, indem er die Kommunikation vermeidet. Zwangsläufig stauen sich die kleinen Nadelstiche so lange, bis das Fass überläuft. Es kommt zu einer emotionalen Überreaktion, wie eben in der Küche. Alfred sieht seine Frau nicht als ebenbürtige Erwachsene. Gemäß seiner Konditionierung ist er das Haupt, der Chef. In der *Ältestenschaft* der Versammlung war das immer seine Rolle. Vor allem schaltet er den unbewussten Kontrollzwang nicht ab. Elfriedes Erwartung an Beziehung und Liebe ging immer über das Körperliche und Materielle hinaus. Für sie ist es eine Botschaft des Herzens. Sie ist in der Lage mit den Fakten zu leben, ohne sich unablässig über das zu beklagen, was man nicht bekommen oder verändern kann. Zu Alfred sagt Elfriede darum: „Wir haben nie darüber geredet. Das ‚nicht darüber reden können' bestärkte mich in dem Glauben: Ich bin schuldig, ich habe versagt. Ich strengte mich an, alle Wünsche und Anforderungen zu erfüllen. Ich hatte mich dabei komplett verloren. Wie du weißt, arbeite ich seit Jahren daran, das Fremdbestimmte in meinem Unterbewusstsein als wertlosen Müll zu identifizieren und abzutragen. Ich merke inzwischen hin und wieder, dass ich viele Charaktermerkmale habe. Ich lasse mich nicht mehr auf das Handicap der Berührungsängste reduzieren und ich werde darüber reden. Das Schweigen tötet eine Beziehung".

„Ich bin erschüttert über das, was du mir da sagst. Nein, das habe ich nicht geahnt. Ich habe dich so sehr begehrt. Deine Worte treffen mich wie ein Schlag ins Gesicht. Der Vorwurf, dass ich absolut unsensibel gehandelt habe, ist schwer zu verkraften. Wie hätte ich denn fühlen können, was du fühlst? Zugegeben, ein Experte in Sachen Frauen war ich nicht. Ich habe ohne Verständnis gehandelt. Ja – du hast Recht, ich habe dich einfach genommen. Für mich gab es nie einen Zweifel, dass die körperliche Liebe völlig natürlich ist. Dass sie Spaß macht und ich zweifelte nicht daran, dass es für dich ebenso vergnüglich sein müsste. Es schmerzte mich, wenn du dich mir entzogen hast. Ich hätte dich so gerne mal in Reizwäsche bewundert. Du hast einen wunderbaren

Körper. Du bist eine schöne Frau. Das hast du verborgen, wo immer du konntest. Ich bin so stolz darauf, dass du meine Frau bist".

„Das ist wohl wahr. Ich bin dir ausgewichen, so oft es ging. Wenn ich mich sexy gezeigt hätte, wärst du dreimal täglich über mich hergefallen. Nach dem Motto gibt man ihm den kleinen Finger, dann will er die ganze Hand. Mit dem bedeckt halten, habe ich mich verteidigt. Es war reiner Selbstschutz".

„Ich kann doch nichts für meine Gefühle. Ich bin so, wie ich bin. Ich habe dich nie zu etwas gezwungen. Ich habe nie eine andere Frau begehrt. Ich wünschte, ich hätte auch über meine Gefühle gesprochen. Ich wünschte, ich hätte mich nicht auf diese Bibelvorschriften eingelassen. Ich wünschte, ich hätte nicht diesen unsäglichen Vortrag gehalten: In der Ehe liebe und Respekt bekunden. Du hast alle Regeln wie ein Evangelium ernst genommen und dafür gesorgt, dass sie auch in unserem Schlafzimmer galten. Ich habe dir nicht nur körperlichen Schmerz bereitet, sondern auch deine Seele verletzt. Das tut mir so leid. Du kannst nicht ahnen, wie sehr ich dich liebe".

„Dieses Gespräch hätte Wort für Wort auch zwischen meinen Eltern stattfinden können" begreift Josua. „Ihre Prägung durch Doktrin und Weltanschauung war identisch. Sie benützten dieselben Strategien im Umgang damit".

Elfriede hat einen Wissensvorsprung vor Alfred. Sie war mit einer Psychotherapie einverstanden und hat Hilfe zum Verständnis der Zusammenhänge angenommen. „Vielleicht ist es ein guter Anfang, wenn wir mit mehr Verständnis füreinander reagieren. Wir haben die Freiheit zu entscheiden, wie wir unsere Zukunft gestalten. Die Vergangenheit können wir nicht mehr ändern. Das, was schief gelaufen ist, können wir jetzt entweder bejammern und beklagen, oder akzeptieren und es bei der Zuordnung zur Vergangenheit belassen. Wenn wir aus dem Leben, das wir jetzt haben, mit den Möglichkeiten, die uns geblieben sind, etwas Gutes machen, dann gibt es keinen Grund, sich zu beklagen", schlägt sie darum vor.

Josua bedenkt, was er beobachtet: „Elfriede will in ihrer Partnerschaft nicht mehr die Dienstleisterin sein. Alfred befürchtet, seine Weltsicht stürzt komplett ein, wenn er auf die ganze Wahrheit schaut. Ein Schuldiger will er nicht sein. Das ist doch auch eine Erklärung für das Verhalten von Julia. Ich sehe sie mit meinen Augen und erwarte, dass sie so ist, wie ich mir das ausdenke. Ich habe mich nie gefragt, warum sie mein Verhalten so auf die Palme bringt. Das ist korrekturbedürftig".

Interessiert konzentriert er seine Aufmerksamkeit weiter auf Julia und Esther. Zunächst verblüffen ihn Esthers Worte:

Das Versäumnis des Staates

„Es ist egal, was wir Ehemaligen tun. Wir spielen eine wichtige Rolle bei den Interessen der Organisation. Sie instrumentalisiert uns Aussteiger, indem sie uns als Feindbild aufbaut. Wir sind ein Kollektiv, das gemieden werden muss. Die Religionsprivilegien, die unsere Verfassung gewährt, sind die Legitimation dafür. Ich frage mich, wieso schützt uns der Staat nicht davor? Es ist eine Verletzung unserer Würde, unseres Rechtes auf freie Entfaltung unserer Persönlichkeit, unser Recht auf körperliche Unversehrtheit, unser Recht auf Gleichberechtigung. Diese Rechte garantiert uns die Verfassung. Es gibt so viele Ehemalige, die die Isolation oder auch das Trauma der Erfahrungen innerhalb der Gemeinschaft nicht verkraften. Sie leiden, sind erwerbsunfähig, einsam, materiell abgestürzt. Die Kosten für die Solidargemeinschaft sind immens hoch. Es interessiert sich nur niemand dafür. Ich kann nicht verstehen, wie zweierlei Maß geltendes Recht sein kann.

Die Führer der Organisation schlachten es ungehindert aus, dass so viele Ehemalige Mitglieder unter der Isolation leiden und mit Posttraumatischen Belastungsstörungen zu kämpfen haben. Damit taugen wir optimal als warnendes Beispiel. Neben der Warnung vor dem Teufel und den Dämonen gehören wir zu dem Reigen der Drohbotschaften. Wir werden als scheinbare Beweise benützt. Wir werden als warnendes Exempel dafür propagiert, wie sehr die Trennung von der Organisation schadet. Die Fakten werden auf den Kopf gestellt, indem verschwiegen wird, dass die Mitgliedschaft geschadet hat und die Trennung eine Chance bietet, zu heilen. Es ist so perfide. Sie machen die Opfer zu Schuldigen und missbrauchen sie doppelt. Du weißt selbst, wie orientierungslos man dasteht, wenn von jetzt auf gleich alle sozialen Kontakte wegbrechen. Dafür sorgen nicht die Aussteiger, sondern die Vorschriften der Führung. Dieser drohende und real existierende Totalverlust ist ein probates Instrument der Konditionierung. Nicht umsonst wird es in den Wachtturmschriften geistiger Tod genannt. Weil wir alle gehorsam waren, haben wir unsere Zeit, Kraft und Geld dem System zur Verfügung gestellt. Es ist ein abscheuliches Gefühl, wenn ich daran denke, dass ich wirklich auch selbst Schuld bin. Ich habe zu allen Anforderungen ja gesagt. Es ging doch um unser ewiges Leben. Erinnerst du dich an den Spruch: Ich lege Euch vor Leben oder Tod, so wähle das Leben, auf dass Du lebest"?

Julia lachte gequält, „natürlich erinnere ich mich. Darum bin ich doch so unsicher, wie ich mich entscheiden soll. Wird mich Jehova für immer verdammen, wenn ich mich für Josua entscheide? Mein Magen krampft sich zusammen, bei dem Gedanken, dass ich meine Sünde mit ihm wieder bei den Ältesten beichten muss und sie um Vergebung anflehen. Der Wachtturm vom 15. November 2006 liegt mir schwer im Magen. „Nimm Zucht Jehovas immer an". Die Zucht von Gott bringt das rechtschaffene Leben und uns dadurch Jehova näher. Der Gemeinschaftsentzug wird als liebevolle Maßnahme der Zucht für absolut erforderlich erklärt.

Nur, wenn jemand schwer sündigt und nicht ausreichend bereut, wird er ausgeschlossen. Die Werke der Reue, die als Beweis anerkannt werden, habe ich am eigenen Leib erfahren. Es ist der Horror. Da wird weder auf das Schamgefühl noch auf die Angst vor öffentlicher Demütigung Rücksicht genommen. Man will das zerbrochene und zerschlagene Herz sehen, ansonsten drohen ein schuldbeladenes Gewissen und der Entzug des Segens Jehovas. Schlimm ist die Vorstellung, dass er nicht nur mich nicht mehr segnet, sondern der ganzen Versammlung seinen Segen meinetwegen entzieht. In dem Artikel werden die Ältesten so liebevoll beschrieben. Ich habe sie aber ganz anders erlebt. Die Werke der Reue, wenn ich daran denke, verliere ich allen Lebensmut. Ich werde den Ansprüchen niemals genügen können".

„Ich werde mir diese Demütigung nicht mehr zumuten". Esther schlug entschlossen beide Hände flach auf die Tischplatte. „Lieber trage ich zusammen mit der Solidargemeinschaft unseres Landes ein Leben lang die Folgen und die Lasten der Ausbeutung. Es ist eine Schande, dass sie uns das im Namen des Glaubens und der von ihnen karikierten Liebe antun können".

„Aber es ist doch genauso eine Schande oder ein Skandal, dass die das ungestraft dürfen"! Erwiderte Julia aufgebracht. „Wir leben doch in einem Rechtsstaat. Warum schützt er uns nicht vor dieser Willkür"? „Gute Frage. Warum? Ich vermute, weil sie eben diese Maske *Religionsgemeinschaft* erfolgreich vor sich hertragen. Religion hat Privilegien. Eine Körperschaft des öffentlichen Rechtes hat noch viel mehr Privilegien. Die Leitenden sind sich dessen, und vor allem der gesetzlichen Möglichkeiten, bestimmt bis ins letzte Detail bewusst. Mit ihrer Doktrin verbreiten sie Angst. Mit Raffinesse reden sie den Mitgliedern ein, dass sie sich aus loyaler Liebe zu Jehova, freiwillig für den Gehorsam entscheiden. Haben wir denn nicht genauso auf die emotionale Erpressung und den Gewissensdruck ragiert? Gehorsam hielten wir alle Vorschriften ein, vor lauter Angst, dass wir das ewige Leben verspielen, wenn wir eigene Wege wählen".

Betroffen erwidert Julia „Ich habe es nie für möglich gehalten, dass dahinter eine perfide Strategie stecken könnte. Boah, bei dieser Vorstellung stellen sich meine Nachenhaare auf. Genau besehen betrifft das sicher nicht nur die Wachtturm Religion der Zeugen Jehovas". „Nein", bestätigt Esther. „Ich kenne viele Fundamentalisten, die im Namen der Religionsfreiheit – im Grunde will ich Narrenfreiheit sagen, – strikt reglementiertes Verhalten von ihren Mitgliedern fordern. Da fallen mir viele wie Scientology, Neuapostel, Pfingstgemeinden, Mormonen oder die fundamentalistische Kirche der Heiligen der letzten Tage, radikale Islamisten, Sektengurus wie Wankmiller und seine Likatier, Bruno Gröning mit seinen Nachfolgern, Worte des Lebens oder wie sie alle heißen, ein.

Eine Kontrolle, wie innerorganisatorisch mit den Mitgliedern, vor allem mit den Kindern umgegangen wird, wäre dringend notwendig. Das ergab eine Studie der Universität Utrecht in Holland. Forscher der Universität haben in der Studie empfohlen Jehovas Zeugen sollen unter verstärkte staatliche Kontrolle gestellt werden. Ich würde das begrüßen, denn aus eigener Erfahrung weiß ich, dass sie oft die bedauernswertesten Arbeitssklaven sind und erschütternd oft auch Opfer von sexueller Gewalt.

Im Umfeld der Kirschblüten Gemeinschaft geht es um Drogen. Es gab sogar Todesfälle. Die Anhänger der Dame Ching Hai, oder die Aum-Sekte, die auch vor Giftmorden nicht zurückschreckten, gaben Unsummen ihres Vermögens als Spenden. Wenn ich darüber nachdenke, fallen mir so viele skurrile Glaubens-Beispiele ein. Ich denke an die Ufo-Gemeinschaft, die Boko Haram, die Templer-Gemeinschaft von Jones, die Colonia Dignidad von Paul Schäfer. Das sind so extremistische Gruppierungen, die über viele Jahre unbehelligt von den Regierungen ihr Unwesen treiben konnten und können. Selbst bis hin zu Massenmorden.

Ich habe von Shin Ok-ju gelesen. Sie sei die Chefin einer südkoreanischen Sekte, die ihre Anhänger verprügelt, um ihnen angebliche Dämonen und böse Geister auszutreiben. Das Ritual begründet sie mit der Bibel, in der es Dreschen genannt wird. Sie sei zudem eine Person, die die Leute ihrer Sekte wie Sklaven für sich arbeiten lässt, während sie selbst ein

Luxusleben führt. Sie habe ein Firmenimperium, mit Hauptquartier auf den Fidschi-Inseln errichtet. Sie hatte ihren Anhängern die Geschichte aufgetischt, dass in Südkorea eine Hungersnot drohe und sie darum in das Zentrum der Welt, die Fidschi-Inseln auswandern müssten. Die etwa vierhundert Anhänger, die der Anführerin glaubten und ihre folgten, erlebten anstelle des Paradieses die Hölle. Sie wurden mit Schlägen und Demütigungen zur Zwangsarbeit gezwungen. Aussteiger aus ihrer Sekte haben die brutalen Körperverletzungen auf Video dokumentiert. Die Polizei ermittelte und am Ende wurde sie nach einem Prozess zu sechs Jahren Gefängnis wegen Gewalt und anderer Delikte verurteilt".

„Bisher habe ich nie über den Tellerrand geschaut. Meine Gedanken drehten sich immer um mich selbst und meine Probleme. Die falsche Religion waren die Anderen, über die ich mir keine Sorgen zu machen brauchte, weil Jehova sie vernichtet". Julia hörte ihrer Freundin aufmerksam zu. „Warum wird im Ethik Unterricht der Schulen nicht auf Merkmale aufmerksam gemacht, an denen man ein destruktives Gruppenverhalten erkennen könnte? Man könnte schon in der Kita beginnen, den Stepckes zu erklären was ihre Rechte sind. Wenn es religiös fundamentalistischen Eltern überlassen bleibt, ob sie ihren Kindern erlauben an einem allgemeinbildenden Unterricht teilzunehmen oder nicht, werden die Kinder nur einseitig informiert. Hier nimmt der Staat seinen Bildungsauftrag nicht wahr. Sich vor falschen Propheten und Heilspredigern selbst schützen zu können, wäre echte Lebenshilfe, die häufig nützlicher wäre als so manche mathematische Formel."

„Du sagst es" bestätigt Esther. „Stell dir doch mal vor, wir wären damals in der Schule gemeinsam in einen Unterricht für Weltanschauungsfragen gegangen. Den hätten meine Eltern nicht verhindern können, wenn es sich um ein Pflichtfach gehandelt hätte. Wir hätten beide die gleichen Werte kennengelernt. Die Religion wäre Privatsache gewesen. Du hättest zu Hause das Osternest oder den Weihnachtsbaum gehabt und ich meine Versammlung. Doch in der Schule hätten wir beide lernen können, was die Grundwerte, wie die Freiheit des Glaubens, des Gewissens, oder die Meinungsfreiheit, sind. Es wäre völlig egal gewesen ob unsere Mitschüler zu Hause katholisch, evangelisch, muslimisch, jüdisch oder atheistisch leben. Das soziale Miteinander hätten wir in der Schule mit singen, tanzen, Sport, theaterspielen und anderen kreativen Aktionen üben können. Überall hätte ich auch mitmachen können. Diese schreckliche Ausgrenzung wäre mir erspart geblieben. Hier sollte die staatliche Fürsorge für die nächste Generation ansetzen. Die echte Trennung von Kirche und Staat wäre ein Segen für ein friedliches, respektvolles Miteinander, bei dem schon die Heranwachsenden lernen, eigene und freie Entscheidungen zu treffen. In der Schule könnten sie das Wissen vermittelt bekommen, was Fremdbestimmung und Diktatur ist.

Nicht nur die politische, auch die religiöse Diktatur ist von Übel. Wie gut, wenn man die Merkmale erkennen kann. Früh übt sich was ein Meister werden will, kann man bestimmt auch bei der Disziplin Selbstbestimmung sagen".

„Doch das sind nicht nur unsere Probleme", überlegt Julia. „Das betrifft abertausende Menschen, die ohne Kenntnis der Mechanismen eines geistlichen Missbrauchs in destruktiven Gemeinschaften, ahnungslos und vertrauensselig, in die Falle gehen. Betroffenen, die ich ohne Weiteres als Opfer einordnen konnte, hätte ich geraten, sich aus der Umklammerung zu befreien. Wieder zu ihrem selbstbestimmten Leben zurückzukehren. Soeben geht mir ein ganzer Kronleuchter als Licht auf. Diesen Rat gebe ich mir jetzt selbst. Das bedeutet, dass ich mich nicht mehr demütigen lassen muss. Ich kann meine eigenen Entscheidungen treffen. Ist es das, was du mir mit deinen Informationen sagen willst"? Man merkte Julia deutlich an, wie aufgewühlt sie war.

„Genau das meine ich", antwortet die Freundin. „Mach dir keine Illusionen, wir haben keine Chance, die Wunden der Vergangenheit ungeschehen zu machen. Wir können das nicht mehr reparieren. Wir müssen lernen, damit so zu leben, dass wir nicht unter die Räder kommen. Ich habe inzwischen einige Jahre Therapie hinter mir und wenn ich dich richtig verstehe, kannst du auch mitreden".

„Ja, leider. Ich bin nicht sicher, dass meine Therapeuten verstanden haben, wovon ich rede. Oder was mein Problem ist. Wie auch, ich verstehe doch selbst nicht, wie das alles so kommen konnte. Erst jetzt – durch das Gespräch mit dir sehe ich Vieles klar und deutlich vor mir. Es ist mir ein Stein vom Herzen gefallen. Ich bin nicht falsch, weil ich mit so vielem nicht einverstanden bin. Ein System ist falsch, welches so krude Anforderungen an seine Mitglieder stellt. Hast du die Telefonnummer von den Rauthes, ich möchte sie gerne besuchen und fragen, wie es ihnen geht. Außerdem bin ich jetzt entschlossen, meine Mutter um Verzeihung zu bitten". Dieser Gedanke trieb Julia die Tränen in die Augen.

„Das ist ein guter Plan. Übrigens sehe ich deine Mutter häufig am Sonntag gegen Mittag auf der Bank bei dem Spielplatz vor der Kirche sitzen". Julia ringt nach Fassung. „Da sind wir beide sonntags nach dem Gottesdienst oft für eine Stunde zum Spielen gegangen. Anschließend haben wir in der Krone gegessen".

„Deine Mutter vermisst dich bestimmt sehr und hier ist die Telefonnummer von Rauthes. Wenn du mit Alfred sprechen kannst, wirst du vielleicht verstehen, dass ich mich um meinen Vater sorge. Er war immer ein vorbildlicher Ältester. Er hat das System loyal unterstützt. Hat bei Verfehlungen, die ihm zu Ohren kamen, nach allen Regeln korrekt gehandelt. Er hat selbst denunziert. Ist immer noch ein angesehenes Rädchen im System der perfekt organisierten Hierarchie. Er hat begeistert Beifall geklatscht, wenn bei Vorträgen der Gemeinschaftsentzug als *liebevolle Zuchtmaßnahme* gepriesen wurde. Wie würde er sich fühlen, wenn er eine völlig andere Sicht auf die Dinge bekäme"?

„Das sind berechtigte Bedenken, Esther. Einfach so, wird er sein gesamtes Leben nicht in die Tonne treten können. Dafür wären sehr schwerwiegende Gründe nötig". „Das alles macht eben den Ausstieg aus diesem destruktiven Verein so schwierig. Es ist perfide, wie sie mit den Mitgliedern umgehen. Ich nenne es die psychische Foltermethode einer Diktatur. Eine fundamentalistische *Religions*Diktatur unterscheidet sich aus meiner Sicht, nicht von einer politischen Diktatur. Sogar bei einem Despoten in der Familie erkennt man das gleiche Verhaltensmuster. Es wird gedroht und Angst und Schrecken verbreitet, damit die eigene Macht nicht in Frage gestellt wird. Ich habe die Vermutung, dass die Zeugen Jehovas ein Etikett verwenden. Da steht etwas anderes drauf, als tatsächlich drin steckt. Der Inhalt ihrer Doktrin ist, jedenfalls aus meiner Erfahrung, extrem toxisch für die Seele. Wären es nur offene Wunden, könnte man sie verbinden oder heilen. Doch die Wunden der Seele passen in keinen Gipsverband".

„Wie treffend du das beschreibst"! Julia seufzt tief. „Das muss ich erst einmal verdauen. Ich fühle mich wie gerädert". „Was hast du vor? Wie lange hast du Zeit? Wenn du willst, kannst du bei mir übernachten und vielleicht noch deine Mutter besuchen". „Ich habe noch Urlaub. Vielleicht war es Schicksal, dass ich gerade jetzt mit dir zusammengetroffen bin. Wenn es für dich wirklich in Ordnung ist, bleibe ich gerne noch. Ob ich schon den Mut habe, zu meiner Mutter zu gehen, kann ich jetzt noch nicht sagen". „Wunderbar! Dann lass uns gehen".

Der Ausstieg trennt.

Die nächste Szene beobachtet Josua bei Rauthes. Inzwischen kann er Narben in der Seele der Kriegsgenerationen identifizieren. Alfred ist geprägt von der extremen Erfahrung seiner Eltern. Sein Vater war ein überzeugter Anhänger des Nationalsozialismus. Als Gartenbauarchitekt hatte er bei den Anlagen rund um die Verwaltungsgebäude in Auschwitz wichtige Aufgaben. Nach der Kapitulation hat er beschlossen, Bibelforscher zu werden. Er kannte einige von ihnen, die ihm zur Zwangsarbeit als Häftlinge zugeteilt waren. Viele Begriffe aus der Sprache der Häftlinge waren ihm vertraut. Beide Systeme arbeiteten mit einer Methode, die sich Reframing nennt. Sie deuten Alltagsbegriffe um. Ein Mittel der Manipulation. Nur wer die wahre Bedeutung kennt, gehört zum inneren Kern.

Die Liebe zum Vaterland war ebenso mit absolutem Gehorsam bis in den Tod zu beweisen, wie die Liebe zur Theokratie, die die Zeugen Jehovas predigten. Vergleichbar ist das Verfahren, permanent Angst zu schüren. Damit das funktioniert wird ein Feindbild zelebriert. Hitler hatte die ganze Welt zu Feinden erklärt und an vorderster Stelle die Juden. Die Zeugen Jehovas hatten sowohl sichtbare als auch unsichtbare Feinde. Neben Satan und seinen Dämonen waren das Weltreich der falschen Religion und die Weltmenschen Inbegriffe höchster Gefahren. Die Tausendjahrherrschaft Christi klang ähnlich wie Hitlers Versprechen des tausendjährigen Reiches. Die Überzeugung in der Endzeit zu leben hielt die Zeugen Jehovas in Spannung. Die Welt lag aus ihrer Sicht in der Hand des Teufels. Die Abweichler des NS Regimes wurden bezichtigt, Verbündete des Feindes zu sein. Alfreds Vater hatte keine Mühe, das Weltbild einer Theokratie zu übernehmen. Er musste lediglich die Bedeutung einiger Begriffe modifizieren.

Ähnlich wie die zwangsgetauften Kelten änderten sich die überzeugten Nationalsozialisten zwar nach Außen, doch in ihrem Herzen und Bewusstsein blieb ihre Ideologie verankert. Sie gaben sie an ihre Kinder und Enkel mit den bekannten Parolen weiter. „Ein Indianer kennt keinen Schmerz" hatten die Eltern aus dem Erziehungsratgeber der Dr. Haarer entnommen. „Gehorsam ist des Bürgers Pflicht" galt als selbstverständliche Tugend. Allgemein menschliche Bedürfnisse und Verhaltensnormen wurden so mit Geboten geregelt, dass es möglich wurde, die Gedanken und Gefühle zu kontrollieren. Das Verhalten bewies, ob die Mitglieder in der gewünschten Richtung blieben. Wer bereit war, durch die Verweigerung des Hitlergrußes oder durch die Ablehnung einer Blutübertragung, sein Leben aufs

Spiel zu setzen, fügte sich jeder Anweisung der Leitung. Bei der Entnazifizierung war es von Vorteil, zu der Gruppe der Verfolgten des Regimes zu gehören. Doch das Thema NS Vergangenheit war in der Familie absolut tabu. So gab der Vater an den Sohn Alfred die Ideologie einer Religionsdiktatur weiter. Alfred funktionierte und stieg in der Hierarchie zum Ältesten auf. Sein emotionales Defizit überlagerte er mit der Perfektionierung seiner Leistung. Er kaschierte sein geringes Selbstwertgefühl mit der Anerkennung, die er von der Gemeinschaft erhielt. Seine Rolle als Ältester gab ihm Halt und Bestätigung. Da er kein Problem damit hatte, regelgerecht zu handeln, war seine Welt in Ordnung. Mit dem Zusammenbruch seines Weltbildes, das dem Trauma des Zusammenbruchs glich, den sein Vater erlebte und unbewusst an den Sohn weitergegeben hatte, ging seine Orientierung im Leben verloren.

Josua beobachtet ein typisches Beispiel.

Mittels Nichtigkeiten versucht er, Spielregeln zu zementieren, die keinen Zweifel zulassen, wer der Taktgeber ist. Er begnügt sich nicht mit den Regeln, die im Zusammenleben notwendig und nützlich für alle Beteiligten sind. Er will die Kontrolle *über* ihr Zusammenleben behalten. Sie haben ein System verlassen, in dem eine giftige Beziehung die Norm war, weil alle Bereiche des Lebens kontrolliert waren. Es gab Regeln zum Umgang mit Geld, mit wem man eine Beziehung haben sollte, Regeln für die Sexualität, den Status in der Gemeinschaft, Kontrolle des Verhaltens, der Informationen, der Gedanken und Gefühle. Alfred fühlte sich in diesem System sicher. Es hat für ihn funktioniert. Elfriede dagegen hat in ihrem Inneren mehr gespeicherte Träume entdeckt, als in dem Kontrolle-Hamsterrad vorgesehen waren. Sie weigerte sich, weiter als Hamster das Rad am Laufen zu halten. Darum ergaben sich Konflikte, sobald Alfred die Kontrolle über sie zu übernehmen versuchte.

Josua sieht, wie Elfriede das Frühstück vorbereitet. Alfred kommt in die Küche und sagt: „Du hast das falsche Programm eingeschaltet".

Bei Elfriede kommt an: Du hast etwas falsch gemacht, ich erwarte eine Korrektur, ich bestimme, was richtig oder falsch ist.

Die Lektion hat Josua verstanden. Partnerschaftlich wäre es zu sagen: Stell doch bitte die Nachrichten im ersten Programm ein.

Alfred räumt eine Schüssel in das oberste Fach im Küchenschrank. Wieder fühlt sich Elfriede gemaßregelt. Sie hat die Schüssel absichtlich nicht aufgeräumt. Sie braucht sie später und mag nicht auf die Trittleiter steigen, um sie zu holen. Sie nimmt die Einmischung nicht als Fürsorge wahr, sondern als Kontrolle und Kritik. Alfred erkennt seine Ignoranz nicht. Er hätte fragen können, ob sie die Schüssel noch braucht und ihr anbieten, sie nach oben zu räumen. Er weiß, dass sie kleiner ist als er. Elfriede schweigt verstimmt. Plötzlich bekommt sie einen

Krampfanfall. Alfred kennt das. Er bringt ihr sofort ihre Tropfen, die nach kurzer Zeit den Krampf lösen.

Josua beobachtet, dass beide ihre Machtspiele nach ihren Regeln spielen. Jeder hat seine Waffen so gewählt, dass sie in offene Wunden treffen. Einer wird gewinnen. Das ist Psychoterror, denkt Josua. Subtil und unbewusst, doch zielsicher ausgeführt. Wenn es immer einen Gewinner gibt, ist auch immer einer der Verlierer. Das spielt sich hinter einer perfekten Fassade ab.

Julia besucht das Ehepaar Rauthe. Josua beobachtet das Geschehen. Sie wird mit offenen Armen empfangen. Sie unterhalten sich angeregt. Josua sinnt über Elfriedes Bemerkung nach: „Es ist so eine Befreiung, zu verstehen, dass wir nie die Wahrheit vertreten haben. Die Wahrheit ist immer ‚meine Wahrheit'. Ich muss ganz bei mir bleiben – das Fremde abweisen. Die Position muss meine Position sein. Mein Problem betreffen. Es gibt politische, religiöse, wirtschaftliche, gesundheitliche, weltanschauliche, kulturelle, traditionelle, ethische Wahrheiten. Ich kann offen sein, ohne zu bewerten. ‚Bindung' wird zu etwas gewolltem, freiwilligem, warmem, nicht einengendem. Wir befanden uns in einer Verstrickung gegen die Freiheit. Sie war destruktiv, übergriffig. Es war emotionale Erpressung".

„Elfriede dreht noch durch mit ihrem Psychokram. Davon wird unsere Vergangenheit auch nicht ungeschehen. Das bringt uns die Lebensfreunde nicht zurück. Die Sklavenbeherrscher lachen sich ins Fäustchen und fühlen sich darin bestätigt, dass wir sie so gut beschreiben können. Ich kann das alles nicht mehr hören". Schwerfällig erhebt Alfred seinen massigen Körper, nimmt seinen Hut und verabschiedet sich mit der Bemerkung: „Ich brauche frische Luft".

Das Märchen vom Blaubart

„Kennst Du das Märchen vom Blaubart"? Elfriede schaut Julia fragend an. „Nein, ich kann mich nicht erinnern".

Elfriede nimmt ein Märchenbuch aus dem Regal: „Es ist von den Gebrüdern Grimm und sagt etwas über uns".

‚Es war einmal ein mächtiger Ritter. Er hatte viel Geld und Gut und lebte auf einem prächtigen Schloss. Er hatte einen blauen Bart. Das trug ihm den Namen Blaubart ein. Seinen richtigen Namen kannte kaum jemand. Er war schon mehrere Male verheiratet. Leider waren seine Frauen jeweils nach kurzer Zeit verstorben. Man hat nie etwas über ihre Krankheiten in Erfahrung bringen können.

Erneut war er auf der Suche nach einer Gemahlin. Er kannte eine Edelfrau. Sie hatte zwei schöne Töchter und einige Söhne, die tapfere Ritter waren. Die Familie lebte in aufrichtiger Harmonie zusammen. Ritter Blaubart begehrte eine der Töchter zur Frau. Doch die hatten beide keine rechte Lust. Sie mochten den blauen Bart nicht. Sie wollten sich nicht von der Familie trennen.

Da lud der Ritter die ganze Familie auf sein prächtiges Schloss ein. Er bereitete für sie ein Fest mit allem nur erdenklichen Luxus, Zeitvertreib und Vergnügen durch Jagden, Tafeln, Tänzen und Spielen. Das bewog die jüngere der Schwestern sich ein Herz zu fassen und auf sein Werben einzuwilligen. Bald darauf wurde eine Hochzeit gefeiert, die an Pracht alles bisher Dagewesene in den Schatten stellte.

Nach einer Zeit sagte der Ritter Blaubart zu seiner jungen Frau: „Ich muss verreisen und übergebe dir die Obhut über das ganze Schloss, Haus und Hof, mit allem, was dazu gehört. Hier sind auch die Schlüssel zu allen Zimmern und Gemächern, in alle diese kannst du zu jeder Zeit eintreten. Aber dieser kleine goldene Schlüssel schließt das hinterste Kabinett am Ende der großen Zimmerreihe. In dieses, meine Teure, muss ich dir verbieten zu gehen, so lieb dir meine Liebe und dein Leben sind. Würdest du dieses Kabinett öffnen, so erwartet dich die schrecklichste Strafe der Neugier. Ich müsste dir dann mit eigner Hand das Haupt vom Rumpfe trennen"!

Die Frau wollte auf diese Rede den kleinen goldenen Schlüssel nicht annehmen. Indes musste sie dies tun, um ihn sicher aufzubewahren, und so schied sie von ihrem Mann mit dem Versprechen, dass es ihr nie einfallen werde, jenes Kabinett aufzuschließen und es zu betreten.

Als der Ritter fort war, erhielt die junge Frau Besuch von ihrer Schwester und ihren Brüdern, die gerne auf die Jagd gingen. Und nun wurden mit Lust alle Tage die Herrlichkeiten in den vielen, vielen Zimmern des Schlosses durchmustert, und so kamen die Schwestern auch endlich an das Kabinett. Die Frau wollte, obschon sie selbst große Neugierde trug, durchaus nicht öffnen, aber die Schwester lachte ob ihrer Bedenklichkeit und meinte, dass Ritter Blaubart darin doch nur aus Eigensinn das Kostbarste und Wertvollste von seinen Schätzen verborgen halte. Und so wurde der Schlüssel mit einigem Zagen in das Schloss gesteckt, und da flog auch gleich mit dumpfem Geräusch die Türe auf, und in dem sparsam erhellten Zimmer zeigten sich – ein entsetzlicher Anblick! – die blutigen Häupter aller früheren Frauen Ritter Blaubarts, die ebenso wenig wie die jetzige dem Drang der Neugier hatten widerstehen können und die der böse Mann alle mit eigner Hand enthauptet hatte.

Vom Tod geschüttelt, wichen jetzt die Frau und ihre Schwester zurück. Vor Schreck war der Frau der Schlüssel entfallen, und als sie ihn aufhob, waren Blutflecke daran, die sich nicht abreiben ließen, und ebenso wenig gelang es, die Türe wieder zuzumachen, denn das Schloss war verzaubert. Und indem verkündeten Hörner die Ankunft Berittener vor dem Tore der Burg. Die Frau atmete auf und glaubte, es seien ihre Brüder, die sie von der Jagd zurückerwartete. Aber es war Ritter Blaubart selbst, der nichts Eiligeres zu tun hatte, als nach seiner Frau zu fragen. Als diese ihm bleich, zitternd und bestürzt entgegentrat, so fragte er nach dem Schlüssel. Sie wollte den Schlüssel holen, und er folgte ihr auf dem Fuße. Als er die Flecken am Schlüssel sah, so verwandelten sich alle seine Gebärden, und er schrie: „Weib, du musst nun von meinen Händen sterben! Alle Gewalt habe ich dir gelassen! Alles war dein! Reich und schön war dein Leben! Und so gering war deine Liebe zu mir, du schlechte Magd, dass du meine einzige geringe Bitte, meinen ernsten Befehl nicht beachtet hast? Bereite dich zum Tode! Es ist aus mit dir"!

Voll Entsetzen und Todesangst eilte die Frau zu ihrer Schwester und bat sie, geschwind auf die Turmzinne zu steigen und nach ihren Brüdern zu spähen, und diesen, sobald sie sie erblicke, ein Notzeichen zu geben. Sie warf sich auf den Boden und flehte zu Gott um ihr Leben. Und dazwischen rief sie: „Schwester! Siehst du noch niemand"? „Niemand"! Klang die trostlose Antwort.

Elfriede klappte das Buch wieder zu und fuhr fort: „Blaubart verfolgte seine Frau vom Turm bis vor ihre Zimmertüre, die sie verbarrikadiert hatte. Im allerletzten Augenblick kamen die Brüder und töteten den Schwager. So war das Leben der Schwester gerettet. Der Zauber des kleinen Schlüssels wurde unwirksam. Die Schlossherrin konnte nun die

Reichtümer mit ihren Angehörigen und Freunden teilen und lebte fortan in Sicherheit".

„Und wenn sie nicht gestorben ist, dann lebt sie noch heute", lacht Julia. „Wo siehst du da Parallelen zu uns"?

„Nun, haben wir nicht auch unseren Traumprinzen gesucht und geheiratet? Haben wir uns nicht auch ein eigenes Reich erträumt, in dem wir schalten und walten könnten, wie wir wollen? Gab es für uns nicht auch so einen Zauberschlüssel, der uns die Türe zur tödlichen Wahrheit versperrt hat? Wir beide haben den Mut, der Wahrheit ins Auge zu sehen. Wir sehen auch unsere Rolle in dem tödlichen Spiel. Denn wir waren ja nicht selbstlos, bei den Entscheidungen. Wir wollten das ewige Leben oder das Paradies. Wir hofften auf Ansehen. Jetzt sind wir ernüchtert aufgewacht. Die Blutflecken lassen sich nicht mehr wegwischen. Wir können nicht mehr leugnen, was geschehen ist. Wir haben die vielen Opfer, die mit dem geistigen Tod bestraft wurden, weil sie angeblich ihre Neugierde nicht bereut haben, gesehen. Sie haben es gewagt, sich zu informieren und in den Abgrund hinter dem schönen Schein geblickt".

„Du machst mich gerade sehr nachdenklich. In der Tat. Ich war immer auf der Suche nach diesem Märchenprinzen. Er sollte gleichzeitig Vater und Liebhaber sein. Ich benütze jetzt gerade meinen kleinen Schlüssel. Wird mich der Anblick töten oder werde ich siegen"?

„Du bist die Architektin deiner Wirklichkeit. Du kannst dich für Widerstand und Kampf entscheiden oder für Kapitulation und unglücklich sein. Ich habe für mich beschlossen, wie die Burgherrin zu handeln. Ich möchte den Reichtum meiner Erkenntnisse mit meinen Mitbetroffenen teilen. Darum habe ich mich für ein aktives Leben in der Aufklärung entschieden. Mach mit – es wird dir viel Zufriedenheit geben".

„Für mich gibt es noch so viel zu klären. Ich sehe eine riesen Baustelle, die ich als Architektin meiner neuen Welt zu bedienen habe. Doch ich denke jetzt ernsthaft darüber nach. Schau mich doch an. Eben schoss mir der Gedanke durch den Kopf, mich unbedingt mit meiner Mutter zu treffen. Meine Hände sind verschwitzt, ich zittere und mir schnürt es den Hals zu. Wie soll ich das alles schaffen"? „Du wirst es schaffen – weil du es willst. Ich bin für dich da – okay? Bravo, dass du dich dafür entschieden hast, selbst zu bestimmen und keine Marionette mehr zu sein". „Seufz – das ist gut zu wissen. Danke, dass du mir die Augen geöffnet hast. Ich melde mich bald wieder. Aber jetzt muss ich dringend allein sein".

„Fühl dich wie zu Hause. Du kannst jederzeit zu uns kommen. Morgen machen Alfred und ich allerdings einen Ausflug mit einer Seniorengruppe in den Taunus. Es wird eine kleine Busfahrt. Am Abend treffe ich mich mit ein paar ehemaligen Zeugen in der Krone. Wir würden uns sehr freuen, wenn du auch kommst". „Ist gut, dann bis Morgen". Sie umarmten sich zum Abschied herzlich und Julia ging taumelnd zu ihrem Auto, wo sie lange still am Steuer saß, ohne zu starten.

Am nächsten Tag machten Alfred und Elfriede ihren geplanten Ausflug. „Ich freue mich, dass wir etwas gemeinsam machen", bemerkt Alfred mit Betonung auf ‚gemeinsam' und Elfriede versteht hinter dieser Bemerkung wieder den Vorwurf: Du machst ja zurzeit immer dein eigenes Ding. Du interessierst dich nicht für mich. Ich fühle mich allein gelassen. Er ist wie immer in den vergangenen Monaten unzufrieden und demonstriert es mit einer trübsinnigen Stimmung. Doch sie schweigt. Im Bus beobachtet sie aufmerksam die Reisegruppe. Nur zwei weitere Ehepaare sind dabei. Diese sitzen stumm in ihren Plätzen. Die Alleinreisenden Frauen reden, reden, reden. Sie genießen offensichtlich die Gelegenheit der sozialen Gemeinschaft.

Elfriede hat keine ‚beste Freundin'. Bei einem Zwischenstopp spricht sie eine sympathische Dame an. Sie stellt sich als Kunsthistorikerin vor und freut sich auf die Ausstellung. Augenblicklich mischt sich Alfred in die Unterhaltung ein. Seine Geschichte hat Elfriede schon gefühlte tausend Mal gehört. Er erzählt von seinem Leben, wie ein Bewerber für einen Job. Er betont seine besonderen Qualifikationen und Elfriede hat dabei wie immer ein peinliches Gefühl.

In der Kaffeepause gesellen sie sich an einen Tisch für vier Personen, zu zwei Damen, die etwa in ihrem Alter zu sein scheinen. Doch das täuschte. Es war die Mutter mit zweiundneunzig Jahren und ihre Tochter. „Für mich ist es ein Wunder, dass ich heute, nach meinem Schlaganfall, dabei sein kann", sagt die Mutter. Elfriede fragt verwundert, wie sie es geschafft hat, ohne sichtbare Folgen davon zu kommen. Noch bevor Mutter oder Tochter antworten, reißt Alfred das Gespräch an sich, indem er seine Vermutungen zum Besten gibt. Wieder überlässt Elfriede schicksalsergeben und wortlos ihrem Mann die Gesprächsführung.

Während der Fahrt zeigt er ihr zum hundertsten Mal, wo er gelaufen ist, mit dem Fahrrad gefahren, bei welchen Kunden er gearbeitet hat, wo sein Predigtdienstgebiet war. Er macht sie auf das Gebäude der früheren Post aufmerksam und auf das Haus in dem früher sein Freund gewohnt hat. Es sind seine Erinnerungen, sie werden nicht zu Elfriedes Vergangenheit, selbst wenn er ihr noch hundert Mal erklärt wo der Bolzplatz seiner Kindheit war. Er verschwendet keinen Gedanken darauf, dass sie sich womöglich mehr für die Landschaft, die Blumen, die Tiere oder den Himmel, das Hier und Jetzt interessiert, ohne damit seine Person geringschätzen zu wollen.

In dem Bus sitzen einige Frauen, mit denen sie gerne sprechen würde. Die Kunsthistorikerin, ehemalige Lehrerinnen, Psychologinnen, Musikerinnen. Es gibt keine Brücke in eine neue Gesellschaft ohne die Möglichkeit der Kommunikation. Alfred ist eine unsichtbare, aber unüberwindliche Mauer. Die Erkenntnis, dass sie doppelt verstrickt und gebunden war, trifft sie hart. Eine der Fesseln hat sie abgestreift. Doch die Fessel der Partnerschaft hat eine Dimension, die sie völlig anders bewertet. Ihr ist schlagartig bewusst, dass sie den Preis der Freiheit von ihrem Partner nicht bezahlen will. Sie schaut ihn aus der Perspektive ihres Herzens an und empfindet Wärme und Mitgefühl. Sie kann seine Konditionierung sehen. Die Prägung der Vergangenheit aus der er mit dem Gemeinschaftsentzug hinaus gekickt wurde. Er sieht nichts Erstrebenswertes in einem Leben in Freiheit. Sein Gefühl dafür, was er alles verloren hat, überwiegt alles, was er bisher an Gewinn gesehen hat. Er tut ihr unendlich leid. Sie beschließt, ihm bewusst mit mehr Verständnis zu begegnen. Sie ruft sich Szenen in den Sinn, in denen er mit Klauen und Zähnen für sie und die Söhne gekämpft hat. Zum Beispiel damals, als Ulli den Unfall hatte. Seine Milz war gerissen. Er brauchte eine Notoperation. Alfred war auf Montage in Leipzig. Sehr weit weg. Doch um drei Uhr morgens stand er neben ihr am Krankenbett ihres Sohnes und hielt sie ganz fest in seinen Armen. Er stand immer wie ein Fels in der Brandung und hat die Angriffe und Fährnisse ihres Lebens abgewehrt. Ja, er hat zu keiner Zeit die Kontrolle über sie und die beiden Jungs aufgegeben. Seine Beweggründe waren aus seiner Sicht redlich. Es war sein Verständnis von Liebe. Er beabsichtigte nicht sie so extrem einzuengen, dass sie es als permanenten Kerker empfinden musste.

Die Vergangenheit ist nicht mehr zu verändern. Elfriede ist entschlossen, dem was schief gelaufen ist, keine Macht mehr über ihr jetziges Leben zu geben oder gar die Zukunft überschatten zu lassen. Mit diesen Gedanken im Sinn beginnt sie den Ausflug zu genießen und ist dankbar dafür, zu Entscheidungen gefunden zu haben, die ihr die Möglichkeit geben, auf die schönen Momente zu schauen.

Das Treffen

Am Abend trübt ein Wermutstropfen die heitere Stimmung. Elfriede ist mit ihren Freunden aus der Aussteigergruppe verabredet. Alfred grollt. „Ich hatte gehofft, wir verbringen den Abend gemeinsam. Aber dir sind die Anderen eben wichtiger".

Da war sie wieder, diese vorwurfsvolle Leidensmiene. Sie triggerte Elfriede an und heißer Zorn stieg in ihr hoch. Mit Mühe hielt sie eine verletzende Bemerkung zurück, schnappte ihre Tasche und verließ wortlos das Haus. Bei den Leidensgenossen im Nebenzimmer der Krone fand sie ihre Fassung wieder. Als Julia zusammen mit Esther eintraf, wurden sie mit großem Hallo begrüßt. Peter aus der Nachbarversammlung erinnerte sich an ihren Kampf von damals, gegen den Widerstand der Mutter eine Zeugin Jehovas zu werden.

Er erzählte in der Runde, wie es ihm ergangen ist. Er hatte mit 20, vor dem Ende seiner Zivildienstersatzzeit geheiratet. Hannelore, Peters Exfrau war damals 18 Jahre alt. Sie kam zu den Zeugen Jehovas mit ungefähr zwölf, zusammen mit ihrer Mutter, nach deren Scheidung. Der Vater war Alkoholiker und gewalttätig. Die Mutter war mit der Erziehung der Tochter überfordert. Hannelore wurde immer wieder vom Jugendamt in Obhut genommen. Sie fühlte sich schuldig, schlecht, unwert, denn das war es, was ihr die Eltern immer vorgeworfen haben. Vater trinkt, weil du unartig warst. Die Schule hatte sie überfordert. Aber das Schlimmste waren die sexuellen Übergriffe des Vaters, gegen die sie von der Mutter nicht beschützt wurde. Hannelore hatte ein zwanghaftes Bedürfnis sauber zu machen. So, als könnte sie den inneren Schmutz ihrer Seele im Außen wegputzen. Es gab immer wieder heftigen Streit mit der Mutter. Peter wurde zum Kummerkasten für Hannelore. In der überstürzten Heirat sahen beide die Lösung ihrer Probleme. Ohne jede vernünftige Vorbereitung auf die Herausforderungen einer Ehe, mündete das, nicht nur für Peter, in einer ernüchternden Katastrophe. Viele unter ähnlichen Prämissen geschlossenen Frühehen bei den Zeugen Jehovas scheitern.

In kurzer Zeit waren sie hoch verschuldet. Sie haben sich wegen jedes Krümels, den Peter übersehen hatte, gestritten. Natürlich auch um das Geld. Hannelore gab Peter die Schuld, weil er zu wenig verdiente und Peter warf ihr vor, zu verschwenderisch mit dem Geld umzugehen. Nachdem Peters Arbeitsvertrag im Klinikum abgelaufen war, fand er keine neue Stelle. Er begann sich die Nächte mit Alkohol um die Ohren zu schlagen. Mehrfach wurde er vor ein Rechtskomitee geladen und ermahnt und schließlich aus der Gemeinschaft ausgeschlossen.

Hannelore reichte die Scheidung ein. Vor einiger Zeit erfuhr Peter von Elfriedes Treffen und findet langsam wieder zu sich selbst. Die Möglichkeit, sich mit Menschen zu unterhalten, die verstehen, wo der Schuh drückt, weil sie in ähnlichen Schuhen gelaufen sind, berührt die Seele. Das gibt Kraft und macht Hoffnung und Mut, wieder einen Neuanfang zu wagen.

Julia begreift die Bedeutung dieser verstörenden Erzählung für ihr eigenes Leben. Sie kann den Absturz in ein destruktives, selbstzerstörerisches Verhalten vermeiden. Nichts kann sie daran hindern, sich auf der Stelle für einen Neuanfang zu entscheiden. Sie ist der Gestalter ihrer eigenen Wirklichkeit, hatte ihr Elfriede eingeschärft.

Wie gewöhnlich hatte Elfriede wieder ein Märchen mitgebracht, hinter dem sie eine Lebensweisheit entdeckt hatte.

Rumpelstilzchen

Es ist das Märchen Rumpelstilzchen der Gebrüder Grimm. ‚Es war einmal ein Müller, der war arm, aber er hatte eine schöne Tochter. Nun traf es sich, dass er mit dem König zu sprechen kam, und zu ihm sagte: „Ich habe eine Tochter, die kann Stroh zu Gold spinnen". Dem König, der das Gold lieb hatte, gefiel die Kunst gar wohl, und er befahl, die Müllerstochter sollte alsbald vor ihn gebracht werden. Dann führte er sie in eine Kammer, die ganz voll Stroh war, gab ihr Rad und Haspel, und sprach: „Wenn du diese Nacht durch bis morgen früh dieses Stroh nicht zu Gold versponnen hast, so musst du sterben". Darauf ward die Kammer verschlossen, und sie blieb allein darin.

Da saß nun die arme Müllerstochter, und wusste um ihr Leben keinen Rat, denn sie verstand gar nichts davon, wie das Stroh zu Gold zu spinnen war, und ihre Angst ward immer größer, dass sie endlich zu weinen anfing. Da ging auf einmal die Türe auf, und trat ein kleines Männchen herein und sprach: „Guten Abend, Jungfer Müllerin, warum weint sie so sehr"? „Ach", antwortete das Mädchen, „ich soll Stroh zu Gold spinnen, und verstehe das nicht". Sprach das Männchen: „Was gibst du mir, wenn ich dirs spinne"? „Mein Halsband", sagte das Mädchen. Das Männchen nahm das Halsband, setzte sich vor das Rädchen, und schnurr, schnurr, schnurr, dreimal gezogen, war die Spule voll. Dann steckte es eine andere auf, und schnurr, schnurr, schnurr, dreimal gezogen, war auch die zweite voll und so gings fort bis zum Morgen, da war alles Stroh versponnen, und alle Spulen waren voll Gold. Als der König kam und nachsah, da erstaunte er und freute sich. Sein Herz aber wurde nur noch begieriger.

Er ließ die Müllerstochter in eine andere Kammer voll Stroh bringen, die noch viel größer war. Er befahl ihr, das auch in einer Nacht zu spinnen, wenn ihr das Leben lieb wäre. Das Mädchen wusste sich nicht zu helfen und weinte. Da ging abermals die Türe auf, und das kleine Männchen kam und sprach: „Was gibst du mir, wenn ich dir das Stroh zu Gold spinne"? „Meinen Ring von dem Finger", antwortete das Mädchen. Das Männchen nahm den Ring, und fing wieder an zu schnurren mit dem Rade, und hatte bis zum Morgen alles Stroh zu glänzendem Gold gesponnen.

Der König freute sich über die Maßen bei dem Anblick, war aber noch immer nicht Goldes satt, sondern ließ die Müllerstochter in eine noch größere Kammer voll Stroh bringen und sprach: „Die musst du noch in dieser Nacht verspinnen; wenn dir das gelingt, sollst du meine Gemahlin werden". Denn, dachte er, eine reichere Frau kannst du auf der Welt nicht haben. Als das Mädchen allein war, kam das Männlein zum dritten Mal wieder, und sprach: „Was gibst du mir, wenn ich dir noch diesmal das Stroh spinne"? „Ich habe nichts mehr, das ich geben könnte", antwortete das Mädchen. „So versprich mir, wenn du Königin wirst, dein erstes Kind". Wer weiß wie das noch geht, dachte die Müllerstochter, und wusste sich auch in der Not nicht anders zu helfen, und versprach dem Männchen was es verlangte; dafür spann das Männchen noch einmal das Stroh zu Gold. Und als am Morgen der König kam, und alles fand, wie er gewünscht hatte, so hielt er Hochzeit mit ihr, und die schöne Müllerstochter ward eine Königin.

Über ein Jahr brachte sie ein schönes Kind zur Welt, und dachte gar nicht mehr an das Männchen, da trat es in ihre Kammer und sprach: „Nun gib mir, was du versprochen hast". Die Königin erschrak, und bot dem Männchen alle Reichtümer des Königreichs an, wenn es ihr das Kind lassen wollte, aber das Männchen sprach: „Nein, etwas Lebendes ist mir lieber als alle Schätze der Welt". Da fing die Königin so an zu jammern und zu weinen, dass das Männchen Mitleid mit ihr hatte, und sprach: „Drei Tage will ich dir Zeit lassen, wenn du bis dahin meinen Namen weißt, so sollst du dein Kind behalten".

Nun dachte die Königin die ganze Nacht über an alle Namen, die sie jemals gehört hatte, und schickte einen Boten über Land, der sollte sich erkundigen weit und breit nach neuen Namen. Als am andern Tag das Männchen kam, fing sie an mit Caspar, Melchior, Balthasar, und sagte alle Namen, die sie wusste, nach der Reihe her, aber bei jedem sprach das Männlein: „So heiß ich nicht". Den zweiten Tag ließ sie herumfragen bei allen Leuten, und sagte dem Männlein die ungewöhnlichsten und seltsamsten vor, Rippenbiest, Hammelswade, Schnürbein, aber es blieb dabei: „So heiß ich nicht". Den dritten Tag kam der Bote wieder zurück, und erzählte: „Neue Namen habe ich keinen einzigen finden können, aber wie ich an einer hohen Burg um die Waldecke kam, wo Fuchs und Has sich gute Nacht sagen, so sah ich da ein kleines Haus, und vor dem Haus brannte ein Feuer, und um das Feuer sprang ein gar zu lächerliches Männchen, hüpfte auf einem Bein, und schrie:

„Heute back ich, morgen brau ich,
übermorgen hol ich der Königin ihr Kind;
ach, wie gut, dass niemand weiß,
dass ich Rumpelstilzchen heiß"!

Da war die Königin ganz froh, dass sie den Namen wusste, und als bald hernach das Männlein kam, und sprach: „Nun, Frau Königin, wie heiß ich" fragte sie erst „heißest du Kunz"? „Nein". „Heißest du Hinz"? „Nein". „Heißt du etwa Rumpelstilzchen"?

„Das hat dir der Teufel gesagt, das hat dir der Teufel gesagt", schrie das Männlein, und stieß mit dem rechten Fuß vor Zorn so tief in die Erde, dass es bis an den Leib hineinfuhr, dann packte es in seiner Wut den linken Fuß mit beiden Händen, und Riss sich selbst mitten entzwei.

Damit Schloss sie das Buch und sah aufmerksam in die Runde.

„Sind wir in unserem Leben ebenfalls einem goldgierigen König begegnet, der von uns verlangt, hat sein Vermögen zu mehren"? Fragte sie in die Stille der bis dahin gespannt lauschenden Freunde.

„Ich vergleiche gerade den *Sklaven* mit dem gierigen König. Wenn ich mir überlege in welcher *Scheune* ich über die vielen Jahre gelebt habe um die *Interessen seines Königreiches zu mehren*", sagt Julia nachdenklich. „Dabei habe ich Unmengen leeres Stroh in geldwerten Vorteil für die *Sklavenklasse* verwandelt. Ich konnte das Hamsterrad nicht stoppen. Das Gefühl, es ist nie genug, trieb mich immer weiter voran".

„Stimmt", fällt ihr Peter ins Wort, „es gibt auch diesen Giftzwerg. Der *Sklave* hat da seine Helfer ins Amt berufen. Der Tarnname war *Älteste*. Sie haben uns versprochen, dass wir zu großem Ansehen kommen, wenn wir alles tun, was der König Sklave von uns erwartet. In Wirklichkeit wollten sie uns aber alles nehmen, selbst unser Leben".

Sogar die schüchterne Heidelinde fand eine Parallele: „Das hat nur so lange funktioniert, wie wir die wahre Identität nicht kannten", sagte sie mit tiefer Inbrunst. „Stimmt genau", bestätigte Elfriede. „In dem Augenblick in dem wir begriffen haben, dass wir ausgebeutet wurden, um die Macht und die Finanzen der Leitung zu mehren, löste sich der Zauber der verlockenden Versprechungen auf. Rumpelstilzchen und sein gieriger Sklavenkönig bekommt kein Gold mehr von uns".

Mit einem Gefühl des Triumphes verabschiedeten sich die Freunde, in der Vorfreude auf das nächste Treffen.

Josua kommt zurück.

„Es ist Zeit, dass du wieder in deine Wirklichkeit zurückgehst", ermahnt ihn sein Begleiter. Erkennst du dich in der keltischen Beschreibung deiner Person in den Merkmalen der Zypresse wieder"? „Durchaus, ich fühle mich durchschaut". „Du gehörst zu der Generation, die sich dafür entscheiden kann, das Schweigen der Vergangenheit zu durchbrechen. Du hast die Talente in dir. Benütze deinen wachen Verstand und finde heraus, wo du stehen willst. Decke die Wunden der Vergangenheit durch respektvolle Kommunikation auf. Lass deine Generation verstehen, wie sie entstanden sind und wie sie heilen können. Entscheidet euch dafür, die Ursachen für solche Verletzungen in der Zukunft zu unterbinden. Lernt verstehen was die universelle Liebe ist. Sie stellt keine Bedingungen. Sie behandelt alles Leben gleichwertig. Sie läßt sich nicht von Konfessionen instrumentalisieren. Kümmert euch um Gesetze, die Diktatur und übergriffige Unterwerfung verhindern.

Ihr könnt entscheiden, von welchem Recht ihr regiert werden wollt. Soll es das Religionsrecht sein oder die universelle Freiheit, die mit Liebe gepaart ist und die Interessen allen Lebens gleichrangig behandelt. Diesen Auftrag gebe ich dir mit auf den Weg zurück in deine Welt".

Mit überwältigenden Fragen: Wer bin ich? Wieso bin ich, wie ich bin? Was will ich in Zukunft mit meinem Leben, ist Josua plötzlich wach. Erstaunt sieht er sich in dem Zimmer um. Er liegt in einem Bett, welches sicher schon einhundert Jahre Zeitgeschichte erlebt hat. Die Wände der Kammer sind mit rustikalen Eichenholzpaneelen verkleidet. Die Holzbalken an der Decke haben die Patina von vielen vergangenen Generationen. Durch das kleine Fenster lugt ein Sonnenstrahl. Mühsam versucht er, sich zu orientieren. Er hat keine Erinnerung daran, wie er in dieses Zimmer gekommen ist. Wirre Gedankenbilder halten ihn fest und hindern ihn daran, zu erkennen ob er wach ist oder träumt. Endlich fällt sein Blick auf seine Kleidung und seinen Rucksack. Darauf konzentriert er sich eine geraume Weile, bis er in der Lage ist, aufzustehen. Fest steht, es ist nicht das Zimmer im Gasthof zum Mühlbach, in dem er mit Julia Urlaub macht. Schwerfällig steht er auf und kleidet sich an. Der Blick aus dem Fenster zeigt ihm ein Bergpanorama, das ihm den Atem nimmt. Er schaut in einen Kastaniengarten, in dem Tische, mit rotkarierten Tischdecken, einladend im Schatten stehen. Er hat keine Ahnung, wie spät es ist.

Sein Hunger ermahnt ihn, sich um etwas Essbares zu kümmern. Langsam steigt er die knarrende Holztreppe zwei Etagen nach unten und realisiert, dass er sich in einem historischen Gebäude aufhält. Im Erdgeschoß steht an seiner linken Seite eine Türe offen, die den Blick in die Küche freigibt. Er wird mit einem herzlichen „guten Morgen" und mit der sichtbar erleichterten Frage: „Geht es Ihnen wieder gut", begrüßt.

„Ja, es geht mir gut", antwortet Josua, „doch ich weiß ehrlich gesagt nicht wo ich bin und wie ich hierhergekommen bin". „Sie sind in der Wahrheitsmühle, oberhalb der Mühlbachschlucht. Mein Mann hat sie heraufgebracht". Gab die Wirtin bereitwillig Auskunft. „Doch Frühstücken Sie erst einmal". Sie wies ihrem ungewöhnlichen Gast einen Platz in der Wirtsstube an.

Mit einem tiefen Atemzug sog er den köstlichen Duft des frisch gebrühten Kaffees in sich ein und genoss den ersten Schluck des heißen Getränkes. Der Wirt, setzte sich mit den Worten: „Ich freue mich, sie wohlauf zu sehen. Haben Sie gut geschlafen", zu ihm. „Danke der Nachfrage. Ich fühle mich gut. Aber wie komme ich hierher"?

Herr Bergmüller erklärte ihm, „sie waren gestern Abend in der Mühlbachschlucht. Ich kam zufällig vom Einkaufen mit meinem Unimog vorbei. Sie wirkten desorientiert. Ich habe Sie gefragt, ob Sie mit hinauf in die Wahrheitsmühle fahren möchten. Sie sagten ja und fragten mich, ob es da Zimmer zum Übernachten gab. Natürlich, habe ich gesagt und Ihnen das Zimmer in der Mansarde gezeigt. Sie haben sich wohl sofort ins Bett gelegt, denn sie sind nicht zum Abendbrot erschienen. Da Sie mir unterwegs erklärten, sie müssten über vieles nachdenken, haben wir sie auch nicht gestört".

„Ich kann mich an gestern nicht erinnern. Ich weiß nicht, ob ich nur geträumt habe. Mir war, als habe ich mich in einer anderen Welt aufgehalten".

Nach dem späten Frühstück ging Josua grübelnd in den kühlen, morgenfrischen Biergarten. Es duftete nach Bergkräutern. Er hörte Amseln eindringlich rufen und beobachtete einen Täuberich, wie er um seine Angebetete balzte. Das brachte ihm die Erinnerung an Julia zurück. Wieder fühlte er diesen Stich in seiner Brust. Sie hat ihn sehr verletzt. Warum gelang es ihm jetzt nicht, in seinem Gefühl der Verletzung zu bleiben? Die seltsamen Traumbilder schieben sich in seine Gedanken. Er überlegt, was habe ich getan, weil sie so heftig reagierte. Die Erinnerung an ihr Treffen vor zwei Jahren, kam wieder. Dieser Ausflug zur Feier der Halbzeit in der Kur. Im Gasthof zum Mühlbach haben sie miteinander geschlafen. Es ist eben passiert. Julia scheint das immer noch zu belasten. Die Zeugen Jehovas werden sie aus der Gemeinde ausschließen, wenn sie die Sünde beichtet. Um sich Klarheit für ihre Zukunft zu verschaffen, haben wir uns getroffen.

Die sanft ansteigende Bergwiese, die er im Blick hatte, zog ihn magisch an. Diese bunte Blütenpracht war ihm noch nie in seinem Leben begegnet. Oder er hat sie einfach nie wahrgenommen? Langsam schlenderte er bergan und nahm sich die Zeit, einzelne Blüten genau zu betrachten. Er kannte ihre Namen nicht. Doch jede war auf ihre Weise wunderschön. Er sah die Spuren des Unwetters. Die zarten Pflanzen haben ihm getrotzt. Sie richteten sich schon wieder auf. Ihm fiel die fliederfarbene Wegwarte auf. Bisher ging er daran achtlos vorüber. Die Blüte ist so formvollendet. Die ebenfalls fliederfarbenen Pollenstände unterstreichen ihre Schönheit. Nie hatte sich Josua die Zeit genommen, den Insekten zuzusehen. Hummeln, Wespen, Käfer, Blattläuse, Raupen, Fliegen, da war ein Summen und Wuseln zwischen den Gräsern und Blättern. Es zog ihn in seinen Bann. Jedes dieser Wesen lebt sein Leben nach den Regeln, die ihm die bestmögliche Voraussetzung zum Überleben seiner Art garantieren. Die schaffen das ohne einen Diktator, Guru oder eine Leitende Körperschaft. Das sollte für uns Menschen ebenfalls gelten. Ohne ein Gefühl für die Zeit vertiefte sich Josua in seine Beobachtungen, die ihm immer neue Wunder vor Augen führten und ihm gleichzeitig signalisierten, dass er mit seinen verlorenen Erinnerungen verschränkt war. Er schlenderte zurück in den Biergarten und bestellte sich eine deftige Brotzeit mit einer Maß Bier.

Ein Mann setzte sich an seinen Tisch und holte ihn in die Wirklichkeit zurück. „Da sind Sie!" Rief er aus. „Alle Welt sucht sie. Warum haben Sie sich nicht gemeldet? Frau Exter hat sie bei der Polizei vermisst gemeldet. Sie wurden sogar mit einer Hundestaffel gesucht". Josua vernahm es mit dem größten Erstaunen. „Davon habe ich nichts mitbekommen. Ich wollte einiges in meinem Leben hinterfragen und dafür brauchte ich Zeit für mich".

„Da machen sich einige Leute aber Sorgen um Sie. Es wäre ein guter Plan, wenn sie sich melden".

„Ja, das werde ich jetzt gleich machen. Danke für diese Information". Josua verabschiedet sich mit schlechtem Gewissen vom Huber Toni, der ihn wiedererkannt hatte. Er kletterte die knarrenden Stufen zu seinem Zimmer in der Mansarde hoch und kramte nach seinem Handy. Sein erster Anruf galt der Polizei. Er wurde mit Hauptkommissar Gruber verbunden. Der war erleichtert, dass er diese vermissten Akte schließen konnte.

Der zweite Anruf war weitaus schwieriger. Er kämpfte lange um den Mut, sich bei Julia zu melden. Jedes Mal, wenn er ihre Nummer im Telefonspeicher aufrief, hatte er Gänsehaut. Die Haare stellten sich auf. Er hatte Herzrasen und glaubte, kein Wort sagen zu können. Er wusste nicht, was er ihr hätte sagen können. Dieses unbewusste Schuldgefühl verdrängte die tierische Wut, mit der er sich früher nach einem Streit einredete im Recht zu sein. Jetzt beschlich ihn ein eigenartiges Gefühl der Mitschuld an dem Streit. Ihm war, als hätte er genau davon geträumt. Da war ein Satz in seinem Gedächtnis, der besagte, nur mit reden werden Probleme geklärt. Worüber soll ich reden? Schweigen verstärkt deine Zweifel. Ein Gefühl beschlich ihn, als sei er zwei Personen in einer. Wer flüsterte ihm diese Gedanken ein?

Das Wiedersehen Mutter und Tochter

Julia beobachtete seit einer geraumen Zeit die Frau auf der Bank am Spielplatz. Sie saß gebeugt da und wirkte so verloren. Ihr elegantes, beigefarbenes Kostüm war Indiz dafür, dass sie zur Mittelschicht gehörte. Julias Herz war schwer wie Blei. Ihr stiegen Tränen in die Augen. Wie unendlich viel Schmerz hatte ihre Mutter ihretwegen zu ertragen. Langsam und lautlos näherte sie sich von hinten der Bank. Sie setzte sich und sagte leise: „Danke Mama, dass du so lange auf mich gewartet hast. Bitte verzeih mir". Ungläubig blicke Klara zu Julia. Als wäre sie eine Sinnestäuschung. „Julia? Bist du das leibhaftig? Ich wusste, dass du eines Tages kommst"! Mutter und Tochter umarmten sich wortlos und weinten.

In diesem Augenblick klingelte Julias Handy. „Josua, wo bist Du"? Julia schrie die Frage. „Weißt du, wie viele Sorgen ich mir gemacht habe"?

„Es tut mir so leid. Ich bin in der Wahrheitsmühle oberhalb der Mühlbachschlucht. Ich muss unbedingt mit dir reden. Wo kann ich dich treffen"?

„Ich habe dort vorgestern den ganzen Nachmittag auf dich gewartet. Ich muss auch mit dir reden. Ich habe Einiges zu klären. Gerade habe ich meine

Mutter getroffen. Gib mir etwas Zeit, ich melde mich bei dir".

Sie beendete schnell das Gespräch, nahm die Hand ihrer Mutter und ging mit ihr in die Krone. Sie hatten sich so viel zu erzählen.

Sie fanden an dem gleichen Tisch Platz, an dem sie in Julias Kindertagen immer sonntags gegessen haben. Nostalgisch gestimmt, bestellte sich Julia das Kinderschnitzel mit Salat. Schweigend nahmen sie einige Bissen, bis sie ihr Glück endlich fassen konnten. Klara beendete das Schweigen: „Es tut mir so leid, dass ich dir so viele Steine in den Weg gelegt habe. Das war falsch".

„Nein, ich hätte auf dich hören sollen. Mir tut es leid, dass ich so uneinsichtig war", wehrte Julia ab.

„Nachdem ich begriffen hatte, dass es dir mit dem Kontaktabbruch ernst war, fragte ich mich: Wie kann es sein, dass zwei christliche Religionsgemeinschaften an das gleiche Buch glauben und zu so unterschiedlicher Auslegung kommen. Bis ich begriff, dass wir nicht an das gleiche Buch glaubten, sondern an die Auslegungen eines Buches, das von Menschen dazu gebraucht wird, ihre Machtansprüche zu legitimieren. Ich habe mir tausende Fragen gestellt und nach plausiblen Antworten gesucht. Ich habe Bücher gelesen, Vorträge besucht, Seminare absolviert. Bei der Frage, warum Gott Leid zugelassen hat, stolperte ich über die Definition Gott. Mir gefällt, was Max Blank, der Naturwissenschaftler dazu sagt: ‚Es gibt keine Materie an sich. Die Materie entsteht durch eine Kraft, die die Atomteilchen durch ihre Schwingungen zusammen hält. Diese Kraft muss ein bewußter, intelligenter Geist sein, den die Menschen seit Urzeiten Gott nennen. Er ist der Urgrund aller Materie. Er ist zwingend ein Geistwesen'. Kannst du dir unter einer energetischen Kraft eine Geist*person* vorstellen, die wie auch immer geartet, mit der Materie, die durch ihr Wirken entstanden ist, persönlich kommuniziert? Ich nicht. Das bedeutet nach meinem Verständnis, dass die gesamten Geschichten in den heiligen Büchern menschlichen Ursprungs sind. Warum wurden sie so erzählt, wie sie überliefert sind? Wer hatte daran Interesse? Wem nützten die Geschichten und Allegorien, frage ich dich. Ich schlussfolgere, sie dienten dazu, die Rituale der Religionen zu legitimieren. Die Anführer der religiösen Strömungen behaupteten, dass sie die göttliche und damit unangreifbare Ermächtigung liefern, Regeln und Gebote zu erlassen. Dazu erfanden sie die Sünden. Sie haben sich, mit Ängsten, Bedrohungen und Strafen, Macht über die Mitmenschen erschlichen. Sie erzählten, dass sie die Erlösung, von den von ihnen erfundenen Sünden, vermitteln könnten. Das funktioniert bis in unsere Tage. Das war das Fundament für Diktatur. Ich nenne organisierte Religion *Religions*diktatur, wenn sie das Leben der Mitglieder durch Regeln und Gebote, bis in ihr Privatleben hinein, reglementiert und Angst verbreitet.

Unbestritten ist der Mensch ein Suchender nach der Verschränkung mit dem Unsichtbaren, Nichtstofflichen, der Quelle jener Energie die Max Blank beschreibt, um sich mit ihr zu verbinden. Das ist sinnzentriert. C.G. Jung sagt, er hat alle Archetypen, die Veranlagung für gutes oder böses Verhalten, in sich vereint und ist für sein Handeln verantwortlich, weil er wählen kann, welcher Eigenschaft er den Vorzug gibt. Das ist seine Freiheit. Er entscheidet über sein ethisches und moralisches Handeln. Er trägt dafür die Verantwortung. Dazu gibt es wirkmächtige Energieströme in uns, die sich wunderbar ergänzen. Schau, zum Beispiel drängte mich mein Urempfinden - oder Bauchgefühl - mit dir in Kontakt zu treten, und zwar gleich, nicht auf einer Zeitschiene in der Zukunft. Der Kopf kontrollierte diesen Impuls des Wollens. Der Kopf ist wichtig für die Kontrolle der Wünsche und Neigungen. Sie könnten ja auch schädlich sein. Pädophilie als Beispiel, Habgier oder Süchte. Der Kopf, die Ratio überprüft ob es Gesetze oder Vernunftgründe gibt, auf die Wünsche zu verzichten. Mein kluger Kopf sagte mir eines Tage, es ist nicht vernünftig, gegen deinen Willen den Kontakt zu fordern. Ich habe eingesehen, dass es uns immer weiter voneinander entfernt hatte. Das Herz, der Sitz der Beweggründe war die Schlichtungsstelle. Es hat entschieden, dass ich deine Mutter bin, ob mit oder ohne Kontakt. Das wollte ich immer sein und bleiben. Das ist meine Verantwortung, die ich bereit bin zu übernehmen. Da habe ich begriffen, dass diese Entscheidungsfähigkeit Freiheit bedeutet. Nicht nur für mich, sondern genauso für dich. Wer von einer Doktrin in einen Zwang gepresst wurde, hat diese Freiheit verloren. Er wird aus Gehorsam so handeln, wie es ihm sein Herz niemals empfehlen würde. Wer mit Kopf, Herz und Bauch in Harmonie ist, hat wahren Frieden und Freiheit.

Ich habe begriffen, dass du in die Fänge einer Diktatur geraten bist und nicht mehr nach deinem Herzen entscheidest. Darum war ich bereit zu warten, weil ich davon überzeugt war, dass es dir eines Tages bewusst wird. Das ist die Zeit, die Kultur des Schweigens zu brechen. Reden wird Heilung für die Seele der Menschen bedeuten.

Herr von Weizsäcker meinte, es sei für unsere Zeit charakteristisch, dass die Physik nicht wirklich fragt, was ist Materie, oder die Biologie nicht wirklich danach fragt, was Leben ist. Für die Psychologie scheint es nicht wirklich wichtig, zu fragen, was Seele oder Geist ist. Hier wird die Seele oder der Geist aus der Forschung ausgeschlossen und darum erfahren wir nicht, zu welchen Tun wir im Stande sind".

„Das sind so spannende Gedanken, Mama. Ich werde eine Uni suchen, an der ich genau dazu forschen kann", rief Julia aus.

„Ein guter Plan", lächelt Klara. „In uns schlummern unendlich viele verborgene Talente als Gold im Dunkel unserer Seele. Sie ist es, die mit allem in Verbindung steht und dadurch weit über unsere dreidimensionale Begrenzung hinausreicht.

Weil sich die heutige Naturwissenschaft nicht die Frage nach dem Kern der Lebewesen stellt, verstehen wir das Leben nicht wirklich in allen Ebenen. Die Materie wird vom Geist gesteuert. Das bezeugen immer mehr Wissenschaftler und definieren Begriffe wie ‚Wirklichkeit' neu. Das verändert die Sichtweise auf die Rolle des Menschen innerhalb des Systems Kosmos.

Das traditionelle Wissen der Antike über das Weiterleben nach dem Tod, scheint die heutige Forschung zu bestätigen. Die Forscher sagen, dass der bei weitem größte Raum im Universum nicht die Materie ist sondern der Raum dazwischen, der mehr als 90 % ausmachen soll. Dieser Raum sei das Psi-Feld oder Nullpunkt Feld. Es ist das Meer aller Möglichkeiten und mit diesem Meer ist unsere Seele verbunden. Wenn ich mir das vorstelle, bin ich überwältigt. Alle Informationen über uns und unsere Möglichkeiten sind dort abgelegt und das ist die Quelle aus der unser unbewusstes Sein, unsere Lebensenergie, schöpft. So interagieren wir völlig unbewusst mit diesem Raum. Der Geist, unser Unbewusstes Wissen übersetzt die Informationen in unsere dreidimensionale Realität. Er, du kannst auch die Seele sagen, ist nicht abhängig von unserem Körper, sondern er steuert ihn, damit er in unserer Dimension funktionieren kann".

„Das hättest du vor 20 Jahren so nie zu mir gesagt. Wie kommst du zu solchen Erkenntnissen?" Julia vergisst, ihr Kinderschnitzel zu essen, weil sie so fasziniert von dem Wissen ihrer Mutter ist. Diese freut sich über Julias Interesse. „Ich habe viele Seminare besucht zu diesem Thema und eine Reihe interessanter Bücher dazu gelesen. Du kannst sie dir gerne alle ausleihen. Besonders Vorträge, die im Rahmen der Traumaforschung, zum Thema der antrainierten Glaubenssätze und der Epigenetik gehalten wurden, waren für mich hilfreich. Diese Erfahrungen betreffen uns alle. Mit antrainierten Glaubenssätzen und Doktrinen bauen wir die Hürden auf, die uns den Zugang zu diesem unbewussten Wissen versperren. Wir gelangen in Disharmonie mit Körper, Seele und Geist. Die Seele reagiert mit körperlichen Signalen, wie Unbehagen, Beschwerden, physischen und psychischen Auffälligkeiten. Diese, im EEG messbaren Gehirnaktivitäten, spiegeln die Energie oder Signale des Bewusstseins wieder. Das Gehirn ist aber nicht der Sitz des Geistes oder der Sender dieser Aktivitäten. Sein Bewusstsein ist in ihm und gleichzeitig erstreckt sich seine Verbindung, weit über seine dreidimensionale Begrenzung hinaus, in seine Umgebung und in das Universum. Die Lehre der Quantenphysik sagt, dass alles miteinander in Verbindung steht. In diesem Feld wird jeder Gedanke und jede Handlung abgespeichert. Viktor Frankl sagt, alles wird damit ins Sein gesetzt und bleibt unauslöschlich bestehen. Nur zögerlich beginnen moderne Therapeuten die tieferen Ebenen der Biologie zu hinterfragen. Sie beziehen die Verschränkungen mit den gespeicherten Erfahrungen aus der Vergangenheit in ihre Diagnostik mit ein und damit gelingt es mehr und mehr, seelische Blockaden und dysfunktionales Verhalten aufzulösen.

Durch die Erforschung der Verschränkungen mit dem Meer der Möglichkeiten oder – wie es die Physiker nennen – dem Quantenfeld, werden Wege gefunden, wie schädliche Programmierungen aufgelöst werden und sich damit die Chancen öffnen, unsere wirklichen Fähigkeiten zu entdecken und zu leben. Tatsächlich haben lebensfeindliche, antibiotische Glaubenssätze und soziale Konditionierungen, den Geist in ein Gefängnis gesteckt. Durch probiotisches Verhalten wird er befreit. Wir können lernen, die Filter und Barrieren zu entfernen, die den Zugang unseres Bewusstseins, zu dem unbewussten Speicher, versperren. Dadurch kommunizieren Körper, Seele und Geist harmonisch, wie ich dir das mit meiner Entscheidung, den Kontaktabbruch zu akzeptieren, demonstriert habe. Die neue Programmierung der Realität überschreibt das unbrauchbare. Wir finden zu unserem wahren Selbst. Die Energie, die Liebe, die Persönlichkeit und das Wissen bleiben für immer. Die Geburt ist nicht der Anfang des Lebens der Seele, sondern nur der Anfang des Menschen. Der Tod ist

demzufolge das Ende des Menschen und nicht das Ende des Lebens der Seele, sagt Manuel Kant. Wer weiß, vielleicht hat er Recht.
Der Körper ist nur die Form der Seele. Der Teil, den die Wissenschaft messen kann.

Komm nach Hause Julia. Stelle die Weichen deines Lebens neu. Bestimme selbst, was deine Passion ist. Ich habe nichts in deinem Zimmer verändert. Du kannst sofort wieder einziehen. Komm nach Hause", bat Klara und Julia traf die schicksalhafte Entscheidung, in Zukunft ihre eigene Wirklichkeit hier in Wiesbaden, bei ihrer Mutter zu gestalten. Sie wunderte sich, wie blind sie war für die Realität. Sie ließ sich einreden, ohne die Glaubensgemeinschaft sei sie verloren. Jetzt hatte sie die Gewissheit, dass sie niemals allein sein würde. Sie hatte Menschen, die sie unerschütterlich liebten, ohne auch nur den Hauch eines Beweises von ihr zu fordern, dass sie diese Liebe verdient. Zuallererst ihre Mutter. Doch waren da auch Esther und Elfriede. Sie zählte beide zu ihren wahren Freunden.

„Ja Mama, ich komme nach Hause", sagte sie daher entschlossen. „Ich wage einen Neuanfang. Esther wird mir beistehen, denn es wird nicht leicht. Sie hat Erfahrung damit, sie hat die Gemeinschaft der Zeugen Jehovas verlassen".

„Wie mich das freut. Du kannst natürlich auf mich zählen und richte deiner Freundin aus, dass sie mir jederzeit willkommen ist. Ich werde euch unterstützen, wo immer ich kann".

Die Katastrophe

Julia fuhr zu Esther, um ihre Sachen abholen. Sie traf sie in Tränen aufgelöst an. „Um Himmels willen, was ist passiert"?

„Elfriede hat angerufen", schluchzt sie. „Sie hat eben einen Abschiedsbrief von Alfred gefunden". Er war gestern Abend wieder verärgert, weil sie sich unbedingt mit uns treffen wollte. Als sie nach Hause kam, war er nicht da. Sie hat die ganze Nacht kein Auge zugemacht. Heute Morgen fand sie im Briefkasten seinen Abschiedsbrief.

Sie hat ihn mir per Whats App geschickt. Ich bin so erschüttert.

Esther gab Julia ihr Handy und sie las den Brief fassungslos:

Der Abschiedsbrief
Meine liebe Elfriede,

Auch diese letzte Entscheidung von mir ist ein Fehler – ich weiß. Sie ist der Schlusspunkt eines Lebens, das für mich nur noch eine Qual ist. Niemand kann in meinen Kopf schauen, auch du nicht. Niemand kann nachempfinden, wie es für mich ist, auf alle meine gut gemeinten Taten zu schauen und zu realisieren, ich muss sie am Ende als schlecht bewerten.

Ich habe mich immer um die mir anvertrauten Seelen gesorgt. Es hat der Gesalbten Schwester geholfen, dass ich ihrem Arzt erklärte, warum sie eine

Bluttransfusion ablehnt. Er verstand, dass sie unter der Last der Sünde zusammenbrechen würde. Sie war so dankbar, als ich mit ihr gebetet habe und sie ihren Frieden finden konnte. Heute erkenne ich, es war falsch. Blut kann Leben retten und es anzunehmen ist keine Sünde.

Ich wollte das Leben der Jugendlichen retten, die ich dem Rechtskomitee anvertraute. Niemand kann nachvollziehen, welche Qual es für mich war, aus Gehorsam gegen meine eigenen Gefühle zu handeln. Heute ist es für mich noch viel schlimmer zu erkennen, dass ich nicht nur meine Gefühle vergewaltigt habe, ich habe die Jugendliche der seelischen Vergewaltigung ausgeliefert. Diese Schuld kann ich mir nicht vergeben.

Ich habe, um das ewige Leben meiner Familie nicht zu gefährden, gehorsam alles gelehrt, was der Sklave von mir erwartet hat. Ihr habt mir vertraut und mir geglaubt. Heute kann ich mir nicht mehr verzeihen, dass ich euch über meine wirklichen Gefühle getäuscht habe. Es tut mir so leid, dass ich durch meine Taten, in euch einen ständigen Zwiespalt genährt habe. Ihr habt ja miterlebt, dass ich nicht gerne von Tür zu Tür ging. Wir haben das Familienstudium nicht regelmäßig geführt, wir sind nicht zu allen Treffpunkten für den Predigtdienst gegangen, sondern haben häufig stattdessen Freizeitvergnügen genossen. Haben wir es genossen, oder haben wir alle die Mahnung unseres gut geschulten Gewissens totgeprügelt?

Auch das war ein Fehler und diese Schuld kann mir niemand nehmen und ich kann die Qual nicht mehr tragen. Auch nicht die Erinnerung daran, während du für dich eine Aufarbeitung des Traumas deiner – unserer – Vergangenheit suchst. Ich verstehe, dass du nicht anders kannst – bitte gehe diesen Weg weiter. Ich bin sicher, dass du auch anderen Betroffenen damit helfen wirst. Mir kann niemand helfen. Bitte verzeih mir. Ich kann nicht anders.

Ich liebe Dich,

Ich liebe unsere Söhne. Ich hoffe, sie können mir verzeihen.

Alfred

„Die Polizei sucht jetzt nach ihm. Elfriede macht sich solche Vorwürfe, weil sie gestern Abend nicht zu Hause geblieben ist".

Die beiden Freundinnen machten sich unverzüglich auf den Weg, um Elfriede beizustehen. Nach Stunden kam dann die schreckliche Gewissheit. Die Polizei fand Alfred im nahen Wald. Sein Auto war auf dem Wanderparkplatz abgestellt. Er hatte sich erhängt. Seine Rumpelstilzchenpersönlichkeit hatte gesiegt. Die Tatsache, dass er keine Kontrolle mehr hatte und sein Ansehen bei allen früheren Freunden verloren schien, zerriss ihn. Diese Erkenntnis war für ihn tödlich. Alfred Rauthe hatte den Verlust seiner Lebensperspektive nicht verkraftet und für sich entschieden, seinem Leben ein Ende zu machen.

Esther blieb bei Elfriede. Sie half ihr, die vielen notwendigen Entscheidungen zu treffen. Sie kümmerte sich darum, dass sie etwas aß, und nahm sie in den Arm, damit sie sich ausweinen konnte. Sie verständigte die Söhne.

Gemeinsam organisierten sie die Beerdigung und den anschließenden Leichenschmaus im Gasthaus zu Krone. Sie vertieften sich in Gespräche über die Vergangenheit. Elfriede erinnerte sich: „Als ich mit Ulli schwanger war begann er, eine Vaterrolle zu übernehmen. Das äußerte sich nicht nur darin, dass er auch einen Bauch ansetzte. Er veränderte sich in seinem Verhalten. Er war ein guter Vater für Ulli, ja sogar ein eifersüchtiger Vater. Er wollte immer besser sein als ich. Schon zuvor hatte er alles unter Kontrolle, doch nach Ullis Geburt verstärkte sich das extrem. Vermutlich habe ich ihn darum zunehmend in der Rolle meines Vaters gesehen. Ich fühlte mich von ihm gegängelt wie ich das aus meinen Kindertagen kannte. Zuweilen habe ich aufsässig wie eine pubertierende Göre reagiert. Ich war trotzig, widerspenstig, beleidigt. Ich fing mit Heimlichtuerei an. Es war aber andererseits extrem unangenehm mich dafür schuldig zu fühlen und immer auf der Hut zu sein, dass ich mich nicht verrate. Darum war ich oft wütend. Alfred hat sich die Vergangenheit so sehr als seine Schuld, sein Versagen zu Herzen genommen. Er schämte sich und bäumte sich gleichzeitig gegen die vermeintlichen Vorwürfe auf, die er in meinem Verhalten gesehen hat. Wenn ich ihm von Ex-Zeugen und deren Geschichten berichtete, legte er es als Vorwurf gegen seine Person aus. Schließlich war es Alfred, der in all den Jahren die Versammlung mit seinen Vorträgen belehrte, nicht ich. Er pochte auf die Einhaltung der Anweisungen des Sklaven. Ich habe nur gehorcht. Er hat es jetzt geschafft, mit seinem Tod, seine Schuldgefühle mir zu hinterlassen. Ich habe in ihm mehr einen Vater gesehen, als einen Ehemann. Doch mit dieser Rolle war er auch überfordert. Er hatte einen Vorbildvater, der ihm keinen Raum für die Selbstverwirklichung gegeben hatte. Ich habe nicht begriffen, dass er sich damit auf der ganzen Linie als Versager definierte".

„Ich verstehe so gut, wovon du sprichst Elfriede", sagte Esther mit tiefem Mitgefühl. Sie hatte den Abschiedsbrief von Alfred ja gelesen. Sie erfasste die ganze Tragweite der Fremdbestimmung, der sie alle ausgesetzt waren. „Wie hatte ich selbst unter dem religiösen Sündenwahn zu leiden! Alles was ‚da unten' war, galt als sündig, schlecht. Man durfte nicht einmal daran denken, geschweige denn es berühren. Diese Glaubenssätze waren aber nur eine Attrappe meiner Persönlichkeit. Mein Ausbruch aus dem Regelwerk durch die bewusste „Sünde" einer weltlichen Beziehung, war meine Abrissbirne für das

Gefängnis. Als Zeuge Jehova bist du doch nicht du selbst, sondern nur die zweitklassige Ausgabe von jemand anderem, der dich so formt, wie er dich haben will", versuchte sie Elfriede zu trösten. „Du hast dich genau wie wir alle, unter der *Neuen Persönlichkeit* begraben. Das Bild von dir selbst ist verzerrt, denn du hast dich verloren. Meine Wahrnehmung der Wirklichkeit wurde von den Vorstellungen geprägt, die die Doktrin mir eingetrichtert hat. Meine Kultpersönlichkeit fand Handlungen als liebevolle Maßnahme, die mein wahres ICH zutiefst verabscheuten. Wir können unser wahres Wesen nur finden, wenn wir die Schichten der antrainierten Persönlichkeit von unserer Seele entferne. Wir müssen uns regelrecht ausgraben. Ich will nicht mehr wissen wie ich sein sollte – ich will wissen wer ich bin. Der Samen - der Kern meiner Persönlichkeit darf endlich wachsen weil der Keim noch unversehrt am Leben ist. Ich führe ihn ans Licht. Ich lasse alles, was meine antrainierte Persönlichkeit an Ausreden für schwachsinnige Aktionen, Ausflüchte, Ängste und Sündenfürchten, die Vorstellung von Idealen, die niemals einer Wirklichkeit entsprechen können, erfunden hat unter dem grellen Licht des Scheinwerfers meines wahren ICHs schonungslos offenbar werden. Ich werde mir die Zeit nehmen, einen seelischen Umbauprozess zu gestalten".

„Das ist ein guter Gedanke", schaltete sich Julia in das Gespräch ein. „Meine Vorsätze kann ich auch schon beschreiben. Ich werde zulassen, dass ich unglücklich bin, obwohl mir eingeredet wurde, dass ich doch glücklich sein soll und muss. Ich werde mir dann die Frage erlauben, was der Grund dafür ist. Ich werde mir die Zeit nehmen, andere Perspektiven der Betrachtung und Bewertung anzuschauen. Neue Informationen wehre ich nicht mehr ab, sondern lasse die Zweifel zu und bewerte sie für mich. Zur Not benutze ich einen geistigen Presslufthammer, indem ich mich dazu zwinge, meine Überzeugungen freizulegen und mit anderen Werten zu vergleichen. Mein Geist drängt mich dazu, das unsichtbare Gefängnis zu verlassen und die Gedanken nicht mehr zu stoppen, sondern sie zur Wahrheitsfindung meiner Identität ausfliegen zu lassen. Mit dem Gemeinschaftsentzug geht meine momentane soziale Identität verloren. Damit ist die Orientierung nach dem Schwarmprinzip in der vertrauten Gruppe ungültig. Das gibt mir jetzt die Chance meine ICH Identität in ein neues Konstrukt einzugliedern. Ich werde eine Balance finden zwischen dem neuen Außen und meinem wahren Inneren. Ich habe meiner Mutter bereits gesagt, dass ich ein Studium beginnen werde. Die Auswirkung destruktiver Kulte auf die psychische Gesundheit wird mich brennend interessieren. Ich habe aus eigener Erfahrung erkannt, dass eine Balance, innerhalb meiner fundamentalen Glaubensdoktrin niemals möglich war, denn es gab immer das Ungleichgewicht durch Unterwerfung unter die Doktrin. Ich konnte nur dann ein brauchbares Werkzeug sein, wenn ich absolut funktioniert habe, auch gegen meine natürlichen Bedürfnisse".

Ulli hatte aufmerksam zugehört und sprach über seine Gefühle: „Ich habe Gott nur als Richter erlebt, der mir stets vor Augen geführt hat, dass ich nicht genüge, versagt habe, zu schwach bin, sündig, seine Gnade nicht verdient habe. Ich habe mich redlich bemüht und war nie gut genug. Entweder ich konnte mit mir selbst nicht zufrieden sein, weil ich meine trickreichen Versuche natürlich kannte, mit der ich meinen Monatsbericht aufgewertet habe. Oder ich wurde von Papa oder einer seiner Mitältesten angepflaumt, weil sie der Meinung waren, Jehova könne unmöglich mit mir zufrieden sein. Ich habe es nicht geschafft, mir seine Liebe zu verdienen. Jetzt will ich um meiner selbst Willen geliebt werden. Mit allen meinen Talenten, aber auch meinen Schwächen. Ich will Lust haben dürfen und Gelüste. Mein ICH da unten ist nicht schmutzig, sündig, schlecht, tabu. Ich darf auch verletzlich sein und meine Verletzungen der Seele beklagen. Ich möchte den Mut zur Wahrhaftigkeit aufbringen und keine Fassade mehr bauen müssen. Ich will Menschen finden, die das mit mir gemeinsam aushalten. Ihr seid dabei eine echte Stütze".

Felix, sein Bruder ist betroffen. „Wow Ulli, wir sind Brüder. Trotzdem hatte ich keine Ahnung davon was du denkst oder fühlst. Wie auch? Ich hatte, genau wie du, nicht den Mut, über meine Gefühle oder Gedanken mit dir oder jemand anderen in der Versammlung zu sprechen. Die Gefahr, dass es mir als geistige Schwäche ausgelegt wurde, oder Vater Probleme mit seinem Dienstamt bekommt war zu groß. Dieses Fahnenwort, keine Schmach auf den Namen Jehovas bringen, war doch psychische Vergewaltigung. Die Gruppe, das WIR war so übermächtig, dass ich mich als nichts und niemand fühlte. Ein Schandfleck auf der blütenreinen Weste der Gemeinschaft. Es gab ja noch eine ganze Menge solcher Fahnenwörter, die uns ein Feindbild von der bösen Welt mit Nachdruck durch permanente Wiederholung einhämmerten. Wie raffiniert wurden die suggestiven Gewissensfragen gestellt. Ich dachte wirklich, ich hätte nur die Wahl mich für Leben oder Tod zu entscheiden. Als ich mit dem Rauchen begann, war ich der Überzeugung, ich habe mich freiwillig für den Tod entschieden. Es war mir egal. Lieber jetzt noch eine kleine Weile leben, als schon die Tage leblos und freudlos fristen. Kann sich jemand von euch noch an den Vortrag erinnern indem gesagt wurde, dass Jehova unsere Würde nicht bricht, indem er uns zwangsernährt? Wir wären mit einem freien Willen ausgestattet. Jehova würde auf unsere Beschaffenheit Rücksicht nehmen, darum könnten wir uns freiwillig dafür entscheiden, seine geistige Speise zu genießen, hieß es."

Elfriede, Uli und Esther konnten sich noch gut daran erinnern.

„Habt ihr euch nicht gefragt, wie paradox diese Aussage ist, wenn gleichzeitig die Bibeltexte vorgelesen werden, dass es eine Sünde ist die Zusammenkünfte zu versäumen oder der Einladung des Hausherren, Jehova, nicht zu folgen, die geistige Speise gewissenhaft zu studieren? Keiner von uns konnte den Knoten dieser paradoxen Botschaften auflösen. Also haben wir gesagt: Der Sklave wird es schon wissen. Wir brauchen ja nur zu folgen. Das war mir nicht mehr möglich. Erst in der Therapie habe ich gelernt, dass ich nicht authentisch sein konnte. Meine Identität war durch die Methode der Manipulation zerbrochen. Mühsam habe ich gelernt, eigene Entscheidung zu treffen. Mir selbst zu vertrauen und selbst die Kontrolle über meine Gedanken und Gefühle zu übernehmen. Das werde ich nie mehr einer externen Autorität überlassen. Heute vertraue ich nur noch meinem eigenen Gewissen. Es braucht keine externe Schulung. Aber ich kann bis heute nicht immer unterscheiden, ob ich einer Regel folge, die noch aus meiner Vergangenheit, als Glaubenssatz, in mir lauert, oder ob es wirklich mein eigenes Bedürfnis ist. Oft bin ich wütend, weil es so verdammt schwer ist und ich immer und immer wieder in die Falle der fremdbestimmten Konditionierung tappe. Elfriede versucht zwar immer wieder, uns zu besänftigen, dass wir uns in unserer Wut gegen die Zeugen Jehovas zurückhalten. Ich frage mich aber warum?"

Esther schaltet sich in das Gespräch ein. „Ich habe unvorstellbar Unmenschliches dort erlebt und ich höre euch zu und kann mir auch eure Seelenqualen kaum vorstellen. Es ist doch so verständlich, dass wir zornig sind."

„Ja" sagt Elfriede. „Es ist nicht nur verständlich, sondern sogar gut so. Dein Zorn ist ein Zeichen, dass du Gefühle zulassen kannst. Du hast eine innere Stärke. Die Wut kannst du als Kraftquelle nutzen. Du hast das Recht und die Freiheit zu entscheiden, zu welchem Handeln dich die Wut, der Zorn, der Hass motiviert. Und es ist auch gleichzeitig deine Verantwortung, die immer mit Freiheit verknüpft ist. Überlege ruhig, auf wen genau du wütend bist. Natürlich auf die Menschen, die dir Leid zugefügt haben. Doch sind das sicher nicht „die Zeugen Jehovas" als Kollektiv. Du kannst sie mit Namen benennen. Frage dich, was die Grundlage für ihr menschenverachtendes Handeln war. Waren sie schlecht oder bösartig? Manche waren es. Doch welche Rolle spielte die vergiftete Doktrin bei ihrem Handeln? Wer hat die Doktrin verbreitet oder in die Welt gesetzt? Wem nützte sie? Das Substrat einer sogenannten „Heiligen Schrift" in dem ein Same für schändliches Handeln gedeiht, kann bekämpft werden. Pflanzen die auf einem Boden der Schlechtigkeit wachsen, dürfen ausgerissen werden. Das verstehe ich unter Aufklärung. Ich lege diese Wurzeln des Übels radikal frei und gebe jedem die Möglichkeit, das Gift einer destruktiven Doktrin zukünftig in seinem Leben zu meiden".

„Das ist ein wunderbarer Gedanke, liebe Elfriede", mischt sich Julia jetzt ein. „Die Ängste, unter denen ich gelitten habe waren schier paranoid. Ich fühlte mich nie gut genug. Ich dachte immer ich sei schuldig wegen irgendwelcher Defizite. Ich habe verschiedene gesundheitliche Probleme bekommen und war davon überzeugt, dass ich zurecht leide. Ich hatte Angst nicht genügend zu glauben, nicht demütig genug zu sein, nicht genügend die Wachtturm-Schriften studiert zu haben. Es hätte auch sein können, dass ich nicht genug gepredigt hatte und darum den Segen nicht verspürte, von dem die anderen sprachen, wenn sie versicherten, glücklich zu sein. Ich bin nicht gut darin, Zeitschriften oder Bücher abzugeben. Ich fühlte mich als Versagerin. Ich wurde vor mir selbst immer kleiner und wertloser. Mein Vertrauen in mich und meine Talente kollabierte vollständig. Dein Vergleich mit der giftigen Wurzel ist für mich wie eine Offenbarung. Gott hat es doch nicht nötig, sich durch unsere quälenden Opfer verherrlichen zu lassen. Ist er denn ein Sadist? Die Sache mit den sündigen Neigungen und dem gefallenen Fleisch, das man bekämpfen muss, war das Gift, das es mir unmöglich machte eine echte Beziehung einzugehen. Sowas kann ein Gott der Liebe nicht erfunden haben. Ich habe das eben für mich so verstanden, dass ich mich nie mehr von diesem Gift der Doktrin ernähren möchte und ich werde wieder Verantwortung für mich übernehmen. Der Gedanke kommt mir zwar, dass sich alle Zeugen Jehovas von diesem Gift ernähren und darum auch so lieblos und eiskalt ihren Anführern gehorchen. Trotzdem will ich sie nicht bekämpfen. Ich verstehe sie, denn ich bin ja noch eine von ihnen. Ich habe eine Ahnung davon, wie schwierig es wird, mich selbst unter all dem Schutt der Fremdbestimmung wieder zu finden. Die Aussicht, dabei frei zu werden und selbstbestimmt Verantwortung für mein Leben zu übernehmen, ist aber so unglaublich verlockend. Ich habe mich entschieden. Danke für eure wertvollen Überlegungen. Wie dankbar bin ich, dass meine Mutter für mich da ist, so kann ich mich mit ihrer Hilfe in ein neues Leben wagen."

„Na – und wir sind ja auch noch da" versicherte ihr Esther, die sich über die Entscheidung ihrer Freundin von ganzem Herzen freute.

Julia schmiedete Pläne für ihre Zukunft. Sie brauchte eine Arbeitsstelle. Durch die guten Kontakte ihrer Mutter würde dieses Problem schnell gelöst sein, sodass dem Umzug nichts mehr im Wege stand. Sie verabredete sich mit Josua. Er kam nach Wiesbaden. Sie spazierten gemeinsam durch den wunderbaren Kurpark und redeten. Zum ersten Mal hörten sie einander auch zu. Josua erzählte von seinen Träumen und dass er für einige Stunden jenes Tages keine klare Erinnerung hatte. „Mir wurde immer wieder die Frage in den Sinn gegeben, wem nützen die Vorschriften. Ich sah barbarische Szenen aus den Kriegen. Dann die Frage, wem haben sie genützt? Auch die Vorschriften der religiösen Dogmen, wem nützen sie? Am Ende war immer die Antwort: nicht der Allgemeinheit. Es gab Nutznießer an der Spitze der Hierarchien. Die Diktatoren, Despoten, Oligarchen, Kaiser und Könige, Päpste und Kardinäle, Religionsgründer, Wohnzimmergurus, Heilsversprecher, befriedigten ihren Größen-*Wahn* mit der Gier nach Macht und Geld. Dafür stiefelten sie buchstäblich über Leichen. Die Wachtturmhierarchie erhebt permanent die Forderung, loyale Liebe zu beweisen. Das ist ein Anachronismus. Liebe IST – sie fordert keine Beweise. Geliebt wird bedingungslos, andernfalls ist es ein Übergriff auf die Mittel und Möglichkeiten anderer, mit dem Ziel der persönlichen Befriedigung und Bereicherung.

Stundenlang wälzten sie derartige, philosophische Gedanken. Julia erzählte Josua von ihrer Absicht, Psychologie zu studieren, um sich über die Zusammenhänge der Generationenverstrickung kundig zu machen.

Josua erklärte ihr, dass er seine Zukunft nicht auf den Altlasten der Fremdbestimmung planen wird. „Ich werde auch nicht untätig bleiben. Was wir aus eigener Erfahrung gelernt haben, betrifft nicht nur uns. Die Mechanismen des menschlichen Zusammenlebens funktionieren nach den immer gleichen Vorgaben. Wenn etwas so schief läuft, wie wir das am eigenen Leib erfahren haben, dann ist es notwendig, in unserer Gesellschaft etwas zu verändern. Ich werde in die Politik gehen. Die Menschenrechte sollen für alle gelten. Artikel 12 bestimmt zum Beispiel, dass niemand willkürlichen Eingriffen in sein Privatleben, seine Familie, seine Wohnung und seinen Schriftverkehr oder Beeinträchtigungen seiner Ehre und seines Rufes ausgesetzt werden darf. Jeder hat Anspruch auf rechtlichen Schutz gegen solche Eingriffe oder Beeinträchtigungen. In unserem Fall klingt das für mich wir glatter Hohn. Es wurd extrem in unsere persönlichen Belange mit den strengen Vorgaben eingegriffen. Unser Ruf wird durch die Veröffentlichungen in den Wachtturm Schriften und durch die öffentlichen Vorträge permanent in den Schmutz gezogen. Das geht doch so weit, dass Kinder von Ex-Zeugen Jehovas sich vor den eigenen Eltern fürchten, weil ihnen die Zeugen Jehovas einreden, sie seien mit dem Teufel im Bunde".

„Genau das hat seinerzeit bei mir funktioniert. Ich habe Esther und ihren Eltern geglaubt, dass der Teufel meine Mutter benützt, um mich vor dem

Bibelstudium mit ihnen abzuhalten. Wie grausam ist eine solche Doktrin! Ich bin empört, das zu erkennen".

„In deinem Fall hättest du und deine Mutter nach Artikel 16 Anspruch auf Schutz der Gesellschaft und des Staates gehabt. Ihr ward aber beide allein gelassen. Über das Recht auf Meinungsfreiheit will ich jetzt garnicht erst reden. Jeder Zeuge Jehovas, der sich eine abweichende Meinung zur Doktrin erlaubt und darüber redet, wird ausgeschlossen. Weil unsere Gesellschaft über diese innerorganisatorischen Gepflogenheiten nicht informiert ist, sieht sich kaum jemand in der Pflicht zu handeln. Das will ich für die Zukunft, mit aller Kraft ändern. Wenn wir auf unser Leben schauen, dann ist noch viel zu tun, bis diese Rechte Mitgliedern in diktatorischen Religionssystemen zugestanden werden". Josua wendet sich Julia zu und nimmt ihre beiden Hände. „Und was ist mit uns? Wird es ein wir für uns geben?" Mit einem tiefen Seufzer sagt Julia: „Gestern war ich mit meiner Mutter im Musical Elisabeth. Sie hat mich zur Feier unseres Wiedersehens dazu eingeladen. Als Pia Douwes das Bekenntnis der Elisabeth, ‚ich gehör nur mir' sang, liefen mir die Tränen. Sie brachen einen Damm aus Selbstverleugnung und Selbstbeherrschung und zeigten mir meine Bestimmung. Ich gehöre nur mir und ich muss zuerst herausfinden, wer ich bin, welcher Weg für mich sinnvoll sein wird. Das ist für uns beide der Schlüssel zum Leben, zur Freude, zur Kraftquelle. Lass uns beide nach unserer Berufung leben. Ich bin sicher, sie wird uns nicht für immer trennen.

Die befreiende Erkenntnis war die Tatsache, dass es eine bedingungslose Liebe gibt. Liebe IST – Sie hat keinen Beweis nötig. Sie IST wie das Göttliche. Man kann sie annehmen oder es lassen. Sie wird unsere Freiheit niemals einschränken. Sie ist das Kind der Freiheit.

Hekit und die Kaulquappen

Die Leute um den Mühlbach fanden nach den Ereignissen des Sonnwendtages langsam in ihren Alltag zurück. Die Dorfbewohner bei der Mühlbachschlucht beseitigten die Schäden, die das Unwetter verursacht hatte. Manche vermuteten, dass die Fini doch mit den Tieren reden kann. Das gab aber niemand offen zu.

Was sich in dem kleinen Teich hinter Finis Grundstück zugetragen hatte, blieb den Menschen verborgen. Fini und ihr Rabe wussten, dass nichts zufällig passiert war. Es war der vorbestimmte Sonnwendtag, an dem Hekit, die Göttin des Lebens, des Wassers und der Wassertiere die Wahrheitsmühle und die Mühlbachschlucht inspizierte. Sie erhörte Josuas Bitte auf dem Stamm der Kultlinde.

Sie hörte auch den Kaulquappen in Finis Teich zu, um zu erfahren, ob sie in den Jahren ihrer Reinkarnationsreise etwas gelernt hatten. Es war deprimierend oder hoffnungsgebend, je nach der

Perspektive. Der Schwarm hatte sich in verschiedene Lager gespalten. In der größten Gruppe schwamm eine fette Kaulquappe und verkündete großmäulig, der Untergang ihrer Kultur stünde kurz bevor. Nur wer sich ihr, der Offenbarerin der Rettung, anschließt, hätte die Chance, sich in einer weiteren Kaulquappen-Galaxie in Sicherheit zu bringen.

Im kleineren Schwarm schwänzelten Anhänger eines Anführers aufgeregt, herum weil diese Guru-Kaulquappe der Ersten widersprach. Sie quakte: „Das ist ganz großer Unsinn. Es gibt keine Kaulquappen Galaxie. Wir werden in andere Wesen verwandelt und in eine andere Dimension transformiert. Wir werden aus dem Wasser steigen und an Land leben".

Die Erleuchtete wurde zornig. „Wie kannst du es wagen, so eine ketzerische Behauptung aufzustellen! Jede vernünftige Kaulquappe kann erkennen, dass du lügst. An Land würden wir in wenigen Minuten vertrocknen. Beweise uns, dass du auf dem Trockenen überlebst. Hat schon jemals jemand eine Kaulquappe an Land gesehen"? Ihre Anhänger lachten über so eine unsinnige Vorstellung.

Die verhöhnte Kontrahentin war an einem friedlichen Miteinander interessiert. „Ich gebe ja zu", lenkte sie ein. „Wie das genau funktioniert, kann ich euch nicht erklären. Aber ihr könnt mir wirklich vertrauen. Es wird für uns ein Leben nach der Kaulquappe geben. Wir werden uns zwischen Grashalmen bewegen und Luft atmen. Das Wissen darüber wird in meiner Vorfahrenlinie seit Jahrmillionen weitergegeben".

„Das ist eine Lüge. Warum ist noch niemals eines dieser anderen Vorfahrenwesen zu uns gekommen und hat uns erzählt, wie es an Land ist"?

„Ihr habt recht, diese Frage kann ich nicht beantworten. Vielleicht haben wir die Rückkehrer nur nicht gesehen oder erkannt", gab die gescholtene zu bedenken.

„Ich kann diese Blasphemie nicht mehr mit anhören. Jagt dieses Gesindel fort aus unserem Schwarm. Wir wollen nichts mehr mit euch zu tun haben", gestikulierte die Anführerin des großen Schwarms. Ihre Anhänger folgten gehorsam der Anweisung und verdrängten den kleinen Schwarm in eine abseitsgelegene Tümpelregion im Schilf.

Es gab einige Zweifler unter der Mehrheitsbewegung. Sie sonderten sich freiwillig ab. Sie wollten sich nicht in den Streit hineinziehen lassen. Sie überlegten, dass keine der beiden Parteien Beweise für ihre Behauptungen hatte. Sie entschieden sich dafür, ihre Meinung für sich zu behalten. Sie wollten glauben dürfen, was sie glauben wollten und abwarten, wie sich die Rätsel lösen. Nicht drum kümmern schien ihnen eine weise Entscheidung.

Hekit, die Beschützerin des Lebens, hatte Blitz und Donner über die Region gebracht. Der Sturzbach aus der Schlucht trieb den großen Schwarm Kaulquappen in die Strömung des Mühlbaches. Viele Anhänger der selbsternannten Führerin wurden eine Beute der Forellen. Die Übrigen erlebten den Lauf der Zeiten. Die Geschichte wird sich so lange wiederholen, bis die Lebenden begriffen haben, dass Streit und Krieg keine Antwort und keine Lösung ist. Weil Hekit entschieden hatte, dem Menschen auf dem Lindenstamm eine Chance zu geben, sein Leben neu zu ordnen und sich nicht blindlings den Zwängen der Fremdbestimmung zu unterwerfen, erhielt er Einblicke in die feinstoffliche Dimension des Universums.

Die Entscheidung darüber,

diese Chance zu nutzen oder es zu lassen,

ist gleichzeitig

Freiheit und Verantwortung.